프로크리에이트로 배우는

자토의

아이패드 드로잉 클래스

자토 지음

BM (주)도서출판 성안당

예제 파일 다운로드(PC 버전)

1 성안당 홈페이지(http://www.cyber.co.kr)에 접속하여 회원가입한 뒤 로그인하세요.

2 메인 화면 왼쪽의 〔자료실〕을 클릭하고 〔자료실〕의 바로가기 ▶ 버튼을 클릭한 다음 검색 창에서 '아이패드', '드로 잉', '자토' 등 도서명 일부를 입력하고 〔검색〕 버튼을 클릭하세요.

3 검색된 목록을 클릭하고 자료 다운로드 바로가기 를 클릭하여 예제 파일을 다운로드한 다음 찾기 쉬운 위치에 압축 을 풀어 사용하세요.

Preface

여러분 반가워요. 자토입니다.

저는 그림 에세이 책을 쓰는 작가이자 간행물, 앨범 재킷, 포스터 등에 그림을 그리는 일러스트레이터로 활동하고 있어요. 저의 직업을 듣고 나면 제가 미술 전공자일 거라고 생각하는 분들이 많은데요. 저는 미술 비전공자입니다. 인문 계열 학과를 졸업하고 평범한 회사를 다니다가 그림 그리는 일이 하고 싶어서 디지털 드로잉을 연습하기 시작했어요. 제가 만약 디지털 드로잉이 아닌 수작업으로 그림을 시작했으면 진즉 지쳐 포기했을지도 몰라요. 마음에 드는 작품을 만들기 위해서는 수많은 그림을 그려 보아야 하는데, 아날로그적 드로잉 기술을 배우고 연마하기에는 꽤 오랜 시간과 비용이 드니까요. 그에 비해 디지털 드로잉은 시간, 장소, 재료의 부담 없이 다양하고 많은 시도를 할 수 있어서 제가 원하는 그림체를 찾고 발전할 수 있었어요.

처음에는 컴퓨터와 태블릿을 사용해 그림을 그리다가 지금은 모든 작업을 아이패드를 활용해 하고 있어요. 특히 아이패드와 디지털 드로잉 앱인 프로크리에이트의 조합은 제가 사용한 어떤 디지털 드로잉 조합보다도 완벽하다고 생각합니다. 드로잉에 최적화된 기능들과 다양한 소스들 그리고 무엇보다 언제 어디서든 그림을 그릴 수 있는 자유가 생겼어요. 디지털 노마드 시대에 딱 맞는 도구예요.

이 책은 제가 처음 디지털 드로잉을 시작했을 때 막막했던 느낌을 떠올리며 쓰게 되었습니다. 알고 보면 정말 쉽고 재밌는데 디지털 드로잉을 혼자 시작하면 답답함에 그 재미를 느끼지도 못하고 그만두는 경우가 많거든요. 이 책을 통해 누구나 쉽게 아이패드 드로잉을 시작할 수 있도록 기초부터 차근차근 알려드리겠습니다. 제가 이때까지 아이패드를 통해 그림을 그리면서 유용하다고 생각했던 기능들과 팁들을 담은 29개 예제를 보면서 즐겁게 그림을 따라 그리면 그 노하우들을 자연스럽게 배울 수 있을 거예요.

디지털 드로잉을 하고 싶지만 무엇부터 시작해야 할지 막막한 분, 아이패드가 있지만 잘 활용하고 있지 못하는 분, 아이패드와 프로크리에이트로 그림 그리는 방법을 배우고 싶은 분, 취미로 드로잉을 해 보고 싶은 분, 그림을 그려 굿즈를 만들거나 무언가에 도전하고 싶은 분들에게 많은 도움을 줄 수 있을 것이라고 생각합니다. 어렵게만 생각했던 디지털 드로잉에 자신감을 갖고 마음 속에 품어 두었던 여러분의 창작 욕구를 마음껏 발휘하길 바랍니다.

이제 저와 함께 행복한 드로잉 시간을 보내요!

자토

Preview

그림을 처음 그리는 분들도 차근차근 따라하면서 아이패드와 프로크리에이트로 쉽게 그림을 그릴 수 있습니다.
그림 이론을 공부하고 다양한 예제를 그린 다음 나만의 굿즈까지 만들어 보세요.

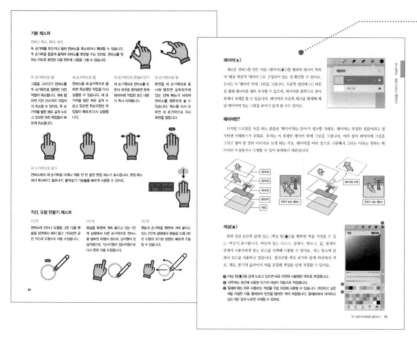

프로크리에이트 알아보기

드로잉을 시작하기 전에 필요한 준비물부터 프로크리에이트 기본 기능을 알려줍니다. 다양한 제스처는 한눈에 알아볼 수 있도록 구성되어 있습니다.

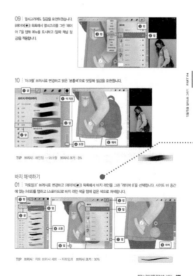

예제 미리보기

예제 미리보기와 각 예제별 난이도, 사용할 브러시, 키워드를 확인할 수 있어요.

예제 그리기

따라하기 형식으로 구성해 누구나 쉽게 따라하며 취향대로 다양한 스타일의 그림을 직접 그릴 수 있습니다.

상업적으로 사용 가능하도록 포스터부터 달력, 스티커, 카드, 핸드폰 케이스 등 여러 가지 굿즈를 제작해 보세요.

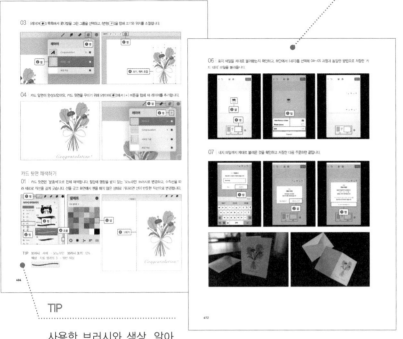

TIP

사용한 브러시와 색상, 알아두면 좋은 팁들을 담았습니다.

자세하고 친절하게 프로크리에이트의 갤러리 화면부터 브러시 스튜디오, 레이어, 특수 효과 등 다양한 기능을 설명했습니다.

Contents

PART

1 드로잉을
시작하기
전에

step 1 **준비물 소개** **14**
아이패드와 애플펜슬 14
드로잉에 도움 되는 액세서리 15
프로크리에이트(Procreate App) 16

step 2 **프로크리에이트 알아보기** **18**
프로크리에이트의 첫 화면 갤러리 구경하기 18
새로운 캔버스 만들기 18
기본 인터페이스 훑어보기 20
꼭 알아야 할 제스처 25

step 3 **브러시/팔레트/예제 파일 다운받기** **28**
다운로드 및 실행 방법 28

PART

2 기초 기능
연습하며
그리기

step 1 **간단한 라인 일러스트 그리기** **32**
애벌레와 나무 그리기 33
토끼와 책 그리기 36
애벌레와 나무 채색하기 37
토끼와 책 채색하기 41

step 2 **여러 가지 무늬의 테디베어 그리기** **45**
테디베어 그리기 46
테디베어 복사하기 49
테디베어 다양하게 꾸미기 51

step 3 **좌우가 대칭인 강아지 쉽게 그리기** **58**
대칭으로 그리기 59
강아지와 케이크, 선물 채색하기 65

step 4 **나만의 도장 브러시 만들기** **68**
칭찬하는 고양이 도장 그리기 69
우울한 고양이 도장 그리기 73
고양이 도장 브러시로 만들기 75

step 5	**페인트 묻은 고양이 스마트폰 배경화면 그리기**	**82**
	밑그림 그리기	83
	라인으로 고양이 그리기	86
	페인트 묻은 고양이 표현하기	87
	시간 박스 채색하기	90

PART

3 손 그림
느낌으로
표현하기

strawberry
latte

step 1	**마커 느낌의 과일들 그리기**	**96**
	레몬 그리기	97
	수박 그리기	100
	포도 그리기	102
	딸기 그리기	104
	복숭아 그리기	106
	체리 그리기	107
	바나나 그리기	108
	키위 그리기	110
	한라봉 그리기	112

step 2	**오일파스텔 느낌의 튤립 그리기**	**115**
	화병 그리기	116
	튤립 꽃송이 그리기	118

step 3	**색연필 느낌의 스웨터 그리기**	**123**
	스웨터 그리기	124
	털 모자 그리기	127

step 4	**수채화 느낌의 딸기라떼 그리기**	**130**
	유리잔 그리기	131
	딸기와 로즈마리 그리기	132
	생크림 그리기	134
	라떼 그리기	134

step 5	**여러 가지 스타일의 나무들 그리기**	**138**
	가로수 그리기	139
	과실수 그리기	143
	침엽수 그리기	146
	야자수 그리기	148

PART

4 인물/동물
일러스트
그리기

step 1 **트레이싱으로 곰 인형을 안고 있는 소녀 그리기**   **154**
인물 밑그림 그리기   155
인물 채색하기   159

step 2 **자유로운 크로키 느낌으로 인물 그리기**   **165**
라인으로 인물 그리기   166
인물 명암 표현하기   168

step 3 **붓질 느낌의 인물 일러스트 그리기**   **171**
멀티 태스킹 기능 사용하기   172
라인으로 인물 그리기   174
얼굴 채색하기   178
헤어 채색하기   182
옷 채색하기   184
액세서리와 가방 채색하기   186
바지 채색하기   189
배경 채색하기   190

step 4 **캐릭터화하여 인물 그리기**   **194**
인물 뼈대 그리기   195
라인으로 인물 그리기   196
인물 채색하기   200
배경 채색하기   202

step 5 **곱슬곱슬 털 질감을 표현한 푸들 얼굴 그리기**   **203**
푸들 얼굴 밑그림 그리기   204
푸들 얼굴 채색하기   206
푸들 눈과 코 채색하기   208
푸들 털 질감 표현하기   209

step 6 **텍스트를 사용하여 나의 반려견 사랑스럽게 그리기**   **212**
라인으로 강아지 그리기   213
강아지 채색하기   215
배경에 텍스트 입력하고 꾸미기   220

step 7 **나의 반려묘 개성 있게 그리기**   **226**
라인으로 고양이 그리기   227
고양이 채색하기   229
고양이 얼굴 그리기   230
고양이 털 표현하기   234

PART
5 더 다양한
스타일로
표현하기

step 1	사진에 어울리는 귀여운 일러스트 그리기	240
	밑그림 그리기	241
	인물 채색하기	247
	강아지 채색하기	252
	현수막 채색하기	254

step 2	여행지 풍경을 단순화하여 깔끔하게 그리기	257
	밑그림 그리기	258
	배경 채색하기	259
	첫 번째 산 채색하기	260
	두 번째 산 채색하기	262
	세 번째 산 채색하기	265
	네 번째 산 채색하기	267

step 3	환상적인 분위기의 달이 있는 상상화 그리기	269
	달 그리기	270
	밤하늘 표현하기	272
	언덕과 사람 실루엣 그리기	274

step 4	픽셀 아트로 백설공주와 사과 그리기	277
	픽셀 아트 브러시 만들기	278
	백설공주와 사과 그리기	282

step 5	등거리 가이드로 입체적인 공간 쉽게 그리기	286
	벽과 바닥을 구분해 공간 그리기	287
	가구 그리기	288
	창문 그리기	291
	컴퓨터 그리기	292
	책상 의자 그리기	294
	공간을 꾸밀 요소 그리기	296
	전체 채색하기	298

step 6	움직이는 스노우볼 일러스트 그리기	302
	라인으로 스노우볼 그리기	304
	스노우볼 채색하기	307
	스노우볼 받침대 꾸미기	310
	스노우볼 안에 집 그리기	312
	스노우볼 안에 나무 그리기	316
	쌓인 눈과 나무 장식 그리기	318
	내리는 눈 그리기	320

step 7	움직이는 토끼 캐릭터 이모티콘 만들기	326
	'애니메이션 어시스트' 배우기	327
	가이드 파일로 연습하기	332

PART

6 아이패드로
디자인한
굿즈 만들기

step 1 **시원한 여름 낱장 포스터 달력 만들기**   **346**

푸른 바다 그리기   348
바다와 어울리는 다양한 요소 그리기   352
달력 날짜 입력하기   357
바다 소품을 그려 달력 꾸미기   363
굿즈 주문하기   368

step 2 **내가 그린 캐릭터 DIY 스티커 만들기**   **369**

차를 마시는 토끼 그리기   371
차 주전자 그리기   377
하트 친구들 그리기   379
안경 쓴 토끼 얼굴 그리기   380
Bunny 알파벳 그리기   383
레이어 따로따로 저장하기   384
굿즈 주문하기   387

step 3 **폴더형 축하 카드 만들기**   **393**

분홍색 튤립 그리기   394
빨간색 카네이션 그리기   398
보라색 안개꽃 그리기   401
축하 문구 입력하기   403
카드 뒷면 채색하기   404
카드 내지에 꽃잎 그리기   407
굿즈 주문하기   410

step 4 **레트로 감성의 종이 인형 만들기**   **413**

3등신 기본 캐릭터 그리기   414
3등신 기본 캐릭터 채색하기   419
라라랜드 미아 코스튬 그리기   423
보헤미안 랩소디 프레디 머큐리 코스튬 그리기   431
조커 코스튬 그리기   435
레트로 느낌으로 배경 꾸미기   439
굿즈 주문하기   443

step 5 **핸드폰 케이스부터 다양한 굿즈 만들기**   **444**

라인으로 연인 그리기   445
연인 채색하기   451
굿즈 주문하기   455

PART

7 프로크리에이트
기능 더 알아보기

step 1	작업한 그림을 한눈에! 갤러리	460
	그림 제목 변경	460
	그림 이동/회전	460
	미리보기	461
	스택(그룹 폴더)	462
	공유/복제/삭제	463

step 2	그림 표현력 UP! 브러시 스튜디오	464
	브러시 스튜디오 기본 구성	464
	브러시의 기본 원리	465
	듀얼 브러시	474

step 3	자유로운 편집을 위한 레이어	475
	레이어 목록	475
	레이어 옵션	476

step 4	컬러 선택과 채색의 모든 것! 색상	477
	디스크	477
	클래식	477
	하모니	478
	값	478
	팔레트	479

| step 5 | 특수 효과와 컬러를 마음대로! 조정 | 480 |

| step 6 | 툴 사용의 시작! 선택 | 484 |

| step 7 | 원하는 형태로 수정! 변형 | 486 |

step 8	원근법부터 비디오 녹화까지! 동작	488
	캔버스	488
	비디오	490
	설정/도움말	492

예제 파일 다운로드(PC 버전)

1 성안당 홈페이지(http://www.cyber.co.kr)에 접속하여 회원가입한 뒤 로그인하세요.
2 메인 화면 왼쪽의 [자료실]을 클릭하고 [자료실]의 바로가기▶ 버튼을 클릭한 다음 검색 창에서 '아이패드', '드로잉', '자토' 등 도서명 일부를 입력하고 [검색] 버튼을 클릭하세요.
3 검색된 목록을 클릭하고 자료 다운로드 바로가기 를 클릭하여 예제 파일을 다운로드한 다음 찾기 쉬운 위치에 압축을 풀어 사용하세요.

1

드로잉을 시작하기 전에

드로잉을 시작하기 전에 준비물과 프로크리에이트의 기본 기능을 살펴보세요. 메일을 사용하기 위해 컴퓨터의 모든 기능을 배워야 하는 게 아닌 것처럼 그림을 그리기 위해 프로크리에이트의 모든 기능을 알아야 하는 건 아니에요. 드로잉에 꼭 필요한 기능들만 알려줄 테니 가벼운 마음으로 따라와 주세요.

준비물 소개

드로잉을 위한 아이패드와 애플펜슬의 사양에 대해서 알아봅니다.

아이패드와 애플펜슬

아이패드와 애플펜슬이 다소 비싸다고 느껴질 수 있지만 한 번만 투자하면 캔버스, 브러시, 물감을 무한정으로 사용할 수 있는 새로운 드로잉 세계가 펼쳐집니다. 드로잉 중에 실수를 했을 때는 터치 한 번이면 말끔하게 지우고 수정할 수 있습니다. 틀려도 된다는 편안한 마음은 과감한 시도들을 할 수 있게 하고, 드로잉 실력이 느는 데 아주 큰 도움이 됩니다.

아이패드는 디지털 드로잉 장비 중에 휴대성이 가장 뛰어납니다. 카페에서, 공원에서, 대중교통에서 선을 연결할 필요 없이 바로 드로잉이 가능해요. 저는 여행을 갈 때도 아이패드와 애플펜슬을 챙겨 가는데 정말 간편하게 드로잉을 즐길 수 있습니다. 앞으로 저와 함께 그림을 그리면서 아이패드 드로잉의 수많은 장점을 직접 느껴볼 수 있을 거예요.

그럼 드로잉을 위한 아이패드와 애플펜슬의 사양에 대해서 알아봅니다. 우선 애플펜슬이 호환되는 아이패드 기종을 알아볼게요.

애플펜슬이 호환되는 아이패드 기종

애플펜슬 1세대
아이패드 프로 1세대(9.7인치, 12.9인치)
아이패드 프로 2세대(10.5인치, 12.9인치)
아이패드 6, 7세대
아이패드 에어 3세대
아이패드 미니 5세대

애플펜슬 2세대
아이패드 프로 3세대(11인치, 12.9인치)
아이패드 프로 4세대(11인치, 12.9인치)

사이즈

저는 '아이패드 프로 2세대 12.9인치'와 '애플펜슬 1세대'를 사용하고 있습니다. 12.9인치는 아이패드 프로로 계속 생산되고 있는 사이즈이며, A4 용지와 비슷한 크기예요. 아이패드에서 제일 넓은 화면을 가지고 있기 때문에 드로잉하기에 가장 편리합니다. 다만 사이즈가 큰 만큼 다른 기종에 비해 무거워서 휴대성이 조금 떨어져요. 화면 사이즈에 따른 기능 차이는 없기 때문에 취미용으로 가볍게 가지고 다니고 싶으신 분들은 사이즈 11인치 이하나 미니(5세대 이상)로도 충분히 드로잉을 즐길 수 있어요. 전문적으로 그림을 그리고 싶은 분들은 저와 같은 12.9인치를 추천합니다.

용량

제 아이패드의 용량은 256GB입니다. 주로 드로잉에 사용하고 있지만, 유튜브와 넷플릭스도 시청하고 가끔 게임도 하는데 용량이 많이 남아요. 주로 드로잉용으로 사용하려면 64GB나 128GB로도 충분합니다. 구매 후 용량이 부족하면 '아이클라우드(iCloud)'를 결제해서 사용할 수도 있으니까 용량은 걱정하지 않아도 됩니다. 월 1,100원이면 50GB의 추가 저장 공간을 이용할 수 있어요.

아이클라우드(iCloud) 요금제

50GB = 1,100/월   200GB = 3,300/월   2TB = 11,100/월

드로잉에 도움 되는 액세서리

아이패드 필름

저는 일반 보호 필름을 부착해 사용하고 있지만 처음 아이패드로 드로잉을 하는 분들은 화면이 많이 미끄럽게 느껴지실 거예요. 이럴 때는 '종이 질감 필름'을 부착해 사용하면 표면에 사각거리는 질감이 느껴져 그리기가 한결 수월합니다. 일반 보호 필름을 붙였을 때 보다 빛 반사가 적고, 지문 자국도 찍히지 않아 깨끗하게 사용할 수 있어요. 하지만 종이 질감 필름 종류에 따라 붙이면 화질이 뿌옇게 저하되고, 터치감이 무뎌지거나 애플펜슬의 펜촉 마모가 심해질 수도 있어요. '종이 질감 필름' 중에 이런 단점이 최소화되어 있다고 알려진 제품을 소개하면 '힐링쉴드(Healing Shield)'의 '종이 질감 강화 유리 필름'이 있습니다. 그 밖에도 다양한 종류의 종이 필름이 있으니 자신에게 맞는 필름을 찾아보길 바랍니다. 저처럼 미끄러움에 익숙해져도 좋습니다.

애플펜슬 팁 커버

애플펜슬 끝에 달린 팁(펜촉)에 커버를 씌우는 방법도 있습니다. 팁 커버를 씌우면 화면에서 펜슬이 미끄러지는 걸 줄여주며, 펜슬이 화면에 닿을 때마다 나는 '탁탁' 소리가 줄어 조용하게 사용할 수 있어요. 또 소모품인 팁의 마모도 방지하는 역할을 합니다. 단점은 커버가 한 겹 씌워진 만큼 애플펜슬의 감도가 떨어질 수 있습니다. 팁 커버도 시중에 다양하게 판매되고 있으니 원한다면 취향에 따라 골라 사용하길 바랍니다.

애플펜슬 케이스

얇고 미끄러운 애플펜슬의 그립감을 높여 줄 수 있는 다양한 케이스들도 판매되고 있어요. 고무, 가죽, 플라스틱, 스티커 등 소재도 천차만별이고, 디자인은 어찌나 기발한지 꾸미는 맛도 있습니다. 저는 'Hevitz'에서 가죽 소재의 애플펜슬 그립을 구매했습니다. 확실히 씌우지 않았을 때보다 그립감이 좋아 잘 사용하고 있습니다.

프로크리에이트(Procreate App)

세 번째 준비물은 디지털 드로잉 앱 '프로크리에이트'입니다. 프로크리에이트는 아이패드 유료 앱 순위에서 항상 1~2위를 차지하고 있을 만큼 전 세계적으로 사랑받고 있습니다. 여러 아이패드용 드로잉 앱 중에서 실제 페인팅에 가까운 느낌을 가장 잘 표현하고, 단순하면서도 간편한 인터페이스로 작업의 능률을 높여 유저들 사이에서 좋은 평가를 받고 있습니다. 또 130개 이상의 매력적인 디지털 브러시가 기본으로 탑재되어 있어요. 저도 여러 디지털 드로잉 앱을 사용했지만 지금은 프로크리에이트 하나로만 모든 드로잉 작업을 진행하고 있습니다.

프로크리에이트 앱 다운받기

01 | 아이패드에서 'App Store' 앱을 탭합니다.

02 | 'Procreate' 혹은 '프로크리에이트'로 검색해 앱을 다운받습니다. 프로크리에이트는 현재 12,000원입니다. 한 번 구매하면 평생 무료로 사용할 수 있고 기기를 바꿔도 계속 사용할 수 있어요.

TIP 기능이 업데이트될 때도 추가 비용이 발생하지 않습니다. 매달 비용을 지불해야 하는 드로잉 앱도 있기 때문에 프로크리에이트의 가격은 현재 굉장히 저렴하다고 생각합니다.

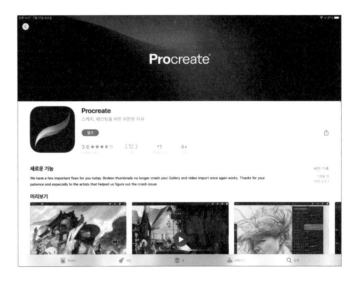

03 | 다운받은 프로크리에이트의 아이콘을 가볍게 탭해 실행합니다. 다음 페이지에서 프로크리에이트 앱의 기능들을 함께 살펴보아요.

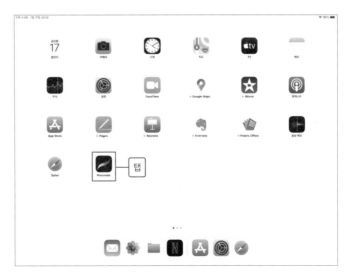

프로크리에이트 알아보기

프로크리에이트 앱을 다운받았으면 기본 기능들을 살펴볼까요?

프로크리에이트의 첫 화면 갤러리 구경하기

프로크리에이트 앱을 실행하면 표시되는 첫 화면을 '갤러리'라고 합니다. 이곳에 프로크리에이트로 작업한 그림들이 자동으로 저장되어 언제든지 다시 작업을 시작할 수 있어요. 오른쪽 상단 메뉴에서 새로운 그림을 그릴 새 캔버스를 만들거나, 사진과 파일을 불러와 작업을 시작할 수 있습니다.

❶ **선택** : 갤러리에 있는 작업물들을 선택해 스택(그룹)으로 지정하거나 미리보기, 복제, 삭제, 공유합니다.

❷ **가져오기** : 아이패드 혹은 아이클라우드에 있는 파일을 불러옵니다.

❸ **사진** : 아이패드 사진 앱에 있는 사진을 불러옵니다.

❹ **+** : 새로운 캔버스를 만듭니다.

새로운 캔버스 만들기

오른쪽 상단 [+] 버튼을 탭해 새로운 캔버스를 만듭니다. '스크린 크기'와 같이 사전 설정되어 있는 템플릿을 탭해 빠르게 캔버스를 만들 수도 있고, 새로운 캔버스 단어 옆 [사용자지정 캔버스(■)]를 탭해 '사용자지정 캔버스'를 만들 수도 있습니다. [사용자지정 캔버스(■)]를 탭해서 캔버스를 만들어볼까요?

사용자지정 캔버스에서 캔버스의 속성을 설정한 다음 새 캔버스를 만들어요. 많은 메뉴들이 있지만 보통 '크기'와 '색상 프로필' 정도만 설정하고 [창작] 버튼을 탭해 캔버스를 만듭니다.

선택	가져오기	사진	+

새로운 캔버스 ■

스크린 크기	P3	2732 × 2048px
사각형	sRGB	2048 × 2048px
4K	sRGB	4096 × 1714px
A4	sRGB	210 × 297mm
4 × 6 사진	sRGB	6" × 4"
제목 없음	sRGB	9 × 9cm
6s배경화면	sRGB	750 × 1334px
제목 없음	sRGB	100 × 100mm
제목 없음	sRGB	200 × 200mm
제목 없음	sRGB	150 × 150mm

크기

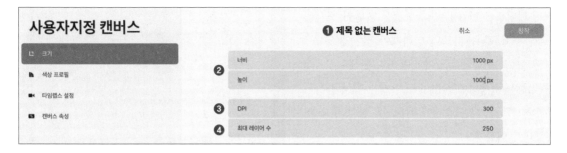

❶ **제목 없는 캔버스** : 탭하면 캔버스의 제목을 변경할 수 있습니다.
❷ **너비와 높이** : 캔버스의 크기를 설정합니다. 크기를 설정할 때는 단위 설정이 매우 중요합니다. 키보드에서 밀리미터, 센티미터, 인치, 픽셀 중 선택할 수 있습니다.
❸ **DPI** : 캔버스의 해상도. 숫자가 클수록 고화질이며 용량이 커져요. 인쇄용 작업을 할 때는 DPI '300' 이상으로 권장하고 있습니다. 저는 보통 DPI를 '300'으로 설정해 놓고 작업해요.
❹ **최대 레이어 수** : 크기와 DPI를 설정하면 그에 따라 캔버스에서 사용할 수 있는 최대 레이어 수가 자동으로 산출됩니다. 크기와 DPI가 클수록 최대 레이어 수는 줄어듭니다.

색상 프로필

색상 프로필(색상 모드)은 크게 'RGB'와 'CMYK'로 나눕니다. 작업물의 목적에 따라 선택합니다.

❶ **RGB** : 웹용(아이패드, 스마트폰, 컴퓨터와 같은 디스플레이 화면)에 적합한 모드입니다.
❷ **CMYK** : 인쇄용(명함, 포스터, 도서 등의 인쇄물)에 적합한 모드입니다.

다양한 옵션들이 있지만 기본적으로 웹용은 RGB(Display p3), 인쇄용은 CMYK(Generic CMYK Profile)로 작업하면 무리 없이 드로잉을 할 수 있습니다.

타임랩스 설정

그림을 그리는 과정을 녹화할 수 있는 '타임랩스' 기능의 용량과 품질을 선택합니다.

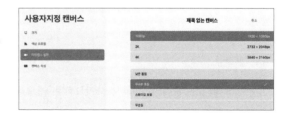

캔버스 속성

캔버스의 기본 배경색을 변경하거나 배경을 투명하게 설정할 수 있습니다.

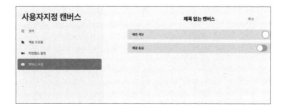

기본 인터페이스 훑어보기

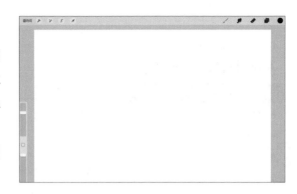

새 캔버스를 만들면 다음과 같은 화면이 표시됩니다. 프로크리에이트의 인터페이스는 간결하고 직관적으로 구성되어 있어 사용하기 편해요. '제스처' 기능을 활용하면 작업 속도가 크게 향상됩니다. 제스처 기능은 다음 순서에 배우도록 하고 주요 메뉴부터 알아볼게요.

브러시( )

다양한 종류의 브러시로 드로잉을 할 수 있습니다. [브러시( )]를 탭하면 표시되는 '브러시 라이브러리'에서 마음에 드는 브러시를 선택하거나, 커스텀 브러시를 만드는 것도 가능해요(커스텀 브러시 만들기 p.464~474 참고). 기본 브러시들이 워낙 많기 때문에 처음부터 모두 사용하는 건 무리가 있습니다. 그림을 따라 그리면서 다양한 브러시들을 활용해 보세요.

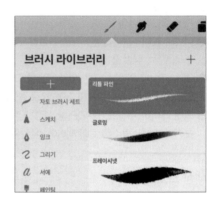

스머지( )

문질러서 색을 섞거나 번지게 하는 툴입니다. 브러시와 마찬가지로 [스머지( )]를 탭하면 '브러시 라이브러리'가 표시되고 다양한 모양을 선택해 사용할 수 있어요. 스머지를 활용한 표현 방법도 따라 그리면서 함께 배워요.

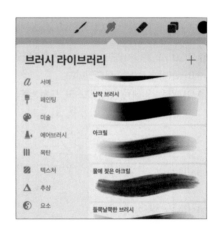

지우개( )

[지우개( )]도 탭하면 '브러시 라이브러리'에서 브러시 모양을 선택해 사용할 수 있습니다. 단순히 지우는 기능뿐만 아니라 브러시의 특성을 활용해 다양한 효과를 낼 수 있어요.

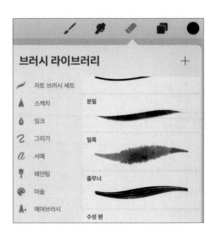

레이어()

새로운 캔버스를 만든 다음 〔레이어(■)〕를 탭하면 레이어 목록에 '배경 색상'과 '레이어 1'로 구성되어 있는 걸 확인할 수 있어요. 우리는 이 '레이어' 위에 그림을 그립니다. 오른쪽 상단에 〔+〕 버튼을 탭해 레이어를 계속 추가할 수 있으며, 레이어를 왼쪽으로 쓸어 복제나 삭제를 할 수 있습니다. 레이어의 오른쪽 체크를 해제해 해당 레이어에 있는 그림을 보이지 않게 할 수도 있어요.

레이어란?

디지털 드로잉을 처음 하는 분들은 '레이어'라는 단어가 생소할 거예요. 레이어는 투명한 필름이라고 생각하면 이해하기가 쉬워요. 우리는 이 투명한 레이어 위에 그림을 그립니다. 여러 장의 레이어에 그림을 그리고 쌓아 한 장의 이미지로 보게 되는 거예요. 레이어를 여러 장으로 구분해서 그리는 이유는 원하는 레이어만 수정하거나 삭제할 수 있어 편리하기 때문입니다.

색상(●)

화면 상단 오른쪽 끝에 있는 〔색상 원(●)〕을 탭하면 색을 지정할 수 있는 '색상'이 표시됩니다. 하단에 있는 디스크, 클래식, 하모니, 값, 팔레트 중에서 사용자에게 맞는 모드를 선택해 사용할 수 있어요. 저는 평소에 클래식 모드를 사용하고 있습니다. 정사각형 색상 피커와 함께 하단에서 색조, 채도, 밝기의 슬라이더 바를 조절해 색상을 쉽게 지정할 수 있어요.

❶ 〔색상 원(●)〕을 길게 누르고 있으면 바로 이전에 사용했던 색으로 변경됩니다.

❷ '내역'에는 최근에 사용한 10가지 색상이 자동으로 저장됩니다.

❸ '팔레트'에는 자주 사용하는 색상을 직접 저장해 사용할 수 있습니다. 저장하고 싶은 색을 지정한 다음 팔레트의 빈칸을 탭하면 색이 저장됩니다. 팔레트에서 삭제하고 싶은 색은 길게 누르면 삭제할 수 있습니다.

'팔레트' 모드에서 오른쪽 상단의 〔+〕 버튼을 탭해 새로운 팔레트를 추가하거나, 팔레트 이름 오른쪽 〔기본값으로 설정〕 버튼을 탭해 기본 팔레트를 변경할 수도 있습니다. '자토 팔레트'를 아이패드에 다운받으면 이곳에 저장됩니다(자토 팔레트 다운받기 p.28~29 참고).

'색상' 상단 중앙에 있는 조절바를 탭해 캔버스로 끌어오면, 작고 단순화된 색상을 아무 곳에나 배치해 사용할 수 있어요. 그림을 그리는 도중에 '색상원'을 탭하지 않아도 색상을 바로 선택할 수 있어서 편리해요. 원래대로 되돌리려면 오른쪽 상단의 〔×〕 버튼을 탭합니다.

사이드 바

❶ **상단 슬라이더** : 브러시, 스머지, 지우개의 크기를 조절합니다. 수치를 미세하게 조절하려면 슬라이더를 탭한 채로 밖으로 끌어와 위아래로 움직입니다.

❷ **네모** : 사이드 바 중간에 있는 〔네모〕를 탭하면 '스포이드'가 표시됩니다. 캔버스에 있는 색을 추출해 사용할 수 있습니다.

❸ **하단 슬라이더** : 브러시, 스머지, 지우개의 불투명도를 조절합니다. 수치를 미세하게 조절하려면 슬라이더를 탭한 채로 밖으로 끌어와 위아래로 움직입니다.

❹ **실행 취소 화살표** : 이전 작업을 취소합니다. 최대 250개 작업을 취소할 수 있어요. 길게 누르면 여러 작업을 빠르게 취소할 수 있습니다.

❺ **다시 실행 화살표** : 취소했던 작업을 재실행합니다. 길게 누르면 여러 작업을 빠르게 재실행할 수 있습니다.

사이드 바는 편리한 쪽으로 이동해 사용할 수 있습니다. 〔동작 (🔧) → 설정〕에서 〔오른손잡이 인터페이스〕를 활성화하면 왼쪽에 있던 사이드 바가 오른쪽으로 이동합니다.

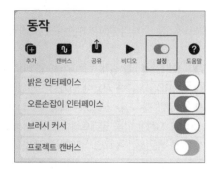

동작(🪄)

동작에는 크게 6가지 메뉴가 있습니다. 함께 살펴볼까요?

추가

캔버스에 파일, 사진, 텍스트를 삽입합니다. 캔버스 전체 혹은 일부분을 복사하거나 붙여 넣을 수 있습니다.

캔버스

캔버스의 정보를 확인하고 전체 크기를 조정하거나, 캔버스를 수평 혹은 수직으로 뒤집을 수 있습니다. '애니메이션 어시스트' 와 '그리기 가이드' 기능을 사용할 수 있습니다. 두 기능을 통해 그림과 애니메이션을 훨씬 편리하게 그릴 수 있어요. 실전 파트에서 여러 번 활용할 거예요.

공유

작업물을 다양한 형식의 파일로 내보내고 저장합니다.

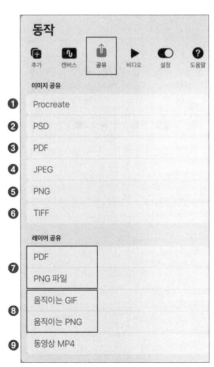

❶ **Procreate** : 프로크리에이트 고유 파일. 캔버스의 모든 정보가 저장되어 백업용으로 사용하기 좋습니다.

❷ **PSD** : 포토샵 파일. 모든 레이어 옵션을 포토샵에 그대로 공유해 수정할 수 있어요.

❸ **PDF** : 원본 파일의 글꼴, 이미지, 문서 형태 등이 유지되어 인쇄할 때 유용하게 사용합니다.

❹ **JPEG** : 가장 일반적으로 사용하는 표준 그래픽 파일입니다. 모든 레이어가 하나로 통합, 하나의 이미지로 저장되어 비교적 용량이 작고 공유하기 쉬워요.

❺ **PNG** : 배경을 투명한 상태로 저장할 때 사용합니다. JPEG보다 품질이 좋아요.

❻ **TIFF** : '무손실 압축'으로 매우 높은 품질로 저장할 수 있지만, 용량이 커서 웹용으로는 적합하지 않아요.

❼ **PDF / PNG 파일** : 레이어를 유지한 PDF와 PNG 파일로 저장합니다.

❽ **움직이는 GIF / 움직이는 PNG** : 움직이는 파일, 애니메이션을 만들고 저장할 때 사용합니다. PNG는 투명한 배경을 유지합니다.

❾ **동영상 MP4** : 애니메이션을 동영상 파일로 내보냅니다.

비디오

그림을 그리는 과정을 타임랩스로 녹화할 수 있는 기능이에요. 〔타임랩스 녹화〕를 활성화하면 캔버스를 만든 순간부터 자동으로 녹화됩니다. 〔타임랩스 다시 보기〕를 선택해 녹화본을 확인할 수 있고, 〔타임랩스 비디오 내보내기〕를 선택해 영상을 저장할 수 있어요.

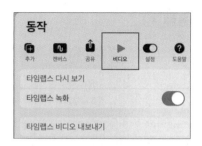

설정

인터페이스의 밝기, 사이드 바의 위치, 애플펜슬의 압력 반응, 제스처 등을 사용자에게 맞추어 편리하게 변경할 수 있습니다.

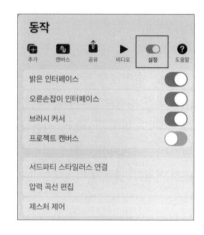

도움말

앱의 고급 설정과 고객 지원 및 포트폴리오 사이트에 접속할 수 있습니다.

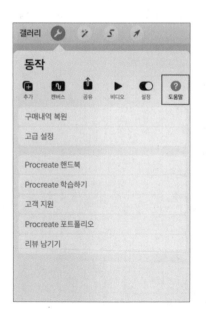

조정(✎)

7개의 '필터' 메뉴로 이미지에 여러 가지 효과를 주고, 4개의 '색상 조정' 메뉴로 색감을 조절할 수 있습니다.

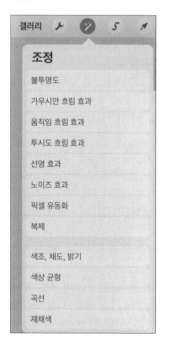

선택(s)

캔버스의 일부 영역을 지정할 때 사용합니다. 일부 이미지만 편집하거나 변형하고 싶을 때 사용하면 편리해요. 영역을 지정하기 위해 다음과 같은 네 가지 도구를 이용할 수 있습니다.

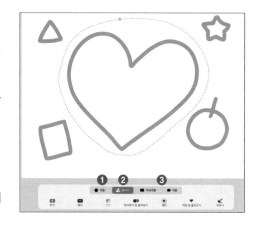

❶ 자동 : 한 번의 탭으로 해당 영역이 자동 지정됩니다.
❷ 올가미 : 직접 테두리를 그려 영역을 지정할 수 있습니다.
❸ 직사각형 / 타원 : 선택하고 싶은 영역 주위로 모양을 드래그해 빠르게 지정할 수 있습니다.

변형($↗$)

선택한 영역의 크기와 기울기 등 형태를 변형할 수 있습니다. 기본적으로 점선 박스의 파란색 조절점을 드래그해 이미지의 크기를 조절하고, 상단의 초록색 조절점을 드래그해 이미지를 회전할 수 있어요. 다음과 같은 네 가지 도구를 이용해 다양하게 변형할 수 있습니다.

❶ 자유형태 : 이미지의 원래 비율에 상관없이 크기를 조절할 수 있습니다.
❷ 균등 : 이미지의 원래 비율을 유지합니다. 예를 들어 높이를 조절하면 비율에 맞게 너비도 함께 조절되어 이미지가 왜곡되지 않습니다.
❸ 왜곡 : 이미지를 원근감 있는 모양으로 변형할 때 사용합니다.
❹ 뒤틀기 : 가장 세밀하게 형태를 왜곡할 수 있습니다.

프로크리에이트의 기능들을 간단하게 살펴보았습니다. 직접 사용해 보지 않으면 완벽히 이해하기가 쉽지 않아요. 하지만 걱정마세요. 실전 파트에서 직접 활용하며 천천히 배울 거니까요. 지금은 '이런 다양한 기능들이 있구나.' 하고 느끼시면 됩니다. 기능에 대한 더 자세한 내용은 파트 7(프로크리에이트 기능 더 알아보기 p.458~493 참고)에서 다룹니다.

꼭 알아야 할 제스처

프로크리에이트에는 컴퓨터의 '키보드 단축키'처럼 알아 두면 아주 편리한 제스처(Gesture) 기능이 있습니다. 간단한 제스처들로 유용한 메뉴들을 빠르게 실행할 수 있어요. 예를 들어 두 손가락으로 캔버스를 탭하는 것만으로도 '이전 작업 실행 취소' 기능이 실행됩니다. 그림을 그리기 전에 꼭 알고 가야 할 제스처들을 알아볼게요. 다음 제스처들이 익숙해질 수 있도록 여러 번 연습하길 바랍니다.

기본 제스처

캔버스 축소, 확대, 회전

두 손가락을 모으거나 벌려 캔버스를 축소하거나 확대할 수 있습니다. 두 손가락을 둥글게 움직여 캔버스를 회전할 수도 있어요. 캔버스를 원하는 각도로 회전한 다음 편하게 그림을 그릴 수 있습니다.

두 손가락으로 탭

그림을 그리다가 캔버스를 두 손가락으로 탭하면 이전 작업이 취소됩니다. 계속 탭하면 이전 250개의 작업까지 취소할 수 있어요. 두 손가락을 탭한 채로 길게 누르고 있으면 이전 작업들이 빠르게 취소됩니다.

세 손가락으로 탭

캔버스를 세 손가락으로 탭하면 취소했던 작업을 다시 실행할 수 있습니다. 세 손가락을 탭한 채로 길게 누르고 있으면 취소되었던 작업들이 빠르게 다시 실행됩니다.

세 손가락으로 문질러 닦기

세 손가락으로 캔버스를 닦듯이 좌우로 문지르면 현재 레이어에 작업한 모든 내용이 즉시 삭제됩니다.

네 손가락으로 탭

화면을 네 손가락으로 동시에 탭하면 상하좌우에 있는 전체 메뉴가 사라져 캔버스를 깨끗하게 볼 수 있습니다. 메뉴를 다시 보려면 네 손가락으로 다시 화면을 탭합니다.

세 손가락으로 쓸기

캔버스에서 세 손가락을 아래나 위로 한 번 쓸면 편집 메뉴가 표시됩니다. 편집 메뉴에서 복사하기, 잘라내기, 붙여넣기 기능들을 빠르게 사용할 수 있어요.

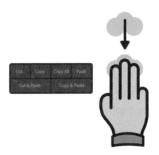

직선, 도형 만들기 제스처

1단계

캔버스에 선이나 도형을 그린 다음 펜슬을 화면에서 떼지 않고 기다리면 곧은 직선과 도형으로 자동 수정됩니다.

2단계

펜슬을 화면에 계속 붙이고 있는 1단계 상태에서 다른 손가락으로 캔버스를 탭하면 타원이 원으로, 삼각형이 정삼각형으로, 직사각형이 정사각형으로 다시 한 번 자동 수정됩니다.

3단계

펜슬과 손가락을 화면에 계속 붙이고 있는 2단계 상태에서 펜슬을 드래그하면 도형의 크기와 방향도 빠르게 조절할 수 있습니다.

  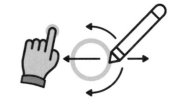

레이어 제스처

레이어 합치기

(레이어(■)) 목록에서 합치고 싶은 레이어들을 두 손가락으로 좁힙니다.

레이어 다중 선택하기

하나의 레이어를 선택한 다음 나머지 레이어들을 오른쪽으로 쓸어 선택합니다.

레이어 내용 선택하기

레이어를 두 손가락으로 길게 눌러 해당 레이어의 내용을 모두 선택합니다. 레이어의 불투명한 부분, 즉 그림을 그린 영역만 선택되어 브러시, 변형, 복사 등의 다양한 작업을 수행할 수 있습니다.

레이어 불투명도 조절하기

레이어를 두 손가락으로 탭해 상단에 불투명도 조절바가 표시되면 화면을 좌우로 쓸어 불투명도를 조절합니다.

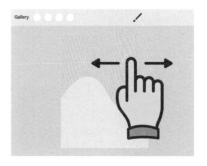

알파 채널 잠금

두 손가락으로 레이어를 오른쪽으로 쓸면 레이어 썸네일 배경이 체크로 변경되며 '알파 채널 잠금'이 적용됩니다. 다시 한 번 쓸면 '알파 채널 잠금'이 해제됩니다(알파 채널 잠금 기능 설명 p.476 참고).

TIP 제스처 변경하기

(동작(🔧)) → 설정 → 제스처 제어)에서 다양한 제스처들을 추가하거나 수정할 수 있어요. 하나의 동작에 하나의 기능만 사용할 수 있으니 변경할 때 주의합니다.

03 step

브러시/팔레트/예제 파일 다운받기

실전 파트에서 그림을 그릴 때 사용할 브러시, 팔레트, 예제 파일은 성안당 공식 홈페이지(www.cyber.co.kr) 자료실에 업로드되어 있어요. 아이패드에 미리 다운받아 준비해 주세요.

다운로드 및 실행 방법

01 아이패드로 성안당 홈페이지 자료실에서 '아이패드 예제파일'로 검색한 다음 자료를 [파일에 저장 → 나의 iPad]로 다운받습니다.

02 아이패드 [파일] 앱을 탭합니다.

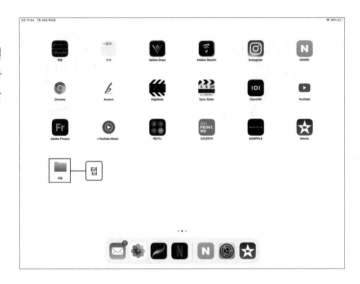

03 다운받은 Zip 파일을 탭하면 압축이 풀려 폴더가 추가됩니다.

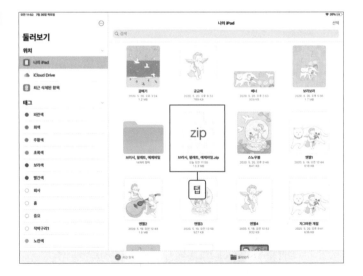

04 │ 01 폴더에 있는 브러시 세트와 팔레트 3개를 한 번씩 탭하면 프로크리에이트가 실행되며 자동으로 저장됩니다. 브러시 라이브러리와 팔레트 메뉴에서 다운받은 브러시 세트와 팔레트들이 저장되어 있는 걸 확인할 수 있어요.

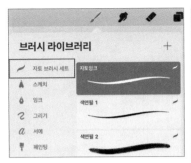

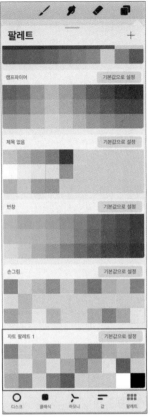

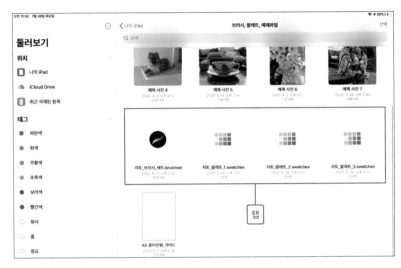

05 │ 다운받은 가이드 파일과 예제 사진은 실전 파트에서 사용할 때 갤러리 화면에서 [가져오기]를 탭해 불러옵니다.

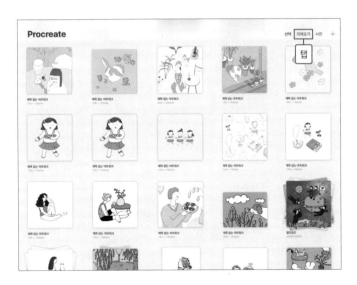

TIP 같은 방법으로 웹상에서 다양한 브러시, 팔레트, 폰트들을 다운해 프로크리에이트에서 사용할 수 있어요. 대표적으로 프로크리에이트 홈페이지의 RESOURCES 게시판(folio.procreate.art/discussions/10)에서 유저들이 업로드한 무료/유료 소스들을 다운받을 수 있습니다. 폰트는 저작권 문제가 있을 수도 있으니 꼭 라이선스를 확인하고 활용하는 것이 좋습니다.

2

기초 기능 연습하며 그리기

이제 아이패드로 직접 그림을 그릴 차례입니다. 디지털 드로잉이 처음이라면 앞서 설명한 내용을 눈으로만 읽어서 완벽하게 이해하기 힘들어요. 그래서 먼저 기초 기능들을 활용해 보며 감을 잡을 수 있는 예제들을 준비했어요. 처음에는 서투르고 어색한 게 당연해요. 저도 그랬으니 두려워 말고 천천히 따라오세요. 잘 그리려고 하는 마음보다 드로잉을 즐기려는 마음이 실력 상승에 훨씬 더 도움이 됩니다.

간단한 라인
일러스트 그리기

- **난이도** : ★
- **브러시** : 테크니컬 펜, 프림솔, 올드 비치
- **키워드** : # 레이어구분 # 빠른색채우기

iPad Drawing

Drawing
Style

처음으로 프로크리에이트 앱을 실행하고 새하얀 캔버스를 만들면 그 다음부터는 무엇을 해야 할지 막막하지요? 그럼 저와 함께 간단한 라인 일러스트를 그리며 차근차근 기본 기능들을 배워요. 앞으로 꾸준히 써야 할 드로잉에 꼭 필요한 기능들을 알려줄게요.

애벌레와 나무 그리기

01 │ 프로크리에이트를 실행하고 갤러리 화면에서 새 캔버스를 만들기 위해 오른쪽 상단에 있는 (+) 버튼을 탭하세요.

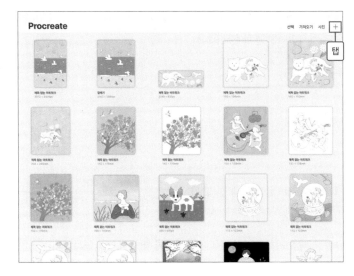

02 │ (+) 버튼을 탭하면 다음과 같은 새로운 캔버스가 표시됩니다. 아래 'A4' 크기처럼 사전에 설정되어 있는 템플릿을 선택해 캔버스를 빠르게 만들 수 있고, 다시 한 번 오른쪽 상단에 있는 (사용자지정 캔버스(▣))를 탭해 사용자지정 캔버스를 만들 수도 있습니다. 우리는 (사용자지정 캔버스(▣))를 탭해 사용자지정 캔버스를 만들어요.

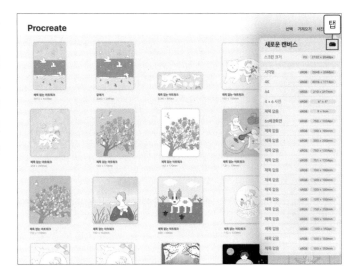

03 │ 너비를 '200mm', 높이를 '200mm', DPI(해상도)를 '300'으로 설정하고 오른쪽 상단의 (창작) 버튼을 탭해 새 캔버스를 만듭니다. 이때 너비와 높이의 단위가 제대로 설정되었는지 꼭 확인해 주세요.

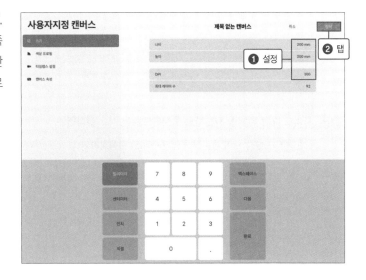

04 새 캔버스가 만들어지면 (브러시([🖊️]))를 탭해 브러시 라이브러리를 표시합니다. '잉크 → 테크니컬 펜'을 선택합니다.

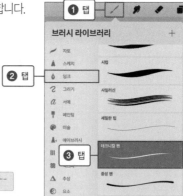

TIP 브러시 : 잉크 → 테크니컬 펜

05 가장 오른쪽에 있는 (색상 원([⬤]))을 탭해 색상을 표시합니다. 라인을 그릴 '검은색'을 지정합니다. 색상 원의 색도 검은색으로 변경되는 것을 확인할 수 있어요.

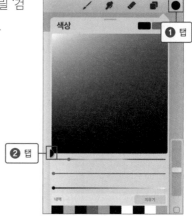

06 사이드 바의 (상단 슬라이더)를 위아래로 쓸어 브러시 크기를 '20%'로 조절합니다.

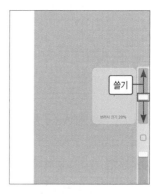

TIP 사이드 바의 위치를 사진처럼 오른쪽으로 옮기고 싶다면?
(동작([🔧])) → 설정 → 오른손잡이 인터페이스) 활성화하기

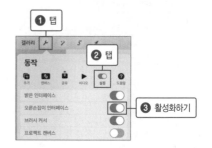

07 │ 본격적으로 그림을 그려볼까요? 캔 버스에 동그라미 다섯 개를 이어 그려 애벌 레 몸통을 그립니다. 그리고 앙증맞은 다리 와 눈, 코, 입도 그려요. 처음이니까 라인이 깔끔하지 않아도 괜찮아요. 대담하게 그려 주세요.

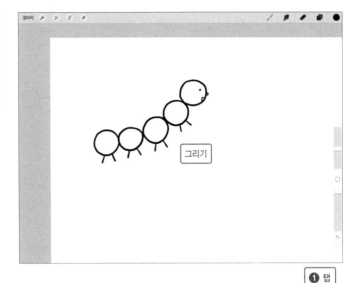

❶ 탭

08 │ (레이어(■))에서 오른쪽 상단 (+) 버튼을 탭해 나무를 그릴 새 레이어를 추가 합니다.

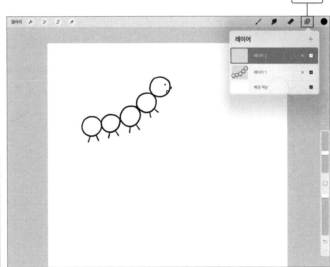

09 │ 애벌레 옆쪽에 나무를 그려요. 둥글둥글하게 나무의 상단 부분을 그리고 기둥과 열매를 추가해 나무를 완성합니다.

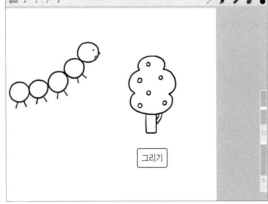

토끼와 책 그리기

01 〔레이어()〕에서 〔+〕 버튼을 탭해 토끼 얼굴을 그릴 새 레이어를 추가합니다.

02 애벌레 아래쪽에 토끼의 쫑긋한 귀와 넓적한 얼굴 그리고 눈, 코, 입, 수염 순서로 그려볼까요? 아직 처음이니까 원하는 대로 선이 그려지지 않아도 너그러운 마음을 갖고 그려 주세요.

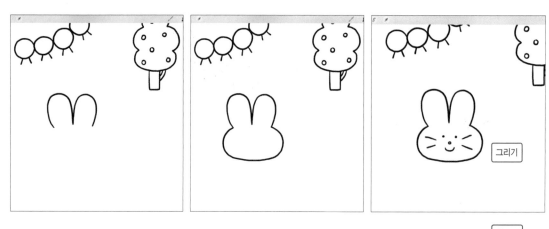

03 〔레이어()〕에서 〔+〕 버튼을 탭해 책을 그릴 새 레이어를 추가합니다.

04 캔버스 빈 공간에 다음과 같은 순서로 책도 한 권 그려볼까요? 세로로 내려오는 선은 살짝 둥글게 그리는 것이 포인트입니다. 책 표지에 'BOOK'이라고 단어도 적어요.

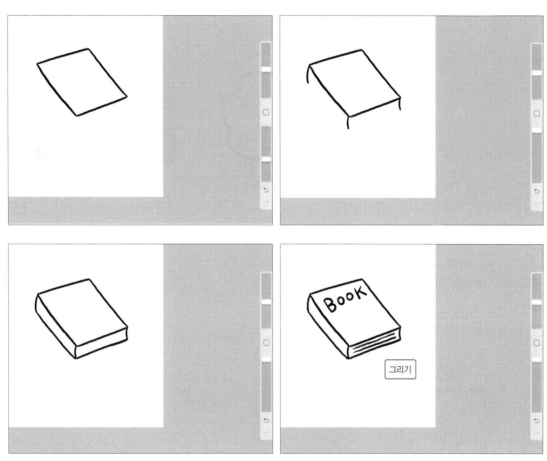

그리기

애벌레와 나무 채색하기

01 라인 드로잉이 끝났으니 다시 애벌레부터 차례대로 채색해요. (레이어(◼))) 목록에서 애벌레를 그린 '레이어 1'을 선택합니다.

02 | 애벌레는 '빠른 색 채우기' 방법으로 채색할 거예요. (색상 원(●))을 탭해 원하는 색 하나를 지정합니다.

03 | 다음이 중요해요. (색상 원(●))을 탭한 상태로 펜을 떼지 않고 캔버스로 끌어와 애벌레의 동그라미 하나 안에서 펜을 떼면 자동으로 채색됩니다. 이때 동그라미 라인에 끊어진 부분이나 빈틈이 있으면 색이 채워지지 않고 밖으로 모두 빠져나가요.

TIP 라인에 끊어진 부분이 없는데도 색이 채워지지 않고 밖으로 빠져나간다면?

색을 끌어온 다음에 화면에서 펜을 떼지 않은 상태로 좌우로 움직이면 상단에 'ColorDrop 한계값' 수치가 표시됩니다. 왼쪽으로 쓸어 수치를 낮출수록 채색 범위가 좁아져 색이 라인 밖으로 빠져나가지 않게 조절할 수 있습니다.

04 | 같은 방법을 사용해 나머지 동그라미들도 하나씩 여러 가지 색으로 채웁니다.

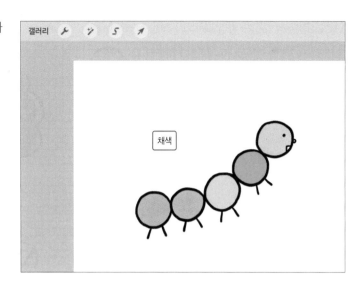

05 | 나무를 채색해요. 나무는 애벌레와 다른 방법으로 채색합니다. [레이어(▣)]에서 [+] 버튼을 탭해 나무를 그린 '레이어 2' 아래 새 레이어를 추가합니다.

06 | 새 레이어에서 '초록색'으로 지정하고 브러시로 나무 상단 라인과 같은 모양이지만 오른쪽으로 조금 어긋나게 테두리를 그립니다.

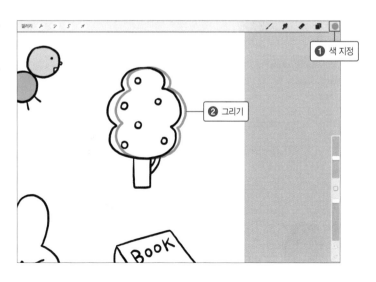

07 '빠른 색 채우기' 방법으로 그린 라인 안에 (색상 원(⬤))을 끌어와 채색해 주세요. 지금 채색하고 있는 새 레이어가 나무 라인을 그린 '레이어 2' 아래 있으므로 나무의 검정 라인도 가려지지 않고 보여야 합니다.

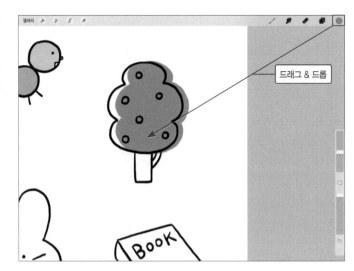

드래그 & 드롭

08 색상을 바꾸어서 열매와 나무 기둥 부분은 브러시로 직접 채색해 완성해요. 이렇게 원래의 라인과 조금 어긋나게 채색하니 어떤가요? 꽉 채워 채색하는 방법과는 또 다른 느낌이 납니다.

채색

09 나무 레이어가 2개가 되었네요. 레이어를 정리하기 위해 (레이어(⬤)) 목록에서 두 레이어를 '다중 선택'한 다음 오른쪽 상단 (그룹)을 탭해서 하나의 그룹으로 지정합니다.

TIP 다중 선택하기

하나의 레이어를 선택한 다음 다른 레이어를 오른쪽으로 쓸어 선택합니다.

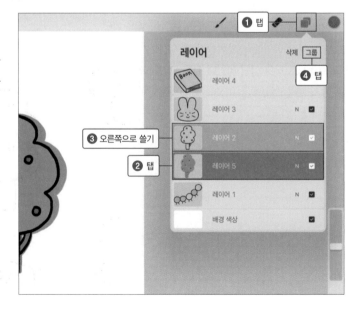

❶ 탭

레이어   삭제 그룹

❹ 탭

레이어 4

레이어 3   N ☑

❸ 오른쪽으로 쓸기   레이어 2   N ☑

❷ 탭   레이어 5   N ☑

레이어 1   N ☑

배경 색상   ☑

토끼와 책 채색하기

01 토끼 채색을 위해 (레이어()에서 (+) 버튼을 탭해 토끼를 그린 '레이어 3' 아래 새 레이어를 추가합니다.

02 토끼는 질감 있는 브러시를 사용해 직접 채색합니다. 브러시 종류를 '미술 → 플림솔', 크기를 '6%', 색상을 '분홍색'으로 지정합니다.

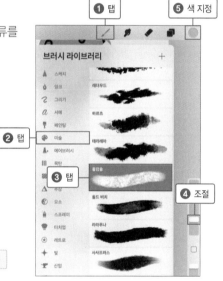

TIP 브러시 : 미술 → 플림솔

03 '플림솔'은 캔버스 천 질감을 가진 브러시로 여러 번 겹쳐 칠할수록 진해지고 질감이 표현되지 않습니다. 질감을 잘 표현하기 위해 펜을 떼지 않고 한 번에 채색해 볼까요?

04 〔레이어(⬛)〕 목록에서 토끼 얼굴을 그린 '레이어 3'과 '레이어 7'도 그룹으로 지정해 정리합니다.

05 책을 채색하기 위해 〔레이어(⬛)〕에서 〔+〕 버튼을 탭해 책을 그린 '레이어 4' 아래 새 레이어를 추가합니다.

06 질감 있는 브러시로 직접 채색해요. 브러시 종류를 '미술 → 올드 비치', 크기를 '6%', 색상을 '파란색'으로 지정해 주세요.

TIP 브러시 : 미술 → 올드 비치

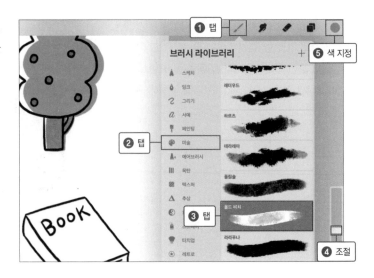

07 '올드 비치'는 물에 푹 젖은 듯한 질감을 가지고 있는 브러시로 여러 번 겹쳐 칠할수록 진해져 얼룩이 생겨요. 질감을 잘 표현하고, 깔끔한 느낌으로 채색하고 싶다면 펜을 떼지 않고 한 번에 채색해 주세요. 책등은 조금 더 진한 색으로 채색하면 좋아요.

08 〔레이어(▣)〕 목록에서 책을 그린 '레이어 4'와 '레이어 9'를 하나의 그룹으로 지정하고 정리하면 드로잉 작업은 끝입니다.

09 그룹 이름 옆에 〔∨〕, 〔＞〕를 탭해 그룹을 열고 닫을 수도 있어요.

10 │ 그림의 위치와 크기를 조절하는 방법을 알아볼까요? 조절하고 싶은 그림이나 그룹을 선택한 다음 왼쪽 상단의 (변형( ))을 탭하면 위치와 크기를 조절할 수 있습니다. 이때 하단 메뉴에서 (균등)을 선택해야 그림의 원래 비율에 맞추어 크기를 변경할 수 있어요.

11 │ (레이어( )) 목록에서 모든 그룹과 레이어를 '다중 선택'한 다음 (변형( ))을 탭해 한꺼번에 조절하는 것도 가능합니다.

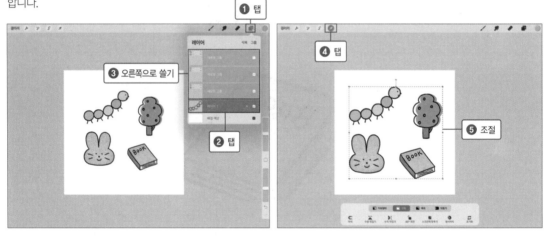

12 │ 내가 작업한 그림을 저장해볼까요? 저장하지 않은 상태에서 나가도 갤러리에는 자동으로 저장됩니다. 파일로 저장하고 싶다면 (동작( ) → 공유)에서 파일 확장자를 선택한 다음(확장자 p.23 참고) (이미지 저장) 혹은 (파일에 저장)을 선택해 저장합니다. 혹은 (AirDrop)을 이용해 아이폰이나 아이맥으로 파일을 쉽게 옮길 수도 있어요.

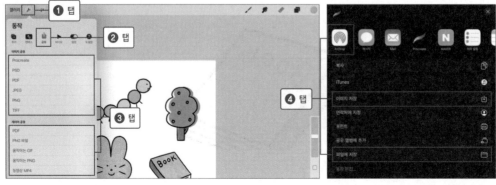

여러 가지 무늬의
테디베어 그리기

● **난이도** : ★
● **브러시** : 스크립트, 타르카인, 데시멀, 머틀, 오래된 가죽
● **키워드** : # 복사및붙여넣기 # 알파채널잠금

Drawing
Style

하나의 그림으로도 무궁무진한 변화를 줄 수 있다는 점, 바로 디지털 드로잉의 장점 중 하나입니다. 테디
베어 딱 한 마리만 그리세요. 나머지 세 마리는 간편하게 '복+붙' 해서 다양하게 꾸밀 수 있으니까요.

테디베어 그리기

01 | 너비를 '150mm', 높이를 '170mm', DPI를 '300'으로 설정한 다음 (창작) 버튼을 탭합니다. 단위를 잘 확인해 주세요.

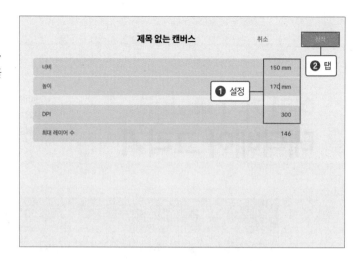

02 | 테디베어를 그리기 전에 배경을 먼저 채색해요. (레이어(●)) 목록에서 '배경 색상' 레이어를 탭해 배경색을 바로 지정할수도 있지만 '배경 색상' 레이어는 색 변경이외에 다른 어떠한 편집도 가능하지 않기때문에 '레이어 1'과 같은 '일반' 레이어에 배경을 채색하는 것을 더 선호합니다.

TIP **일반 레이어** : 모든 편집이 가능함
배경 색상 레이어 : 색상 변경만
가능함

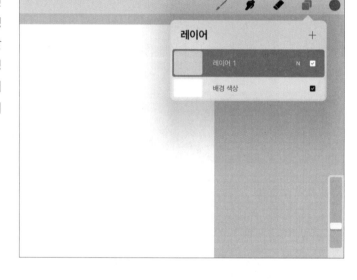

03 | '레이어 1'에 배경을 채색합니다. (색상(●))에서 '연한 보라색'을 지정하고 (색상 원(●))을 캔버스에 끌어와 빠르게 색을 채웁니다.

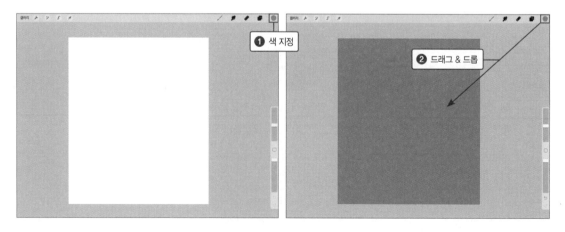

04 〔레이어(■)〕에서 〔+〕 버튼을 탭해 테디베어를 그릴 새 레이어를 추가해요. 배경을 채색한 '레이어 1' 위로 새 레이어를 추가해야 합니다.

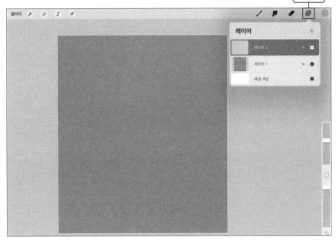

1 탭

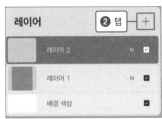

05 깔끔한 느낌의 '스크립트' 브러시를 선택해서 캔버스 왼쪽 상단에 다음과 같은 순서로 테디베어 형태를 그립니다. 라인을 그리는 건 아직 서툰 게 당연해요. 자신감을 가지고 그려 보세요.

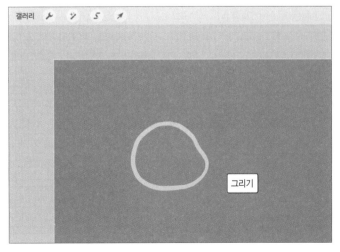

TIP 브러시 : 서예 → 스크립트
크기 : 20%
색상 : 노란색

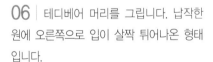

06 테디베어 머리를 그립니다. 납작한 원에 오른쪽으로 입이 살짝 튀어나온 형태입니다.

그리기

07 | 양쪽 귀를 머리 위에 붙여 그립니다.

08 | 몸은 아래로 갈수록 통통한 모양으로 그립니다.

09 | 옆으로 앉아 있는 모습이므로 왼쪽 팔만 몸통에 겹쳐 그립니다.

10 │ 오른쪽 방향으로 다리를 뻗고 앉아
있는 모습으로 그려 주세요. 발끝은 둥글게
그려 귀엽게 표현해요.

그리기

11 │ 라인을 모두 그렸으면 (색상 원(●))을 테디베어 라인 안쪽 면으로 끌어와 전체 면을 채색합니다.

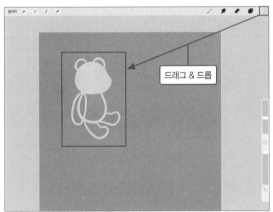

드래그 & 드롭

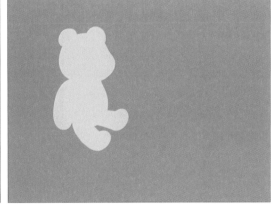

테디베어 복사하기

01 │ 노란색 테디베어 한 마리가 완성되
었어요. 곰 인형을 네 마리로 늘려 주세요.
세 손가락으로 화면을 위에서 아래로 쓸면
다음과 같은 편집 메뉴가 표시됩니다. (복사
하기 및 붙여넣기)를 선택해 테디베어를 복
사하고 붙여 넣습니다.

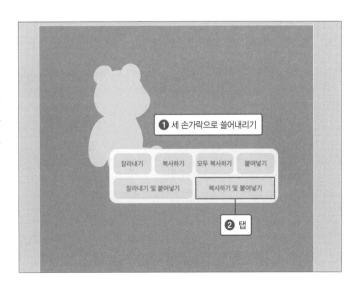

❶ 세 손가락으로 쓸어내리기

| 잘라내기 | 복사하기 | 모두 복사하기 | 붙여넣기 |
| 잘라내기 및 붙여넣기 | | 복사하기 및 붙여넣기 |

❷ 탭

02 | 테디베어를 복사했지만 겹쳐 있기 때문에 아직까지 보이지 않아요. (변형( ))을 탭해 복사한 테디베어를 오른쪽으로 이동해 주세요.

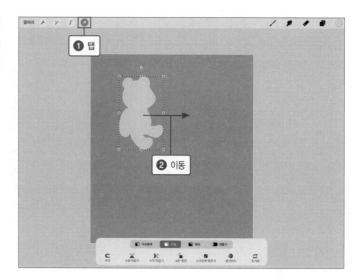

03 | 다시 한번 세 손가락으로 화면을 위에서 아래로 쓸어 편집 메뉴를 표시하고 (복사하기 및 붙여넣기)를 선택해 세 번째 테디베어를 만듭니다.

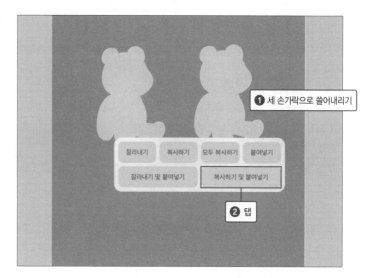

04 | 복사한 테디베어를 왼쪽 아래로 이동하고 03과 동일한 방법으로 다시 한 번더 복사합니다.

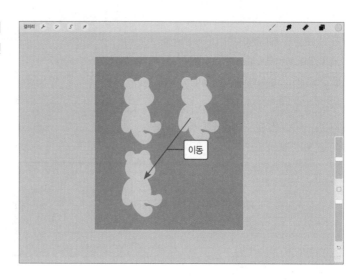

05 │ 복사한 네 번째 테디베어는 오른쪽
아래로 이동합니다.

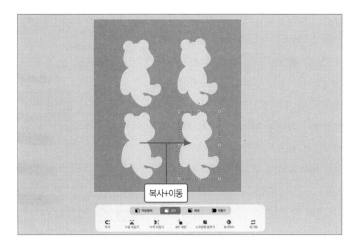

복사+이동

06 │ (레이어(■)) 목록에서 각각의 레이어를 선택한 다음 (변형(↗))을 탭해 테디베어들의 간격이 맞도록 위치를 조절
합니다.

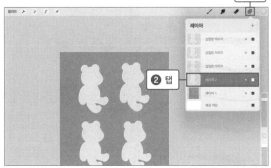

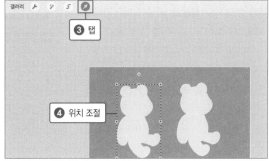

테디베어 다양하게 꾸미기

01 │ 테디베어들을 다양하게 꾸밉니다.
(레이어(■)) 목록에서 첫 번째 테디베어를
그린 '레이어 2'를 선택합니다. 레이어를 한
번 더 탭하면 왼쪽에 메뉴가 표시됩니다. 메
뉴에서 (알파 채널 잠금)을 적용합니다. (알
파 채널 잠금) 옆에 체크 표시되고 레이어
썸네일의 배경이 체크무늬로 변해 알파 채
널 잠금이 적용될 걸 확인할 수 있습니다.

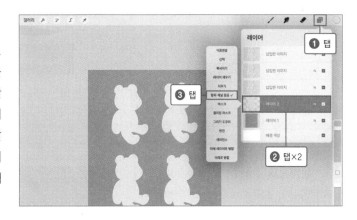

TIP 알파 채널 잠금

　해당 레이어에 그림을 그린 부분에서만 브러시 사용이 가능하도록 배경을 잠그는 기능입니다. 그림을 그린 부분에 텍
스처나 음영을 추가하는 데 사용하기 편리해요. 예를 들어 지금 레이어에서 알파 채널 잠금을 적용하면, 첫 번째 테디베어
그림 이외의 부분은 브러시를 사용해도 채색되지 않아요. 글로는 잘 이해가 안 된다면 알파 채널 잠금을 적용하고 직접 브
러시를 사용해 봅니다.
알파 채널 잠금 바로 가기 : (레이어(■)) 목록에서 두 손가락으로 해당 레이어를 오른쪽으로 쓸면 알파 채널 잠금이 적용
됩니다.

02 (브러시(✎))에서 골판지와 같은 질감을 표현하는 '타르카인' 브러시를 선택하고 (색상(●))에서 어두운 '노란색'을 지정합니다. 브러시로 첫 번째 테디베어를 채색해 질감을 표현합니다. '알파 채널 잠금'을 적용했기 때문에 채색을 하다가 브러시가 테디베어 밖으로 빠져나가도, 테디베어 밖에는 채색이 되지 않아 편리합니다.

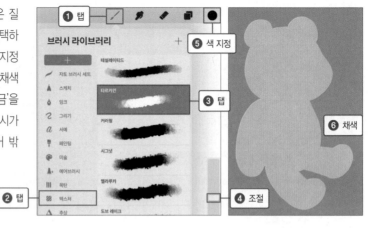

TIP 브러시 : 텍스처 → 타르카인 **브러시 크기** : 10% **색상** : 어두운 노란색

03 '타르카인' 질감을 표현한 테디베어 위에 브러시와 색상을 바꾸어 디테일을 추가합니다. 귀와 눈, 코, 입을 그립니다.

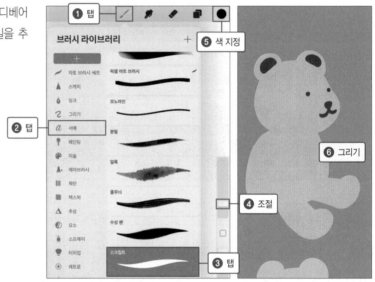

TIP 브러시 : 서예 → 스크립트 **브러시 크기** : 20% **색상** : 갈색

04 팔과 몸통의 구분선을 긋고 발바닥도 채색합니다. '알파 채널 잠금'이 적용되어 발바닥을 채색할 때도 편리해요.

05 〔레이어( )〕 목록에서 '두 번째 테디베어'가 있는 레이어를 선택합니다. 〔색상( )〕에서 '파란색'을 지정한 다음 두 번째 테디베어에 〔색상 원( )〕을 끌어와 색을 변경합니다.

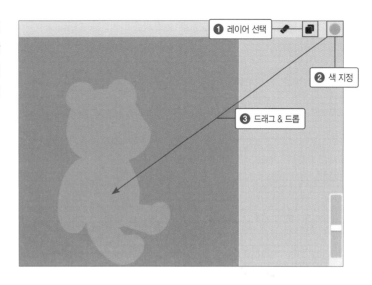

06 '두번째 테디베어' 레이어도 탭해 메뉴를 표시하고 〔알파 채널 잠금〕을 적용합니다.

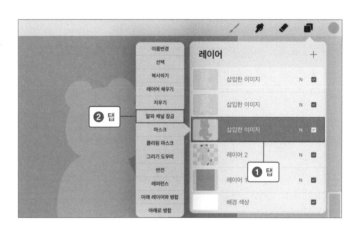

07 〔브러시( )〕에서 '데시멀' 브러시를 선택합니다. '데시멀' 브러시는 물방울무늬를 가진 브러시입니다. 브러시로 두 번째 테디베어를 채색해 물방울무늬를 표현해 볼까요?

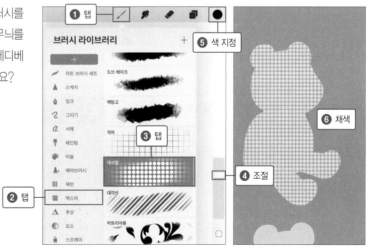

TIP **브러시** : 텍스처 → 데시멀 **브러시 크기** : 25% **색상** : 하늘색

08 | 두 번째 테디베어도 '스크립트' 브러시로 디테일을 그립니다.

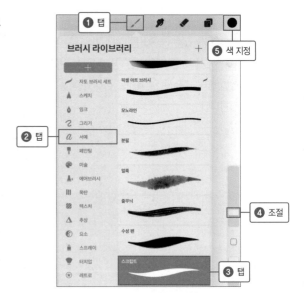

① 탭
⑤ 색 지정
② 탭
④ 조절
③ 탭

TIP **브러시** : 서예 → 스크립트
브러시 크기 : 20%
색상 : 진한 파란색

09 | 자유롭게 변형해 그려도 좋습니다.
하트 모양으로 코를 그렸어요.

그리기

10 | [레이어(▣)] 목록에서 '세 번째 테
디베어' 레이어를 선택하고 [색상(●)]에서
'연한 분홍색'을 지정한 다음, [색상 원(●)]
을 세 번째 테디베어에 끌어와 색상을 변경
해 주세요.

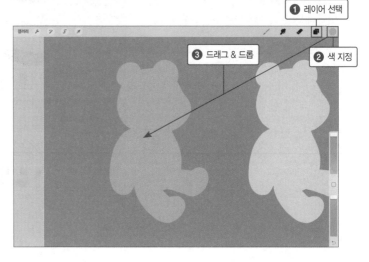

① 레이어 선택
③ 드래그 & 드롭
② 색 지정

11 〔레이어(■)〕 목록에서 '세 번째 테디베어' 레이어도 선택해 메뉴를 표시하고 〔알파 채널 잠금〕을 적용합니다.

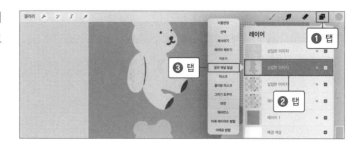

12 '머틀' 브러시로 세 번째 테디베어를 채색해 무늬를 표현합니다. '머틀' 브러시는 짧고 둥근 선들이 흩뿌려져 있는 듯한 무늬를 가지고 있습니다.

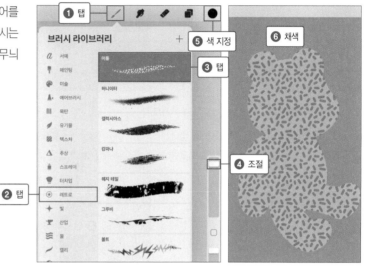

TIP **브러시** : 레트로 → 머틀   **브러시 크기** : 100%   **색상** : 분홍색

13 브러시를 '스크립트'로 변경해 무늬를 표현한 세 번째 테디베어 위에도 자유롭게 디테일을 그려 주세요. 눈썹을 진하게 그렸어요.

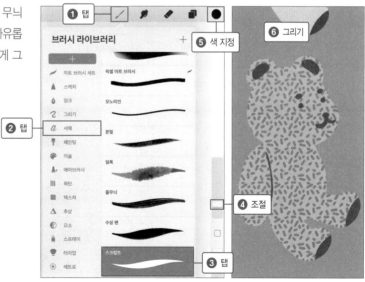

TIP **브러시** : 서예 → 스크립트   **브러시 크기** : 20%   **색상** : 진한 분홍색

14 〔레이어(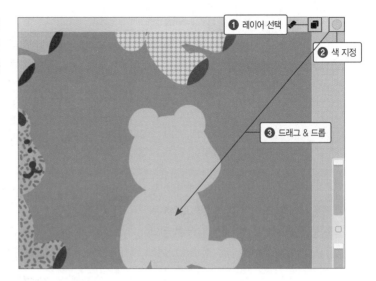)〕 목록에서 '네 번째 테디베어' 레이어를 선택하고 〔색상(●)〕에서 '민트색'을 지정한 다음 〔색상 원(●)〕을 끌어와 색을 변경합니다.

15 '네 번째 테디베어' 레이어를 탭해 메뉴를 표시하고 〔알파 채널 잠금〕을 적용합니다.

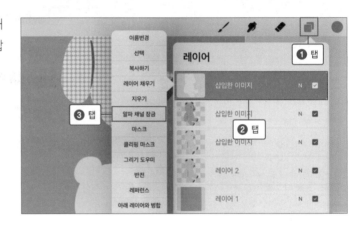

16 〔브러시(✐)〕에서 '오래된 가죽' 브러시를 선택하고 〔색상(●)〕에서 '진한 민트색'을 지정해 네 번째 테디베어에 채색합니다. '오래된 가죽' 브러시를 사용할 때는 펜에 일정하게 힘을 주어야 일정한 채도로 질감을 표현할 수 있습니다.

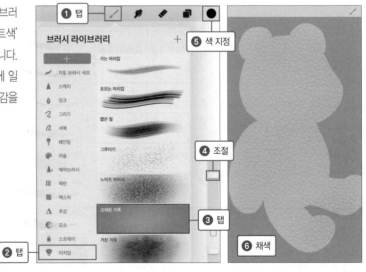

TIP **브러시** : 터치업 → 오래된 가죽 **브러시 크기** : 50% **색상** : 진한 민트색

17 │ '스크립트' 브러시로 변경하고 네 번째 테디베어 위에도 자유롭게 그립니다.

TIP **브러시** : 서예 → 스크립트
　　　브러시 크기 : 20%
　　　색상 : 초록색

18 │ 귀여운 나비 넥타이를 그렸어요.

그리기

19 │ '알파 채널 잠금'을 적용해 네 가지 다른 무늬를 가진 테디베어를 완성했어요. '브러시 라이브러리'에 있는 많은 브러시들로 더 다양한 무늬를 테스트하며 연습하면 어떨까요?

좌우가 대칭인
강아지 쉽게 그리기

● 난이도 : ★
● 브러시 : 모노라인
● 키워드 : # 편집그리기가이드 # 대칭

Drawing
Style

생일을 맞은 귀여운 강아지를 그려 보세요. 가만 보니 이 그림 강아지 얼굴부터 선물 상자, 케이크, 가랜드까지 모두 좌우가 대칭이에요. 프로크리에이트에는 이런 그림을 조금 더 편하게 그릴 수 있는 '대칭' 기능이 있습니다. 함께 알아볼까요?

대칭으로 그리기

01 | 너비를 '120mm', 높이를 '170mm', DPI를 '300'으로 설정한 다음 (창작) 버튼을 탭합니다.

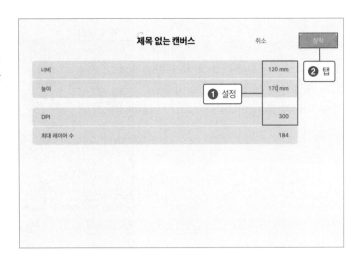

02 | (동작(🔧) → 캔버스)에서 (그리기 가이드)를 활성화합니다. 캔버스에 격자무늬 보조선이 표시됩니다.

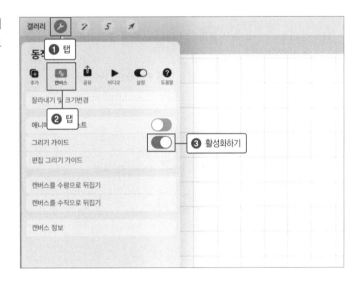

03 | 그리기 가이드를 '대칭' 기능으로 변경하기 위해 (편집 그리기 가이드)를 선택합니다.

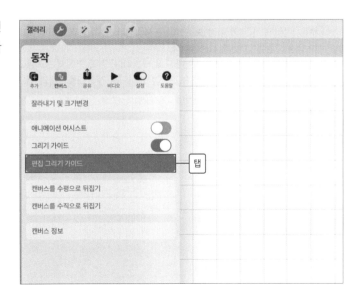

04 | '편집 그리기 가이드' 하단 메뉴 가
장 오른쪽에 있는 (대칭)을 선택합니다. 중
앙에 원과 수직 보조선이 한 줄 표시되며
'대칭' 기능이 활성화됩니다. (완료) 버튼을
탭해 캔버스로 돌아갑니다.

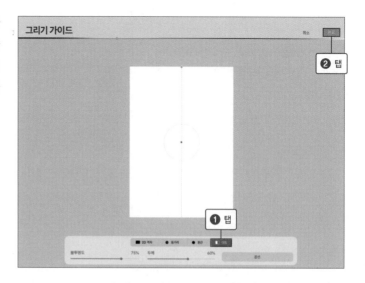

**TIP 캔버스 중앙에 수직 보조선이 아니라 수평 보조선이
표시되었다면?**

하단 메뉴에서 (옵션) 버튼을 탭한 다음 (수직)을 선택하고
(완료) 버튼을 탭합니다.

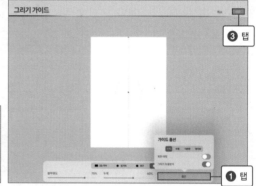

TIP 대칭 옵션

- **수직** : 캔버스 중앙에 수직 보조선이 표시됩니다. 한쪽 면에 그리는 그림이 실시간으로 다른 한쪽 면에 똑같이 그려집니다.
  좌우 대칭 그림을 그릴 때 사용합니다.
- **수평** : 캔버스 중앙에 수평 보조선이 표시됩니다. 한쪽 면에 그리는 그림이 실시간으로 다른 한쪽 면에 그려집니다. 상
  하 대칭 그림을 그릴 때 사용합니다.
- **사분면** : 보조선이 캔버스를 사분면으로 나눕니다. 한쪽 면에서 그리는 그림이 다른 모든 분할 면에 똑같이 그려집니다.
- **방사상** : 가로, 세로 및 대각선 보조선이 표시되며 캔버스를 8개의 면으로 나눕니다. 한쪽 면에 그리는 그림이 다른 모
  든 분할 면에 똑같이 그려집니다.

05 캔버스에 표시된 수직 보조선을 기준으로 그림을 그려요. 왼쪽 면에 그림을 그리거나 효과를 주면 오른쪽 면에도 같은 그림이 실시간으로 그려집니다. '대칭' 기능은 마치 '데칼코마니' 기능 같은 것이에요.

06 '모노라인' 브러시는 필압에 상관없이 굵기가 항상 일정하게 그려지는 아주 기본적인 브러시예요.

TIP 브러시 : 서예 → 모노라인
브러시 크기 : 40%
색상 : 검은색

07 보조선 왼쪽 면에만 라인을 그립니다. 왼쪽 면에 포물선 모양의 라인을 그어 강아지 얼굴이 될 반원을 완성합니다. 라인을 그릴 때 브러시를 천천히 긋는 것보다 대담하고 빠르게 그으면 더 깔끔한 선을 그릴 수 있어요.

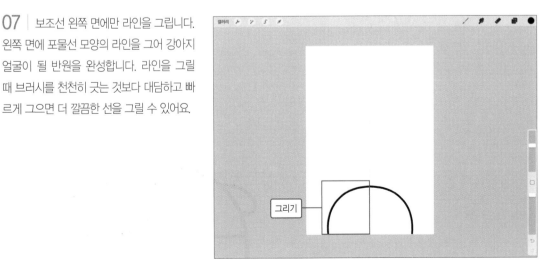

08 강아지 얼굴에 얼룩무늬가 될 모양도 그려 주세요. 왼쪽에만 그려도 오른쪽에 자동으로 그려집니다.

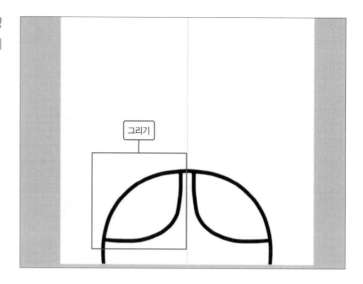

09 강아지 얼굴 왼쪽에 눈, 코, 입을 그립니다.

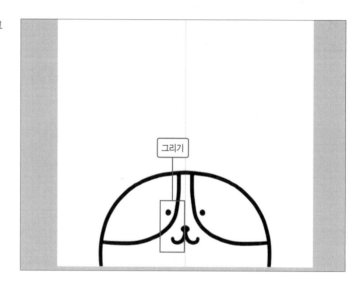

10 강아지 얼굴 왼쪽 위에 자그마한 귀도 그려 강아지 얼굴을 완성합니다.

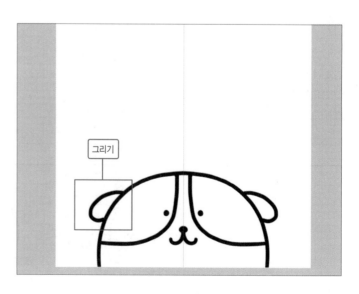

11 강아지 얼굴 위에 선물 상자를 그려
주세요.

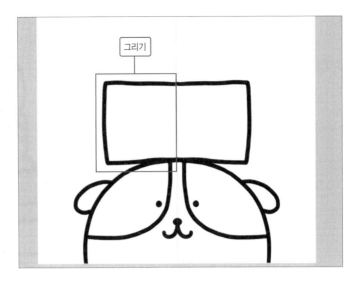

12 계속 '대칭' 기능을 활용해 십자 모
양의 포장 끈과 상자 위로 리본도 그립니다.

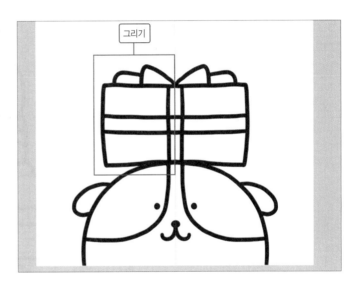

13 선물 상자 위에는 작은 직사각형으
로 케이크 상자를 그려 주세요. 자유롭게 디
테일을 넣어 꾸밉니다. 하트도 반쪽만 그리
면 자동으로 완성이 돼요.

14 케이크 상자 위에 케이크를 그려 주세요. 케이크를 그릴 때 수직인 라인은 밖으로 둥글게 그리면 자연스러워요.

15 곡선으로 케이크의 크림도 표현하고 케이크 위에 가지런히 딸기들도 그려 주세요.

16 케이크 위 중앙에 초도 한 개 그립니다.

17 왼쪽 상단에 파티 분위기를 더할 가랜드를 그립니다. 위에서 아래로 둥글게 라인을 그려요.

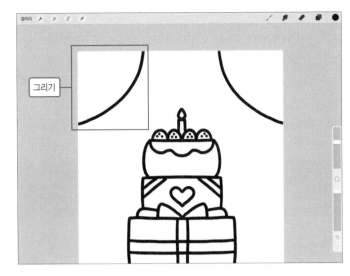

18 둥근 라인에 삼각형 모양으로 달려 있는 가랜드를 그려요. 오른쪽도 똑같이 완성되고 있나요?

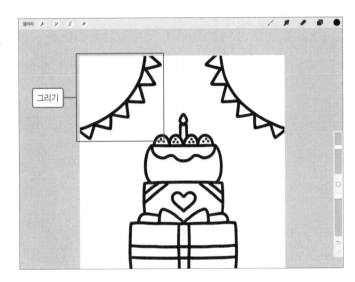

강아지와 케이크, 선물 채색하기

01 대칭되는 라인을 모두 그렸으니 '빠른 색 채우기' 방법으로 채색해 볼까요? (색상 원(●))을 끌어와 하나씩 채색합니다. 제 그림을 참고해도 좋고 원하는 색으로 자유롭게 채색해도 좋아요.

TIP 라인에 빈틈이 있거나 끊어진 부분이 있으면 색이 밖으로 모두 빠져나가니 주의하세요.

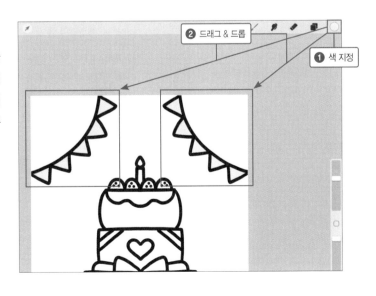

02 | '빠른 색 채우기'로 모두 채색했나요? 강아지 얼굴처럼 흰색인 부분도 잊지 말고 꼭 '흰색'으로 (색상 원(●))을 끌어와 채워 주세요. 배경색이 흰색일 때는 알 수 없지만 배경을 채색하면 채색하지 않은 부분이 뚜렷하게 보입니다.

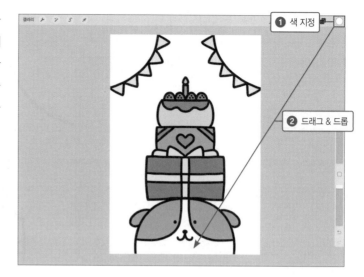

03 | 원하는 색을 지정한 다음 (색상 원(●))을 끌어와 배경도 채색해 주세요.

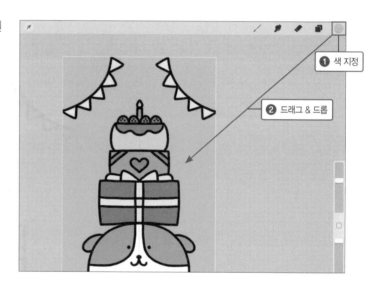

04 | 배경까지 모두 채색했다면 좌우 대칭되지 않는 부분을 그리기 위해 '대칭' 기능을 비활성화해요. (동작(🔧) → 캔버스)에서 (편집 그리기 가이드)를 선택합니다.

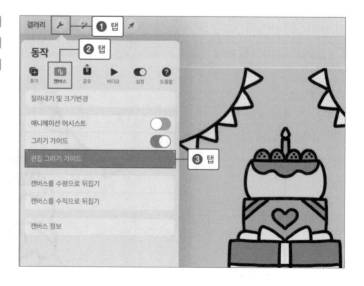

05 │ 하단 메뉴에서 (2D 격자)를 선택한 다음 (그리기 도움 받기)를 비활성화하고 (완료) 버튼을 탭합니다.

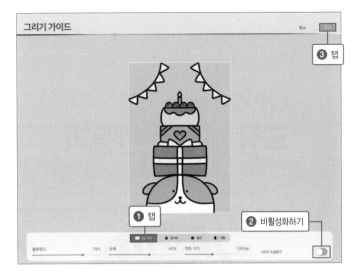

06 │ (동작(🔧) → 캔버스)에서 (그리기 가이드)를 비활성화합니다.

TIP 보조선을 '2D 격자'로 변경한 다음 '그리기 가이드'를 비활성화하는 이유는 '그리기 가이드'만 비활성화할 경우 보조선은 사라지지만 '대칭' 기능이 지속되는 오류가 있기 때문입니다. 차후 앱 업그레이드에서 오류가 수정될 수도 있습니다.

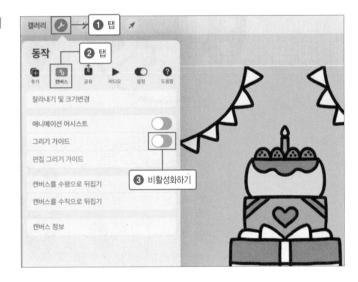

07 │ 대칭이 되지 않는 그림들을 추가로 그려 주세요. 캔버스 빈 공간에 파티 분위기를 더해 줄 꽃가루와 별 등을 그리고 (색상 원(●))을 끌어와 채색해 주세요. 생일을 맞은 귀여운 강아지 일러스트가 완성되었습니다.

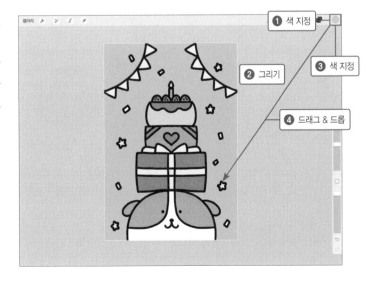

나만의
도장 브러시 만들기

● **난이도** : ★★
● **브러시** : 모노라인
● **키워드** : # 도형 # 도장브러시

iPad Drawing

자주 사용하는 서명이나 그림은 도장으로 만들어 사용하면 편할 거예요. 프로크리에이트의 '브러시 스튜디오'에서 간편하게 나만의 도장을 만들 수 있습니다. 한 번 도장으로 만들면 크기와 색도 자유자재로 바꿔가며 찍어낼 수 있어요. 그럼 함께 도장 브러시를 만들어 볼까요?

칭찬하는 고양이 도장 그리기

01 | 너비를 '2500px', 높이를 '2500px', DPI를 '300'으로 설정한 다음 (창작) 버튼을 탭합니다. 단위를 '픽셀'로 설정했는지 꼭 확인해 주세요.

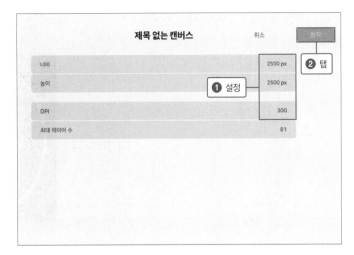

02 | (레이어(◨)) 목록에서 '배경 색상' 레이어를 탭해 배경색을 '검은색'으로 지정합니다.

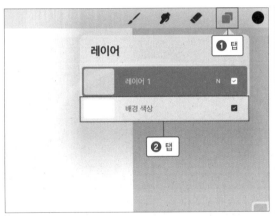
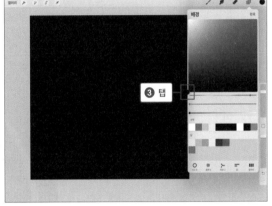

03 | 검은 배경에 '흰색' 브러시로 그림을 그려요. 흰색으로 그리는 부분이 도장의 양각으로, 도장이 찍히는 부분이 됩니다.

TIP 브러시 : 서예 → 모노라인
브러시 크기 : 100%
색상 : 흰색

04 | '도형 그리기' 기능을 이용해 반듯한 원형을 그립니다. 캔버스에 대충 원을 그린 다음 화면에서 펜을 떼지 않고 기다리세요.

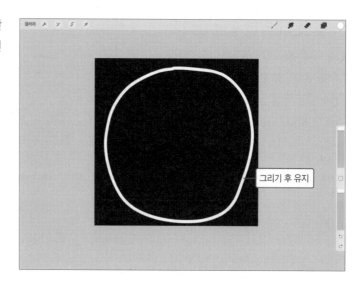

05 | 울퉁불퉁하게 그린 라인이 자동으로 한 번 정리되면 화면에서 펜을 뗍니다. 상단에 표시되는 (모양 편집) 버튼을 탭합니다.

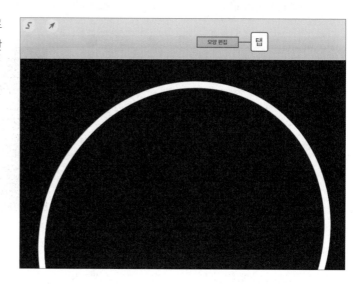

06 | 모양 편집 메뉴에서 (원)을 선택하면 반듯한 원형으로 모양이 변경됩니다.

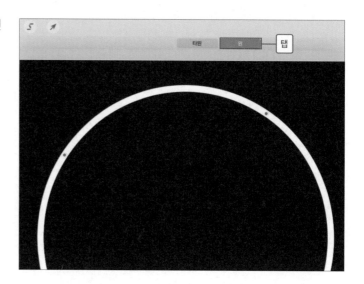

07 | (변형(↗) → 균등)을 선택하고 크기
와 위치도 조절합니다.

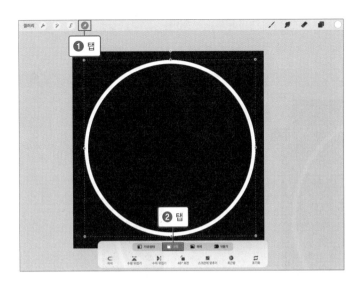

TIP '반듯한 도형 그리기' 바로 가기

❶ 캔버스에 대충 원을 하나 그립니다.

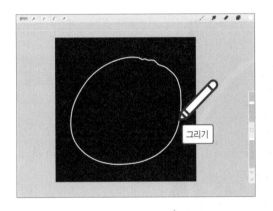

❷ 화면에서 펜을 떼지 않고 기다리면 자동으로 라인이 정
리됩니다. 여기까지는 똑같아요.

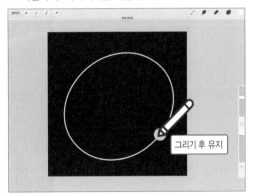

❸ 이때 펜을 화면에 계속 붙이고 있는 상태로 캔버스 밖을
다른 손가락으로 탭하면 바로 반듯한 원으로 수정됩니다.

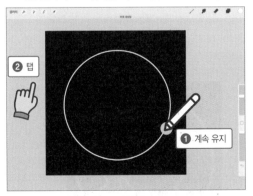

❹ 화면을 손가락으로 계속 탭하고 있는 상태에서 펜을 움
직이면 원의 크기도 조절할 수 있습니다.

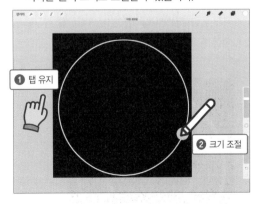

08 도장을 2개 만들기 위해 레이어를 하나 복사해요. (레이어(▣)) 목록에서 원을 그린 '레이어 1'을 왼쪽으로 쓸고 (복제) 버튼을 탭해 레이어를 복사합니다.

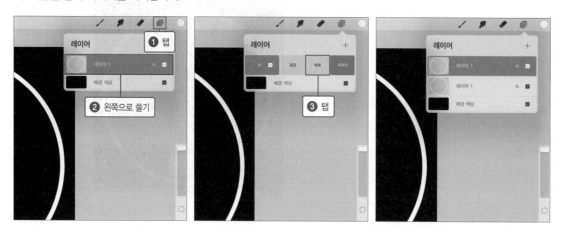

09 레이어가 복제되었으니 흰색 원 두 개가 겹쳐 있는 상태입니다. 눈으로 확인되지는 않지만 복제된 레이어를 체크 해제해 비활성화하고, 아래에 있는 '레이어 1'을 선택합니다.

10 칭찬 도장을 만들어요. 원 안에 브러시로 엄지를 올리고 있는 고양이를 그립니다. 자유롭게 다른 그림을 그려도 좋아요. 나중에 흰색 부분이 캔버스에 찍히는 부분이 된다는 점을 생각하며 그려 주세요.

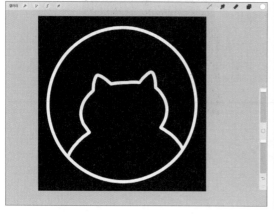

11 │ (색상 원(●))을 배경으로 끌어와 고양이만 제외하고 채색합니다.

드래그 & 드롭

12 │ '검은색' 브러시로 'GOOD!' 문구와 별도 그려 주세요. 첫 번째 그림은 완성입니다.

① 색 지정

② 그리기

우울한 고양이 도장 그리기

01 │ (레이어(■)) 목록에서 고양이를 그린 '레이어 1'을 체크 해제해 보이지 않게 하고, 원을 그린 '레이어 1'을 선택합니다.

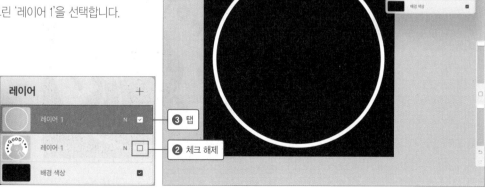

③ 탭

② 체크 해제

02 │ 두 번째는 유감스러운 느낌의 도장을 만들어요. '흰색' 브러시로 우울한 모습의 고양이를 그립니다. 두 손으로 볼을 감싼 모습이에요.

그리기

03 │ 배경에 (색상 원(●))을 끌어와 고양이만 제외하고 채색합니다.

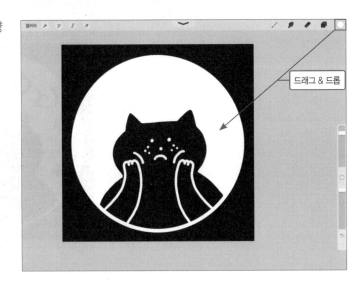

드래그 & 드롭

04 │ '검은색' 브러시로 'NOT GOOD…' 문구와 번개도 그려 주세요.

❶ 색 지정

❷ 그리기

고양이 도장 브러시로 만들기

01 두 번째 그림도 완성했다면 그림을 복제해 도장 브러시를 만들어요. 세 손가락을 화면 위에서 아래로 쓸어 편집 메뉴를 표시하고 (복사하기)를 선택합니다.

02 도장 브러시는 기존에 있는 '모노라인' 브러시에 그림을 넣어 만들어요. 브러시 라이브러리에서 '서예 → 모노라인' 브러시를 왼쪽으로 쓸어 (복제) 버튼을 탭합니다.

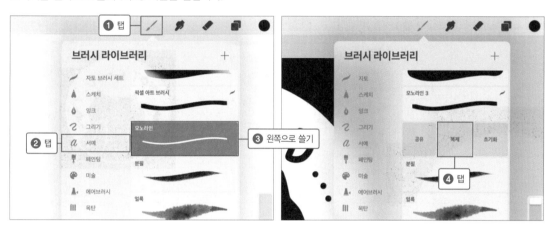

03 복제한 브러시를 탭해서 브러시 스튜디오를 표시합니다.

04 〔모양〕 메뉴에서 브러시에 그림을 넣을 수 있어요. 모양 소스의 〔편집〕 버튼을 탭합니다.

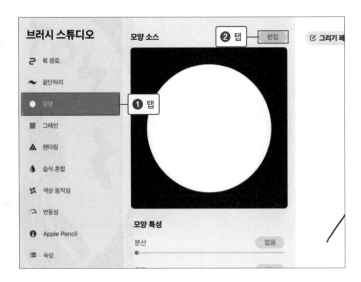

05 〔가져오기 → 붙여넣기〕를 선택하면 복사했던 도장 그림이 표시됩니다.

06 〔완료〕 버튼을 탭해 저장합니다. 완료 버튼을 탭하지 않으면 그림이 저장되지 않으니 꼭 탭합니다.

07 도장이 찍힐 때 간격을 넓히기 위해서 〔획 경로〕 메뉴에서 '간격'을 '90%'로 설정합니다.

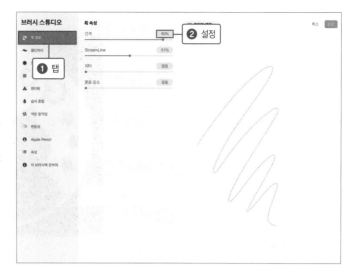

08 도장의 방향과 크기를 조절해 볼까요? 〔속성〕 메뉴에서 〔도장 형식으로 미리보기〕와 〔스크린 방향에 맞추기〕를 활성화합니다. 브러시 특성에서 '최대 크기'를 '최대'로 '최소 크기'를 '100%'로 설정하고 〔완료〕 버튼을 탭합니다.

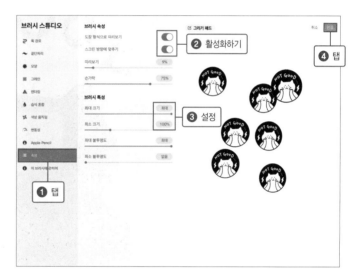

09 브러시 라이브러리로 돌아가면 복제한 모노라인 브러시가 도장 브러시로 수정된 것을 확인할 수 있습니다.

10 | 01~09와 동일한 방법으로 첫 번째 그림도 도장 브러시로 만들어요. (레이어(■)) 목록에서 도장으로 만든 '레이어 1'은 체크 해제해 보이지 않게 하고, 첫 번째 '레이어 1'을 선택합니다.

레이어   +

레이어 1   N □ ← **2** 체크 해제

레이어 1   N ☑ ← **3** 탭

배경 색상   ☑

11 | 세 손가락으로 화면을 위에서 아래로 쓸어 편집 메뉴를 표시하고, (복사하기)를 선택합니다.

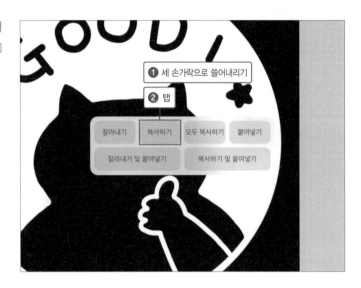

1 세 손가락으로 쓸어내리기

2 탭

잘라내기 복사하기 모두 복사하기 붙여넣기

잘라내기 및 붙여넣기   복사하기 및 붙여넣기

12 | 브러시 라이브러리에서 아까 만들었던 도장 브러시를 왼쪽으로 쓸어 (복제) 버튼을 탭합니다.

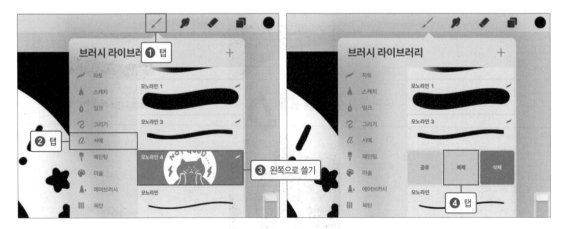

브러시 라이브러   **1** 탭   +

자토
스케치   모노라인 1
잉크
그리기   모노라인 3
2 탭 서예
페인팅   모노라인 4
미술   ← **3** 왼쪽으로 쓸기
에어브러시   모노라인
목탄

브러시 라이브러리   +

자토
스케치   모노라인 1
잉크
그리기   모노라인 3
서예
페인팅   공유 복제 삭제
미술
에어브러시   모노라인
목탄   **4** 탭

13 │ 복제한 도장 브러시를 탭해 브러시 스튜디오를 표시합니다.

14 │ 첫 번째 도장 브러시를 만들 때 모든 값을 설정했기 때문에 그림만 변경하면 됩니다. (모양) 메뉴에서 모양 소스의 (편집) 버튼을 탭합니다.

15 │ (가져오기 → 붙여넣기)를 선택해 그림을 변경합니다.

16 [완료] 버튼을 탭해 모양을 저장합니다.

17 모양 소스의 그림이 변경된 것을 확인하고 [완료] 버튼을 탭합니다.

18 브러시 라이브러리에서 두 개의 도장 브러시가 만들어진 것을 확인할 수 있습니다.

19 | (레이어(⬛)) 목록에서 모든 레이어를 체크 해제해 그림이 보이지 않게 하고 배경 색상을 '흰색'으로 변경합니다. 흰색 캔버스에 만든 도장 브러시를 테스트해요.

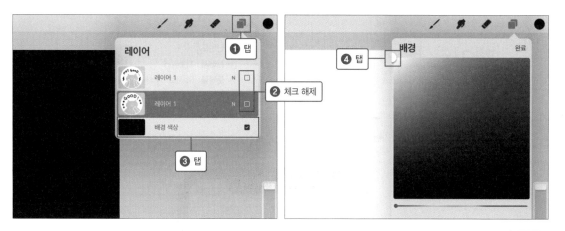

20 | (레이어(⬛))에서 (+) 버튼을 탭해 도장을 찍을 새 레이어를 추가합니다.

21 | 만든 두 개의 도장 브러시를 선택해 자유롭게 캔버스에 찍어 보세요. 브러시의 색상과 크기를 조절하며 다양한 색상과 크기로 도장을 찍을 수 있어요. 이번에 배운 방법을 응용해 여러분만의 도장 브러시도 만들어 보세요.

페인트 묻은 고양이
스마트폰
배경화면 그리기

- 난이도 : ★★
- 브러시 : 자토잉크
- 준비물 : 01\자토 브러시 세트
- 키워드 : # 올가미 # 스머지

iPad Drawing

디지털 드로잉으로 그린 그림을 활용하고 싶을 때 가장 먼저 떠오르는 것은 바로 스마트폰 배경화면입니다.
디지털 드로잉이라면 스캔 과정 없이 스마트폰으로 그림을 옮길 수 있거든요. 내가 직접 그린 그림을 스마트폰 배경화면으로... 생각만 해도 뿌듯하지 않나요?

밑그림 그리기

01 사용자지정 캔버스에서 너비와 높이를 자신의 스마트폰 배경화면 크기로 설정한 다음 (창작) 버튼을 탭합니다.

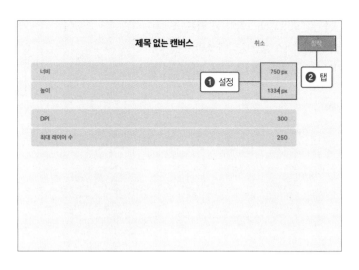

TIP 스마트폰 배경화면 크기

아이폰	갤럭시	LG
6, 6s, 7, 8 : 750px×1334px	**S2, S3, 노트2** : 720px×1280px	**G8** : 1440px×2880px
6plus, 6splus, 7plus, 8plus : 1080px×1920px	**S4, S5, 노트3** : 1080px×1920px	**V50** : 1080px×2340px
X, XS : 1125px×2436px	**S5~7, 노트4~7** : 1440px×2560px	**벨벳** : 1080px×2460px
11 : 828px×1792px	**S8, S8plus, S9, 노트8** : 1440px×2960px	
11pro : 1125px×2436px	**S10** : 1440px×3040px	
	S20 : 1440px×3200px	
	노트20 5G : 1080px×2400px	

02 '자토 브러시 세트'를 아직 다운받지 않았다면 p.28~29를 참고해서 다운받아 주세요. '자토잉크' 브러시를 사용해 드로잉을 할 거예요. '자토잉크' 브러시는 기존의 '마른 잉크' 브러시를 변형해 만든 커스텀 브러시입니다. 이 브러시는 다소 거친 질감을 표현하며 필압에 따른 굵기 차이가 있어서 자유로운 느낌의 라인 일러스트를 그릴 때 좋아요. 제가 평소에 가장 애용하는 브러시입니다.

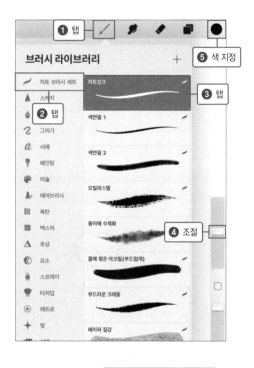

TIP 브러시 : 자토 브러시 세트 → 자토잉크 **브러시 크기** : 10% **색상** : 검은색

03 | 캔버스에 밑그림이 될 러프 스케치를 해요. 캔버스 상단 중앙에 스마트폰의 시간이 들어갈 박스 하나를 그립니다.

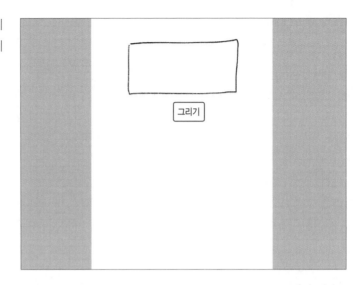

04 | 박스 아래쪽에 고양이 얼굴을 그리고 눈, 코, 입을 스케치합니다. 나중에 삭제할 러프 스케치이기 때문에 지금은 대강 그려도 무방합니다.

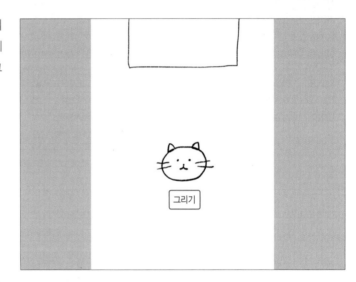

05 | 얼굴 아래에 고양이 몸통과 앞발을 이어 그리고 앞발을 감싸고 있는 꼬리를 그려 마무리합니다.

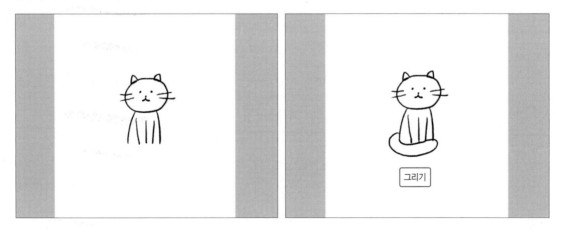

06 고양이 주변에 페인트 통들과 붓, 쏟아진 페인트를 그리고 여기저기 고양이 발자국도 그립니다.

07 러프 스케치가 끝났으면 [선택(⑤)] → 올가미]를 선택합니다. '올가미'는 레이어에서 편집하고 싶은 영역을 직접 펜으로 그려 지정하는 툴입니다. 편집하고 싶은 그림이 있다면 '올가미'로 그림이 들어가도록 테두리를 그립니다. 예를 들어 지금 그림에서 고양이의 크기만 키우고 싶다면, 고양이만 들어가도록 올가미로 테두리를 그려 주세요 [올가미 심화 p.484 참고].

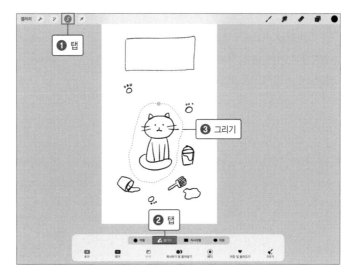

08 올가미로 테두리를 그린 상태에서 [변형(↗)]을 탭합니다. 수정할 영역이 선택됩니다. 하단 메뉴에서 [균등]을 선택하고 고양이의 크기와 위치를 조절합니다.

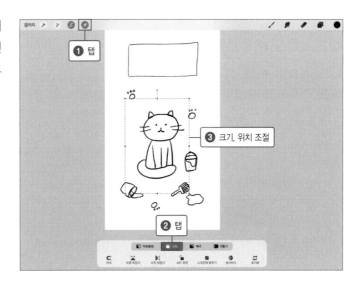

09 러프 스케치가 희미하게 보이도록, 러프 스케치를 그린 레이어의 불투명도를 조절해요. (레이어(■)) 목록에서 '레이어 1'을 두 손가락으로 탭합니다.

10 화면을 왼쪽으로 쓸어 레이어의 불투명도를 '20%' 정도까지 조절합니다. 그럼 러프 스케치 라인이 희미해져요.

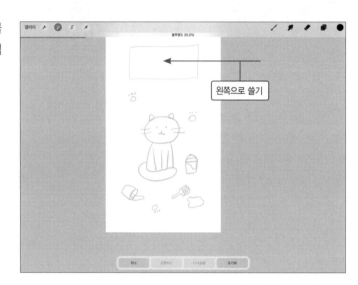

라인으로 고양이 그리기

01 (레이어(■))에서 (+) 버튼을 탭해 라인을 그릴 새 레이어를 추가합니다.

02 │ 러프 스케치를 참고해 고양이의 윤곽선을 그립니다. 고양이의 목 라인 같은 부분을 생략하며 그리는 것이 좋겠어요.

03 │ 고양이 주변에 소품들도 그립니다. 시간 박스와 페인트 얼룩, 발자국은 채색으로 표현할 예정이므로 라인을 그리지 않아요.

페인트 묻은 고양이 표현하기

01 │ 채색을 하기 위해 〔레이어(▣)〕에서 〔+〕 버튼을 탭해 라인을 그린 '레이어 2' 바로 아래 새 레이어를 추가합니다.

02 세 가지 색으로 페인트 얼룩을 칠해
볼게요. '노란색'으로 고양이 몸 이곳저곳과
발자국 그리고 페인트 통 안에 페인트도 채
색합니다. 이곳저곳 얼룩이 묻은 것처럼 자
유롭게 표현해 주세요.

03 '빨간색'을 지정해 여기저기 자유롭
게 채색합니다. 자연스럽게 노란색과 겹치
는 부분도 만듭니다.

04 '보라색'으로도 여기저기 채색해요.

05 채색한 부분들이 진짜 페인트 얼룩 처럼 보이도록 자연스럽게 색이 번지게 표현합니다. 이럴 때는 손가락 모양의 '스머지' 툴로 자연스럽게 색을 섞거나 번지게 만들어요. 오른쪽 상단에 있는 (스머지(✒))를 탭하면 브러시와 마찬가지로 '브러시 라이브러리'가 표시되고 스머지로 사용할 브러시를 선택할 수 있어요. 사이드 바를 통해 크기와 불투명도를 조절할 수 있습니다.

TIP **스머지** : 페인팅 → 니코 롤
브러시 크기 : 3%

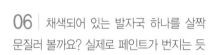

06 채색되어 있는 발자국 하나를 살짝 문질러 볼까요? 실제로 페인트가 번지는 듯한 효과가 표현되는 걸 확인할 수 있어요.

07 채색한 부분을 문질러 번짐 효과를 줄게요. 너무 세게 문지르면 형태가 아예 사라지니 욕심내지 않고, 채색한 부분의 경계선 위주로 살짝만 문지릅니다.

TIP 색이 겹쳐 있는 부분도 문지르면 색이 섞여 자연스럽게 표현돼요.

시간 박스 채색하기

01 │ 캔버스 상단에 있는 시간 박스를 채색하기 위해 (레이어(■))에서 (+) 버튼을 탭해 새 레이어를 추가합니다.

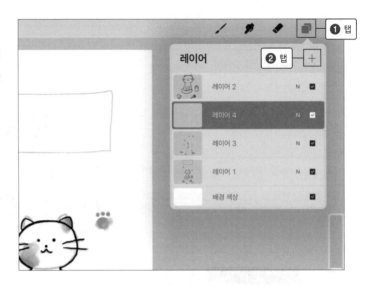

02 │ 브러시로 기존에 사용했던 '노란색', '빨간색', '보라색'으로 칠해 주세요.

03 │ 캔버스에 사용한 색은 '스포이드' 기능을 통해 사용할 수 있습니다. 사이드 바 중간에 있는 (네모)를 탭하고 캔버스에 있는 색을 탭하면 링 모양의 '스포이드'가 표시됩니다. 이렇게 기존에 사용했던 색을 다시 선택해 채색할 수 있어요.

04 시간 박스를 세 가지 색으로 모두 채색했으면 [스머지([🖊])]를 탭합니다.

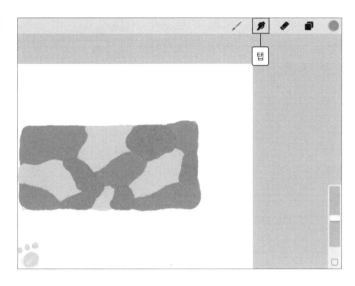

05 시간 박스에 세 가지 색이 자연스럽게 섞이도록 문지릅니다. 직사각형 박스 모양을 유지하면서 색의 경계선 위주로 살살 문질러요. 조금 삐뚤거나 색이 튀어나와도 자연스럽게 페인트가 번진 듯한 느낌이 나니까 괜찮아요.

06 [레이어([◼])] 목록에서 러프 스케치를 그린 '레이어 1'을 왼쪽으로 쓸어 [삭제] 버튼을 탭합니다.

07 | 완성한 그림을 스마트폰으로 옮겨 볼까요? (동작(🔧) → 공유)에서 파일 형식은 (JPEG)를 선택합니다.

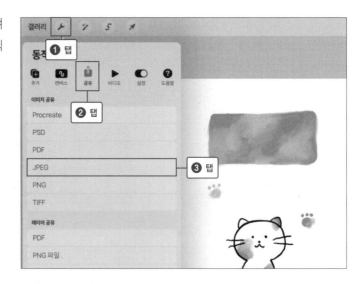

08 | (파일에 저장)을 선택해 그림을 저장합니다. 저장한 그림을 메일이나 메신저를 통해 핸드폰으로 옮겨 주세요. 이때 아이폰이라면 'AirDrop'을 사용해 편하게 그림을 공유할 수 있습니다.

09 | 스마트폰에 다운받은 나의 그림을 배경화면으로 지정하면 완성입니다.

TIP 에어드롭(AirDrop)으로 그림 옮기기

애플 기기 간에 파일 공유 기능인 '에어드롭(AirDrop)'을 사용해 프로크리에이트에서 아이폰으로 그림을 간편하게 옮기는 방법을 알아봅니다.

❶ 아이패드 [설정 앱 → 일반 → AirDrop]에서 [모든 사람]을 선택합니다.

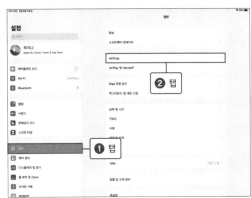

❷ 아이폰 [설정 앱 → 일반 → AirDrop]에서 [모든 사람]을 선택합니다.

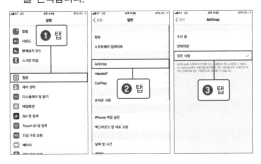

❸ 프로크리에이트에서 [동작(🔧) → 공유 → JPEG]를 선택합니다.

❹ [AirDrop]을 탭하고 잠시 기다립니다.

❺ 주변에 있는 에어드롭 사용자 리스트가 표시되면 나의 아이폰을 탭해 그림을 전송합니다. 전송받은 그림은 아이폰 사진 앱에 저장됩니다. 반대로 아이폰에서 아이패드로도 자유롭게 파일 전송이 가능해요.

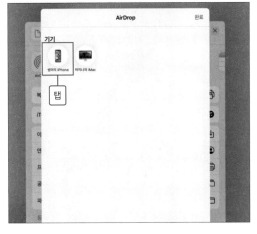

3

손 그림 느낌으로 표현하기

디지털 드로잉을 하면서 많이 고민했던 부분 중 하나는 아날로그적 느낌을 표현하는
방법이에요. 디지털 드로잉의 깔끔한 느낌도 좋지만 손 그림의 따뜻한 느낌을 표현
하고 싶을 때도 있잖아요. 프로크리에이트에는 손 그림 느낌을 가진 브러시들이 다
양하게 준비되어 있어서 조금 더 쉽게 원하는 분위기를 표현할 수 있어요. 이제부터
마커, 오일파스텔, 색연필, 수채화 등 실제 미술 재료로 그린 것처럼 표현하는 방법을
알려줄게요.

마커 느낌의
과일들 그리기

● **난이도** : ★★
● **브러시** : 재신스키 잉크, 나린더 연필
● **키워드** : # 그리기가이드 # 마커드로잉

Lemon

Watermelon

Grape

Strawberry

Peach

Cherry

Banana

Kiwi

Hanrabong

Drawing
Style

무심하게 쓱싹쓱싹 칠하기만 해도 감각적인 일러스트를 완성할 수 있는 마커 드로잉. 디지털 드로잉에서
도 이런 마커의 세련된 느낌을 충분히 표현할 수 있어요. 밑그림 없이도 쉽게 그릴 수 있는 마커 드로잉을
함께 연습해 볼까요?

iPad Drawing

레몬 그리기

01 | 너비를 '150mm', 높이를 '150mm',
DPI를 '300'으로 설정한 다음 (창작) 버튼을
탭합니다. 단위가 밀리미터인지 꼭 확인해
주세요.

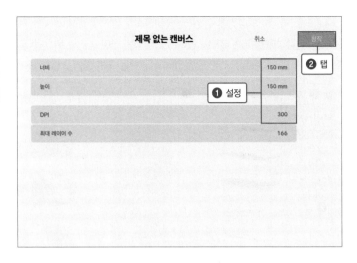

02 | 과일 9개를 그리기 위해 과일들의
위치를 잡을 보조선을 표시해요. (동작(🔧))
→ 캔버스)에서 (그리기 가이드)를 활성화하
고, (편집 그리기 가이드)를 선택합니다.

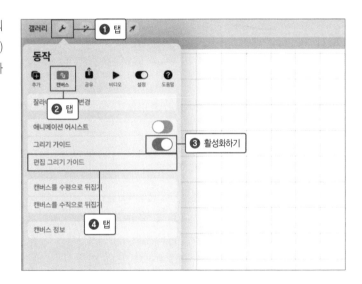

03 | 하단 메뉴에서 (2D 격자)를 선택하고
격자 크기를 '445px'로 설정합니다. (완료)
버튼을 탭해서 캔버스로 돌아갑니다.

TIP 격자 크기의 숫자 칸을 탭하면 숫자를
직접 입력할 수 있어요.

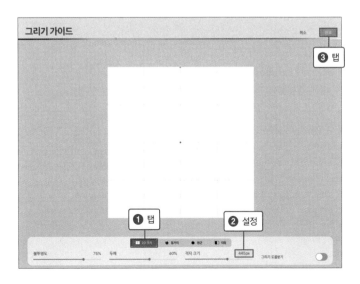

04 브러시 라이브러리에서 '잉크 → 재신스키 잉크'를 선택합니다. '재신스키 잉크' 브러시는 종이에 촉촉하게 채색되는 듯한 질감과 덧칠하는 부분이 진하게 표현되는 점이 마커와 비슷합니다. 필압과 방향에 따라 비교적 큰 폭으로 두께가 조절되니까 본격적으로 그리기 전에 캔버스에 선을 긋는 연습을 많이 해 주세요.

TIP 브러시 : 잉크 → 재신스키 잉크 **브러시 크기** : 15% **색상** : 노란색

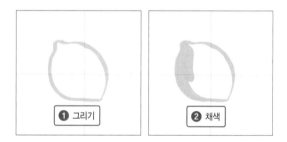

05 과일은 특징적인 모양을 먼저 잡으면 나머지는 쉽게 그릴 수 있어요. 보조선이 첫 번째로 교차되는 지점에 레몬을 그려볼까요? 레몬은 위아래로 볼록 튀어나온 꼭지가 있는 모양이 특징이에요. 레몬의 형태를 먼저 그리고 안을 채우며 채색해 주세요.

06 (레이어(◼))에서 [+] 버튼을 탭해 줄기와 이파리를 그릴 새 레이어를 추가합니다. 추가한 레이어를 탭해 펜을 떼지 않고 레몬을 그린 '레이어 1' 아래로 드래그해 이동해 주세요.

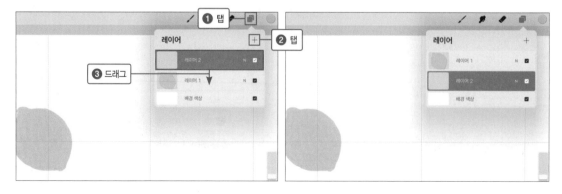

07 '연두색' 브러시로 레몬 위쪽 꼭지 부분에 달린 줄기와 이파리를 그린 다음 채색합니다.

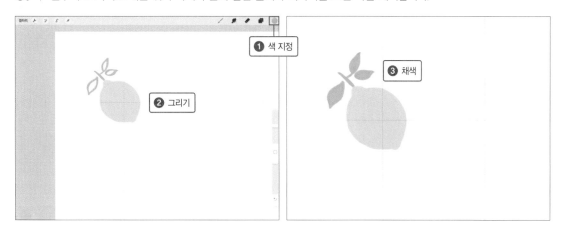

08 (레이어(■)) 목록에서 레몬을 그린 두 레이어를 두 손가락으로 좁혀 하나의 레이어로 합쳐 주세요.

09 레몬의 디테일을 표현하기 위해 브러시 라이브러리에서 '스케치 → 나린더 연필'을 선택합니다. 실제로 종이에 마커 드로잉을 할 때 색연필을 함께 사용해 디테일한 느낌을 표현하는 경우가 많아요. '나린더 연필' 브러시를 사용해 손 그림 느낌을 표현해 주세요.

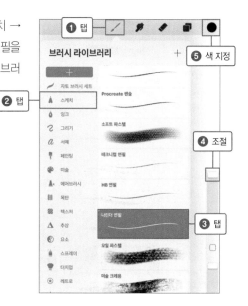

TIP 브러시 : 스케치 → 나린더 연필
　　　 브러시 크기 : 45%
　　　 색상 : 검은색

10 | '나린더 연필' 브러시로 레몬 한쪽에 점들을 찍어요. 아래에 손글씨로 과일 이름도 적어서 레몬을 완성합니다.

수박 그리기

01 | 〔레이어(■)〕에서 〔+〕 버튼을 탭해 수박을 그릴 새 레이어를 추가합니다.

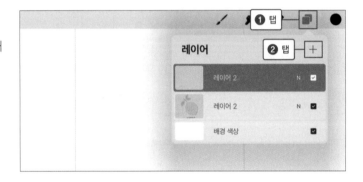

02 | '재신스키 잉크' 브러시를 사용해 보조선 두 번째 교차점에 수박을 그립니다. 잘린 수박 형태를 부드러운 곡선으로 그리고 안을 채워 채색하면 테두리가 자연스럽고 진하게 남아요.

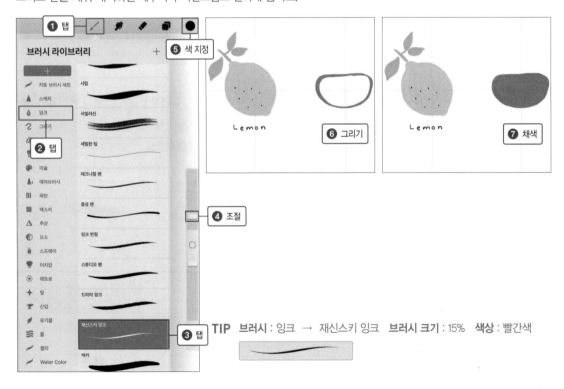

TIP **브러시** : 잉크 → 재신스키 잉크 **브러시 크기** : 15% **색상** : 빨간색

03 | '초록색'으로 수박 껍질을 그려 주세요.

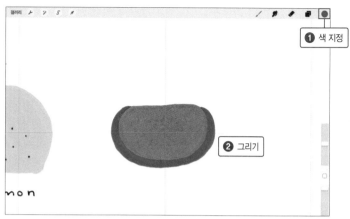

❶ 색 지정

❷ 그리기

04 | '흰색'으로 수박 껍질과 속의 경계선을 채색합니다.

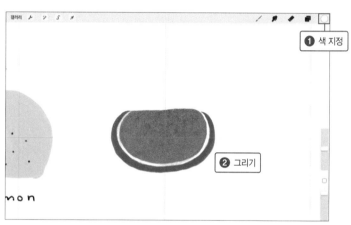

❶ 색 지정

❷ 그리기

05 | '나린더 연필' 브러시로 수박씨를 그리고 아래에 과일 이름도 적어 마무리해요.

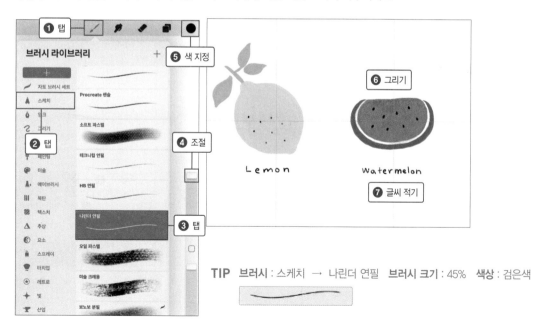

❶ 탭

❺ 색 지정

❻ 그리기

❷ 탭

❹ 조절

❸ 탭

❼ 글씨 적기

Lemon

Watermelon

TIP 브러시 : 스케치 → 나린더 연필 **브러시 크기** : 45% **색상** : 검은색

포도 그리기

01 | (레이어(📑))에서 (+) 버튼을 탭해 포도를 그릴 새 레이어를 추가합니다.

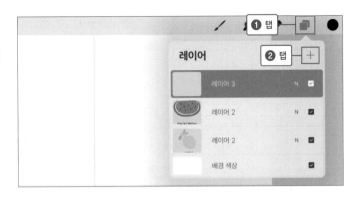

02 | '재신스키 잉크' 브러시로 보조선 세 번째 교차점 부분에 동글동글한 포도알들을 하나씩 그려 포도송이를 만들어 봐요. 포도알들을 조금씩 겹치게 채색해 자연스럽게 알들 사이에 진한 경계선을 만듭니다.

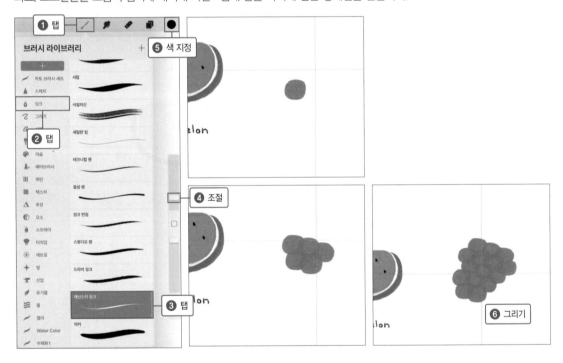

TIP 브러시 : 잉크 → 재신스키 잉크 **브러시 크기** : 15% **색상** : 보라색

03 | 포도 이파리를 그리기 위해 (레이어 (📑))에서 (+) 버튼을 탭해 포도를 그린 '레이어 3' 아래 새 레이어를 추가합니다.

04 │ '초록색'으로 이파리를 그린 다음 채색해 주세요.

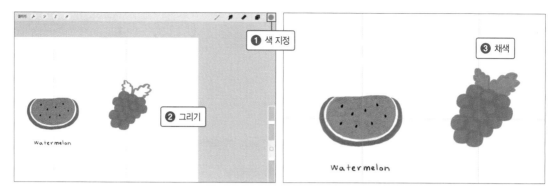

05 │ 〔레이어(■)〕 목록에서 포도를 그린 '레이어 3'과 포도 이파리를 그린 '레이어 4'를 두 손가락으로 좁혀 하나의 레이어로 합칩니다.

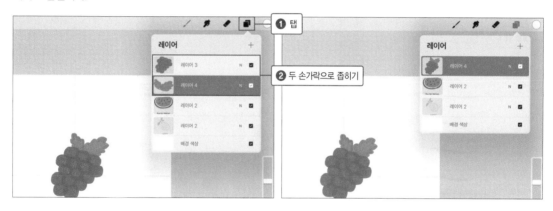

06 │ '나린더 연필' 브러시로 포도의 디테일을 그려요. '흰색'으로 포도알 왼쪽 상단에 점을 찍어 빛 반사를 표현하고, '검은색'으로 과일 이름을 적어 마무리해 주세요.

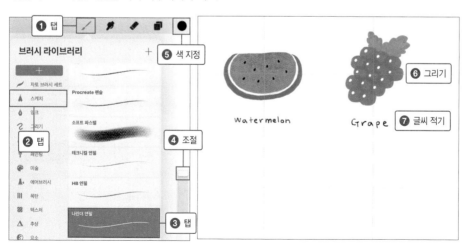

TIP **브러시** : 스케치 → 나린더 연필 **브러시 크기** : 45% **색상** : 흰색, 검은색

딸기 그리기

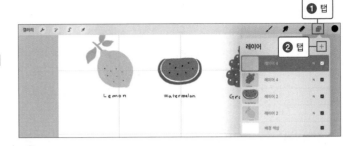

01 〔레이어(■)〕에서 〔+〕 버튼을 탭해 딸기를 그릴 새 레이어를 추가합니다.

02 두 번째 줄 첫 교차점 부분에 딸기 형태를 그리고 안을 채우며 쓱싹쓱싹 채색합니다.

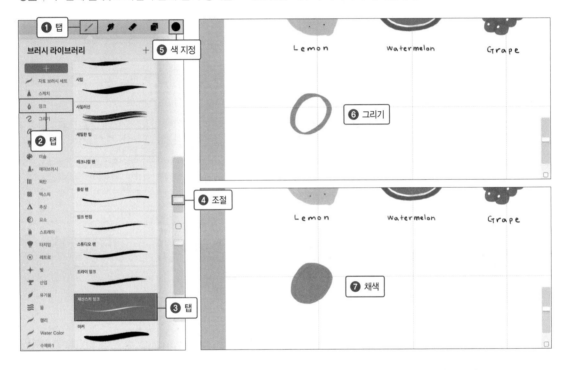

TIP 브러시 : 잉크 → 재신스키 잉크   **브러시 크기** : 15%   **색상** : 다홍색

03 딸기 꼭지를 그리기 위해 〔레이어 (■)〕에서 〔+〕 버튼을 탭해 딸기를 그린 '레이어 4' 아래 새 레이어를 추가합니다.

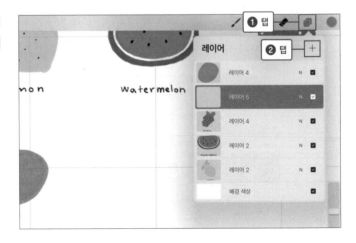

04 | 추가한 레이어에 '연두색'으로 뾰족
뾰족한 딸기 꼭지를 그려 주세요.

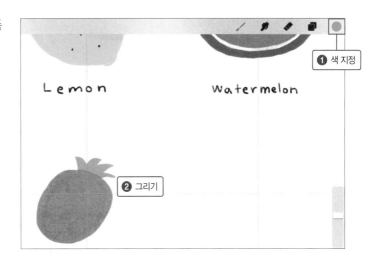

❶ 색 지정

❷ 그리기

05 | (레이어(■)) 목록에서 딸기를 그린
'레이어 4'와 딸기 꼭지를 그린 '레이어 5'를
두 손가락으로 좁혀 합칩니다.

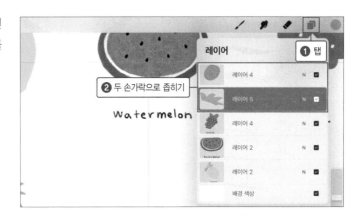

❶ 탭

❷ 두 손가락으로 좁히기

06 | '나린더 연필' 브러시로 딸기에 점을 찍고 아래에 과일 이름도 적어 마무리합니다.

❶ 탭

❺ 색 지정

❷ 탭

❹ 조절

❸ 탭

❻ 그리기

❼ 글씨 적기

TIP 브러시 : 스케치 → 나린더 연필 **브러시 크기** : 45% **색상** : 검은색

복숭아 그리기

01 〔레이어(📑)〕에서 〔+〕 버튼을 탭해 복숭아를 그릴 새 레이어를 추가합니다.

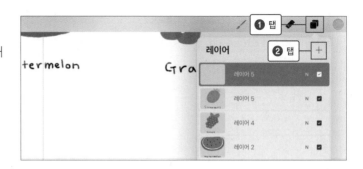

02 복숭아는 둥근 하트 모양이 특징이에요. 다음 교차점에 복숭아 형태를 그리고 채색합니다. 위에서 아래로 한 줄씩 그으며 면을 채운다는 느낌으로 채색해 주세요. 라인이 겹치는 부분이 진하게 남을 때 더 마커 같은 느낌이 표현됩니다.

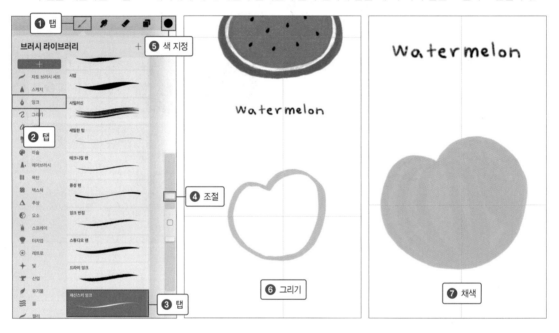

TIP **브러시** : 잉크 → 재신스키 잉크 **브러시 크기** : 15% **색상** : 연한 분홍색

03 '초록색'으로 복숭아의 움푹 들어간 부분에 꼭지와 이파리도 그려 주세요.

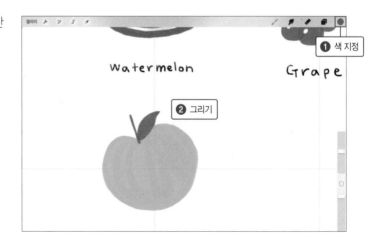

04 | '나린더 연필' 브러시로 복숭아 꼭지 아래 부분부터 왼쪽으로 둥글게 굽어진 선을 그어 디테일을 표현하고, 과일 이름을 적어 마무리합니다.

TIP 브러시 : 스케치 → 나린더 연필
　　　브러시 크기 : 45%
　　　색상 : 검은색

체리 그리기

01 | 〔레이어(▣)〕에서 〔+〕 버튼을 탭해 체리를 그릴 새 레이어를 추가합니다.

02 | 다음 교차점에 작고 둥근 하트 모양으로 체리 두 알의 형태를 그리고 채색합니다.

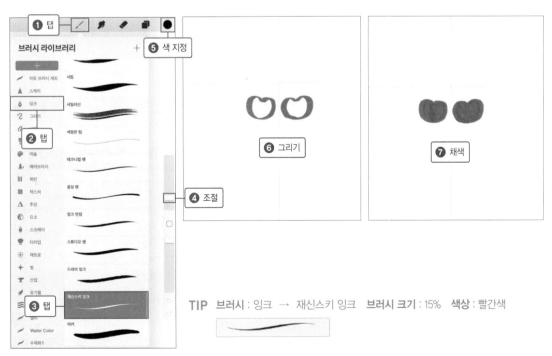

TIP 브러시 : 잉크 → 재신스키 잉크　브러시 크기 : 15%　색상 : 빨간색

03 | '초록색'으로 체리 두 알을 이어 주
는 줄기도 그려 주세요.

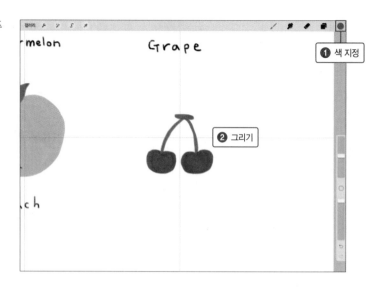

04 | 체리 아래 과일 이름은 '나린더 연
필' 브러시로 적습니다.

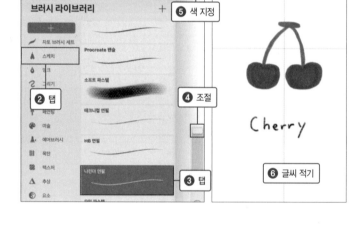

TIP **브러시** : 스케치 → 나린더 연필
브러시 크기 : 45%
색상 : 검은색

바나나 그리기

01 | (레이어(■))에서 (+) 버튼을 탭해
바나나를 그릴 새 레이어를 추가합니다.

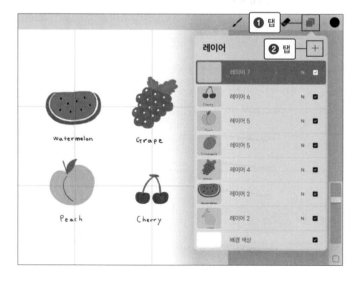

02 | 세 번째 줄 첫 교차점 부분에 통통한 초승달 모양으로 바나나 형태를 그리고 안을 채색합니다.

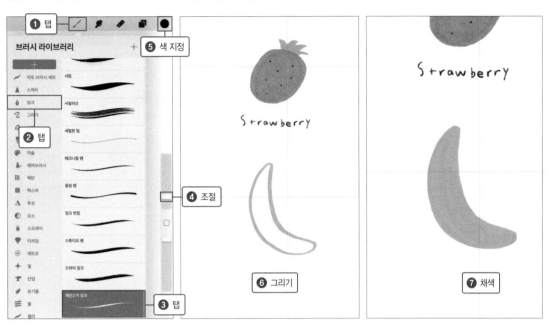

TIP **브러시** : 잉크 → 재신스키 잉크 **브러시 크기** : 15% **색상** : 노란색

03 | '나린더 연필' 브러시로 바나나 꼭지, 아래로 내려온 두개 라인, 점까지 차례대로 그려 디테일을 표현합니다. 바나나의 점은 크기를 다양하게 찍어야 자연스러워요. 바나나 아래에도 과일 이름을 적어 마무리해 주세요.

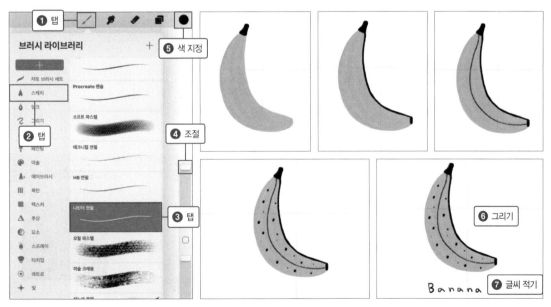

TIP **브러시** : 스케치 → 나린더 연필 **브러시 크기** : 45% **색상** : 검은색

키위 그리기

01 (레이어(▣))에서 (+) 버튼을 탭해 키위를 그릴 새 레이어를 추가합니다.

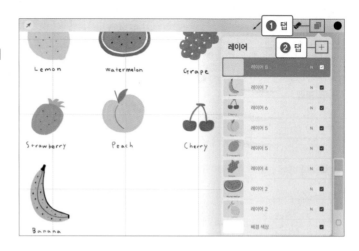

02 '연두색'으로 둥글게 키위 속을 그린 다음 안을 채색합니다.

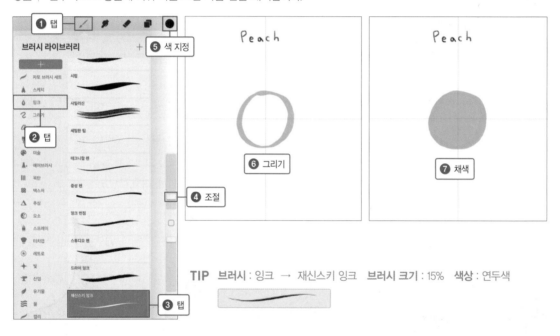

TIP 브러시 : 잉크 → 재신스키 잉크 **브러시 크기** : 15% **색상** : 연두색

03 '갈색'으로 껍질을 한 겹 그립니다.

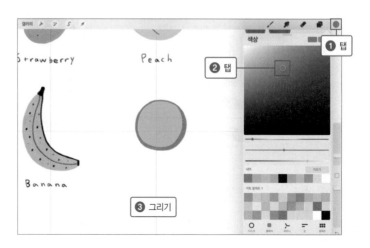

04 | '흰색'으로 키위 속 디테일을 표현합니다.

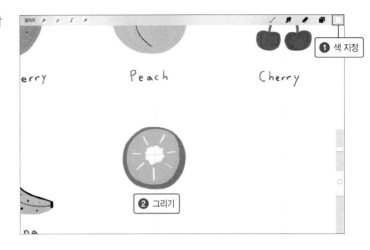

05 | 키위의 속과 껍질 사이에 '흰색'으로 경계선도 긋습니다.

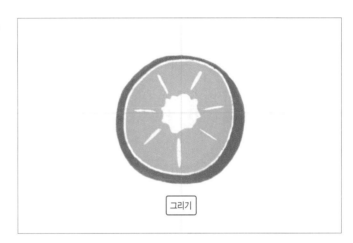

06 | 키위 속에 씨를 둘러 그리고 아래에 과일 이름을 적어 마무리합니다.

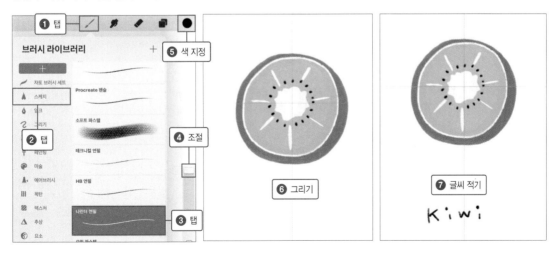

TIP **브러시** : 스케치 → 나린더 연필 **브러시 크기** : 45% **색상** : 검은색

한라봉 그리기

01 | [레이어(⬛)]에서 [+] 버튼을 탭해 한라봉을 그릴 새 레이어를 추가합니다.

02 | 마지막 교차점 부분에 위쪽이 봉긋하게 솟은 한라봉 형태를 그리고 안을 채색합니다.

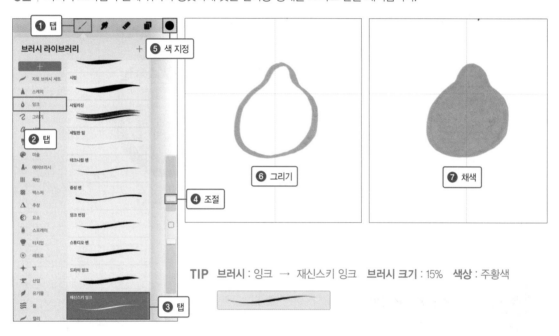

TIP 브러시 : 잉크 → 재신스키 잉크   **브러시 크기** : 15%   **색상** : 주황색

03 | '초록색'으로 꼭지와 이파리도 그려 주세요.

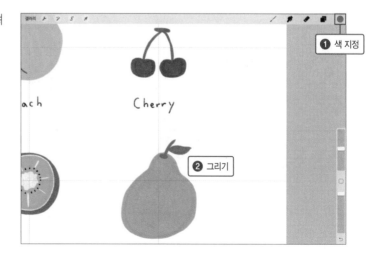

04 한라봉 위쪽에 갈라진 부분을 라인으로 표현하고, 아래에 점도 몇 개 찍어 주세요. 과일 이름을 적고 마무리합니다.

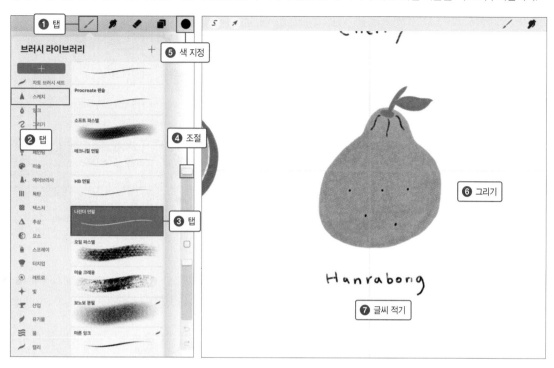

TIP **브러시** : 스케치 → 나린더 연필 **브러시 크기** : 45% **색상** : 검은색

05 아홉 개 과일을 모두 완성했다면 [동작(🔧) → 캔버스]에서 [그리기 가이드]를 비활성화합니다. 캔버스에서 보조선이 사라집니다.

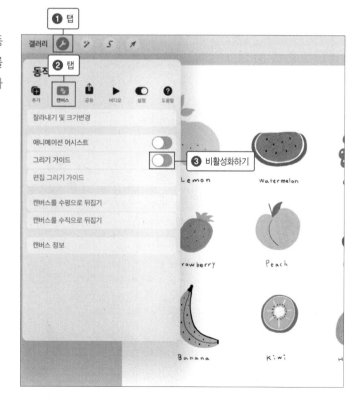

06 〔레이어(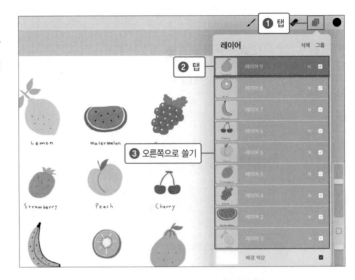)〕 목록에서 각각의 레이어를 선택하거나, 하나의 레이어를 선택한 다음 레이어들을 오른쪽으로 쓸어 다중 선택합니다.

07 〔변형(↗) → 균등〕을 선택해 크기와 위치를 조절합니다.

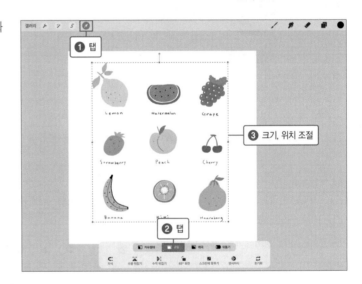

08 마커 느낌의 과일 일러스트를 완성했습니다. 과일 포스터로 사용해도 될 만큼 예쁘네요. 처음 그리는 분들은 당연히 서툰 부분이 있을 거예요. '재신스키 잉크' 브러시로 주변에 있는 다른 소품들도 그리면서 표현 방법을 배워 보세요. 멋진 마커 일러스트를 완성할 수 있습니다.

오일파스텔 느낌의
튤립 그리기

● **난이도** : ★★★★
● **브러시** : 오일파스텔
● **준비물** : 01\자토 브러시 세트, 자토 팔레트 1
● **키워드** : # 팔레트 # 오일파스텔드로잉

Drawing
Style

'어른용 크레파스'라고 불리는 오일파스텔을 사용해 본 적 있나요? 크레파스 특유의 부드러우면서도 꾸덕꾸덕한 질감을 가진 오일파스텔의 매력을 프로크리에이트에서도 충분히 표현할 수 있어요. 채색할 면을 여러 번 덧칠해 색감을 풍부하게 표현하는 방법도 함께 연습해 보세요.

화병 그리기

01 너비를 '150mm', 높이를 '170mm', DPI를 '300'으로 설정한 다음 (창작) 버튼을 탭합니다.

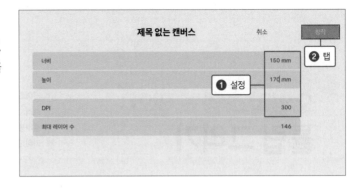

02 브러시 라이브러리에서 미리 다운받은 '자토 브러시 세트'의 '오일파스텔' 브러시를 선택하고, 캔버스에 테스트해 봅니다(자토 브러시 세트 다운받기 p.28~29 참고). 이 브러시는 정돈되지 않은 거친 모양과 꾸덕하고 부드러운 질감을 가지고 있어요. 오일파스텔 혹은 크레파스 느낌을 표현할 때 활용하기 좋은 브러시입니다.

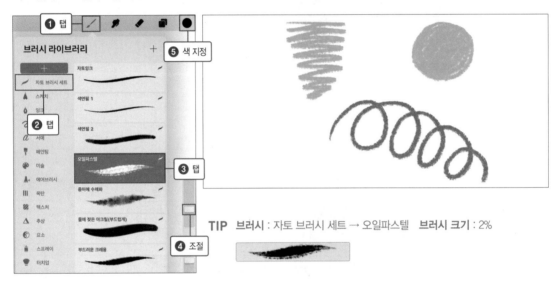

TIP 브러시 : 자토 브러시 세트 → 오일파스텔   **브러시 크기** : 2%

03 브러시를 선택했으면 색상을 선택할 차례입니다. 이번 일러스트는 색감이 중요해요. 아직 색 고르는 게 어렵거나 저와 똑같은 색감을 표현하고 싶다면 '자토 팔레트'를 다운받아 사용해 주세요(자토 팔레트 다운 받기 p.28~29 참고). '자토 팔레트 1'에서 색을 선택해 사용할 거예요. 팔레트 없이 그냥 자유롭게 색을 골라 채색해도 괜찮습니다.

TIP 팔레트를 이동해 간편하게 사용하기

〔색상(●) → 팔레트〕를 선택하면 기존에 있는 팔레트들과 다운받은 팔레트들을 확인할 수 있습니다. 사용할 팔레트 오른쪽에 있는 〔기본값으로 설정〕 버튼을 탭합니다. 팔레트 상단의 작은 회색 막대를 탭한 채로 캔버스로 끌어와 원하는 곳에 놓습니다. 〔색상〕을 탭하지 않아도 더 단순화된 팔레트를 간편하게 이용할 수 있습니다. 원래 메뉴로 되돌리려면 오른쪽 상단의 〔×〕를 탭하세요.

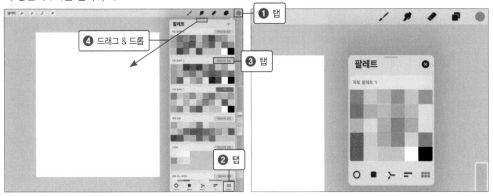

04 브러시 세팅이 끝났으니 본격적으로 그림을 그려 볼까요? 캔버스 중앙에서 살짝 왼쪽에 작고 납작한 원으로 화병 입구를 그립니다.

TIP 색상 : 자토 팔레트 1 → 1번 색상

05 화병 입구 아래로 화병 전체 형태를 그립니다. 손에 힘을 최대한 빼고 얇은 선으로 그려 주세요.

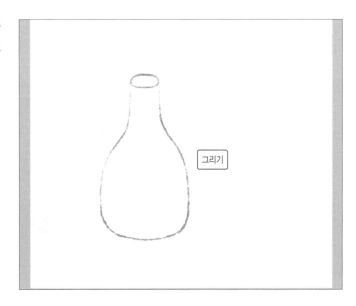

튤립 꽃송이 그리기

01 봉긋한 튤립 모양을 떠올리며 '노란색'으로 꽃송이 형태를 그려 주세요. 세 송이는 화병에 꽂혀 있고, 한 송이는 바닥에 떨어져 있는 모양이에요. 꽃송이 방향도 제각각 그려 주세요.

TIP 색상 : 자토 팔레트 1 → 2번 색상

02 꽃송이 안을 채색합니다. 안을 꽉 채워 칠하지 않고 빈틈이 살짝 남아도 자연스러워요.

03 '살구색'으로 한 겹씩 쌓여 있는 꽃잎을 상상하며 꽃잎 라인을 그립니다. 바깥 라인은 위쪽만 그리고 아래쪽까지 모두 이어 그리지 않습니다.

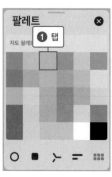

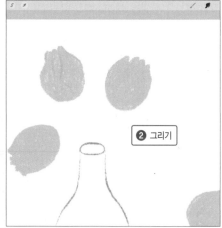

TIP 색상 : 자토 팔레트 1 → 3번 색상

04 │ 같은 색으로 꽃잎 아래쪽 위주로 덧칠합니다. 힘을 빼고 선을 그으며 채색합니다. 여러 번 세게 덧칠하면 색이 너무 뭉개지므로 주의해 주세요.

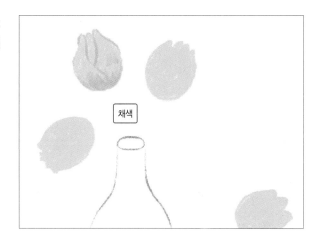

05 │ 나머지 꽃송이들도 같은 방법으로 꽃잎 라인을 그리고 아래쪽 위주로 덧칠합니다. 꽃송이 방향에 따라 캔버스를 회전해 채색하면 편리합니다.

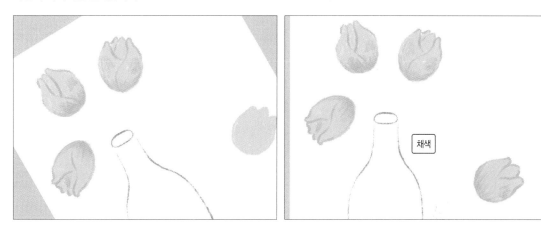

06 │ '다홍색'도 덧칠해 명암을 표현합니다. 꽃잎 라인도 한 번씩 더 긋고, 꽃송이 아래쪽 위주로 손에 힘을 빼고 얇게 채색해서 이전에 덧칠한 살구색이 너무 가려지지 않도록 합니다.

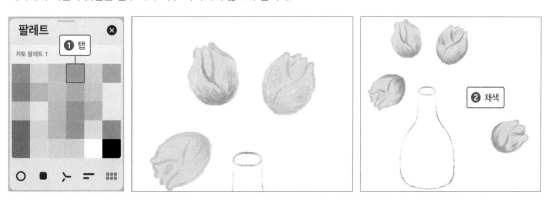

TIP **색상** : 자토 팔레트 1 → 4번 색상

07 ┃ '연한 분홍색'을 사용해서 꽃송이 위쪽과 덧칠하지 않은 면을 위주로 채색해 색감을 풍부하게 만들며 꽃송이 채색을 마무리합니다.

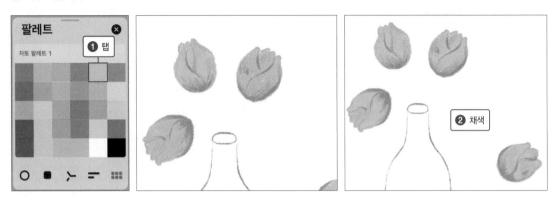

TIP 　**색상** : 자토 팔레트 1 → 5번 색상

08 ┃ '연두색'으로 꽃송이 아래쪽에 꽃받침 모양을 그려 주세요. 꽃받침은 전체적으로 꽃송이를 감싸고 있고 줄기와 이어지는 부분이 줄기보다는 두툼한 모양이에요.

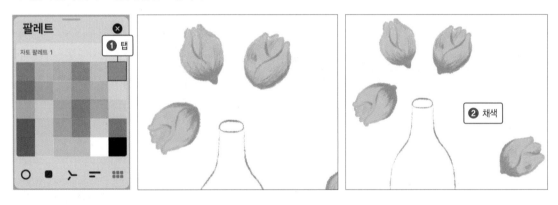

TIP 　**색상** : 자토 팔레트 1 → 6번 색상

09 ┃ 꽃받침을 모두 그렸으면 줄기와 이파리도 그려 주세요. 줄기는 꽃송이 방향에 따라 자연스럽게 그려 주세요. 손에 힘을 빼고 얇게 선을 긋습니다.

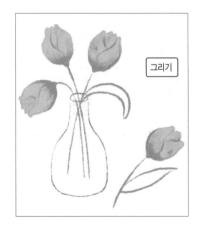

10 이파리를 채색할 때는 이파리 방향에 맞춰 선을 그으며 색을 채우고, 질감이 뭉개지지 않도록 여러 번 덧칠하지 않습니다. 채색하는 면에 빈틈이 생겨도 좋아요.

11 '초록색'으로 꽃받침, 줄기, 이파리 라인을 따라 한 번씩 더 덧칠합니다.

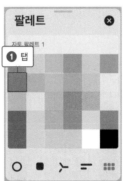

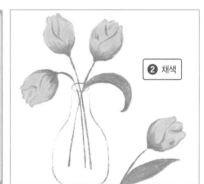

TIP **색상** : 자토 팔레트 1 → 7번 색상

12 색감을 풍부하게 만들기 위해 밝은 '연두색'으로도 조금씩 덧칠합니다. 이파리는 중간 면을 덧칠해 명암을 표현해요.

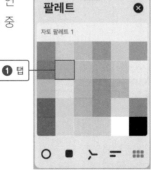

TIP **색상** : 자토 팔레트 1 → 8번 색상

13 꽃송이 오른쪽 면과 이파리 중간 부분에 '흰색'을 살짝 덧칠해 반사되는 빛을 표현합니다. 꽃들이 더 생기 있어 보여요.

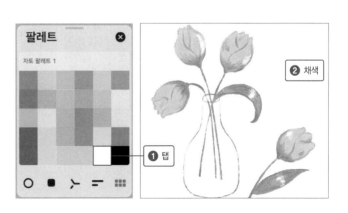

TIP **색상** : 자토 팔레트 1 → 29번 색상

오일파스텔 느낌의 튤립 그리기 **121**

14 〔레이어(■)〕에서 〔+〕 버튼을 탭해 화병 속 물을 채색할 새 레이어를 추가합니다. 추가한 레이어는 '레이어 1' 아래로 이동해 주세요.

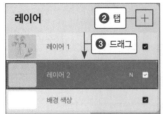

15 '하늘색'으로 화병 속에 물을 채우듯 채색합니다. 화병의 라인에서 조금 떨어지게 채색해 유리 두께를 표현하면 좋아요.

TIP 색상 : 자토 팔레트 1 → 9번 색상

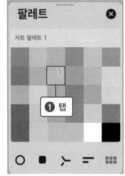

16 〔레이어(■)〕목록에서 꽃을 그린 '레이어 1'을 선택하고, 줄기에서 일정 부분만 물을 덧칠하며 마무리합니다. 오일 파스텔의 질감과 색감이 살아 있는 튤립 일러스트를 완성했어요.

색연필 느낌의
스웨터 그리기

● **난이도** : ★ ★
● **브러시** : 색연필 1, 색연필 2
● **준비물** : 01\자토 브러시 세트, 자토 팔레트 1
● **키워드** : # 색연필드로잉

Drawing
Style

색연필로 채색한 그림은 참 포근한 느낌이 들어요. 그래서인지 따뜻한 감성과 잘 어울리는 재료 같아요.

차갑고 딱딱하기만 할 것 같은 디지털 드로잉에서도 이런 포근한 분위기를 충분히 연출할 수 있습니다.

자토 브러시 세트의 '색연필' 브러시로 말이에요. 그럼 함께 연습해 볼까요?

스웨터 그리기

01 | 너비를 '150mm', 높이를 '100mm', DPI를 '300'으로 설정한 다음 (창작) 버튼을 탭합니다.

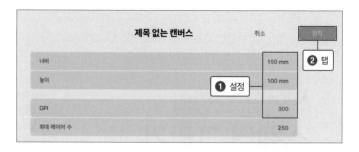

02 | 이번 드로잉에 사용할 브러시부터 확인해 볼까요? '자토 브러시 세트'의 '색연필 1'과 '색연필 2' 브러시입니다(자토 브러시 세트 다운받기 p.28~29 참고). 두 브러시는 실제 색연필과 비슷한 질감을 가지고 있어요. '색연필 1'은 뾰족하게 깎은 색연필, '색연필 2'는 뭉뚝한 색연필의 느낌이 나서 '색연필 2'가 조금 더 부드러운 느낌으로 채색됩니다. 그림을 그리기 전 캔버스에 두 브러시를 직접 테스트해 봅니다.

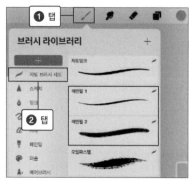

03 | 따뜻한 느낌이 나는 '연한 보라색' 털 스웨터를 그려요. 스웨터의 목 라운드 부분을 다음과 같은 순서로 그립니다. 아직 모양 잡기가 힘들 수 있어요. 인내심을 가지고 천천히 따라와 주세요. 아직 색상 선택이 어렵거나 제 그림과 똑같은 색감을 표현하고 싶다면 다운받은 '자토 팔레트'를 이용해 주세요(자토 팔레트 다운받기 p.28~29 참고).

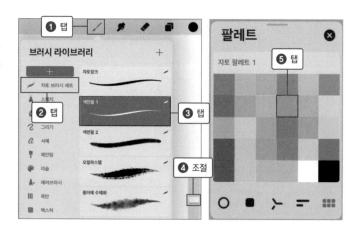

TIP **브러시** : 자토 브러시 세트 → 색연필 1   **브러시 크기** : 35%   **색상** : 자토 팔레트 1 → 10번 색상

04 | 목 라운드 아래로 반듯이 접은 스웨터 형태를 그립니다. 어깨에서 팔이 접히는 부분이 조금 더 볼록하게 튀어나온 형태입니다.

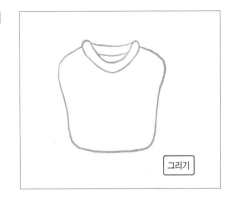

그리기

05 | 스웨터 중앙을 비우고 양쪽에 꼬임 줄을 두 줄 단순한 형태로 이어 그려 주세요.

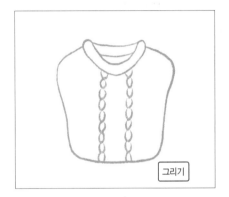

그리기

06 | 양쪽 꼬임 줄 사이에 두꺼운 직선도 두 줄 그립니다. 선을 반듯하게 그리지 않는 게 더 자연스러운 느낌이 들어서 좋아요.

그리기

07 | 양쪽 어깨 부분부터 아래로 이어지는 작은 꼬임 줄을 두 줄씩 그려 주세요. 스웨터 외곽선에 맞춰 살짝 안쪽으로 굽어지게 그립니다.

그리기

08 │ 브러시를 '색연필 2'로 변경해 꼬임 줄들과 가운데 직선 두 줄을 제외하고 손에 힘을 빼고 채색합니다. 면을 꽉 채워 채색하지 않고 자연스럽게 빈틈이 보이도록 해 색연필 질감을 표현하는 것이 중요해요.

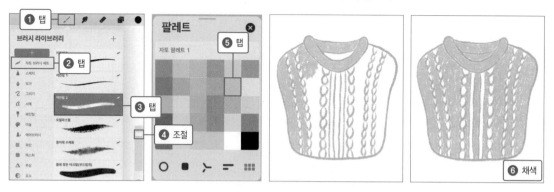

TIP　브러시 : 자토 브러시 세트 → 색연필 2　브러시 크기 : 10%　색상 : 자토 팔레트 1 → 11번 색상

09 │ 조금 더 밝은 색으로 꼬임 줄과 가운데 두 줄도 채색합니다. 좁은 면이기 때문에 브러시 크기도 줄여서 채색하는 것이 편리해요.

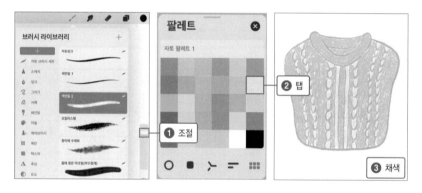

TIP　브러시 : 자토 브러시 세트 → 색연필 2　브러시 크기 : 5%　색상 : 자토 팔레트 1 → 12번 색상

10 │ 털 스웨터 느낌을 더 표현하기 위해 디테일을 추가로 그려요. 목 라운드에서 세로 선들을 그어 짜임을 표현합니다.

11 | 채색한 면 위에 짧은 선들로 빗살무늬를 그려서 털 스웨터 질감을 표현합니다. 줄을 바꿀 때마다 선 방향을 좌우로 변경하며 긋습니다. 한 땀씩 정성이 들어가는 그림이에요.

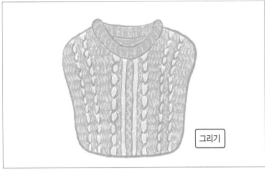

그리기

털 모자 그리기

01 | 〔레이어(■)〕에서 〔+〕 버튼을 탭해 털 모자를 그릴 새 레이어를 추가합니다.

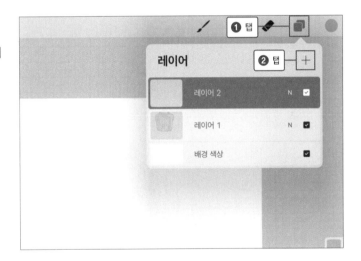

02 | 스웨터 오른쪽 공간에 털모자 위에 달린 보송한 털실 방울을 먼저 그려요. 선을 이어 그리며 동그란 형태로 방울을 만들어 주세요.

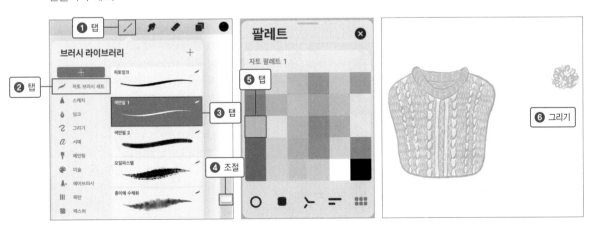

TIP 브러시 : 자토 브러시 세트 → 색연필 1 브러시 크기 : 35% 색상 : 자토 팔레트 1 → 13번 색상

03 | 방울 아래로 털모자 형태를 자유롭게 그려 주세요. 비니 같은 형태로 그렸어요.

그리기

04 | 모자 위쪽과 아래쪽에 디테일한 라인도 그립니다.

그리기

05 | '색연필 2' 브러시로 모자를 채색합니다. 스웨터와 마찬가지로 면을 꽉 채우지 않고 자연스럽게 빈틈이 보이도록 채색해 색연필 질감을 최대한 표현합니다.

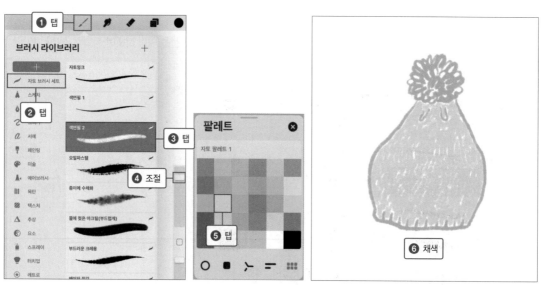

TIP **브러시** : 자토 브러시 세트 → 색연필 2 **브러시 크기** : 10% **색상** : 자토 팔레트 1 → 14번 색상

06 | 모자의 채색한 면 위에도 '흰색'으로 짧은 빗살무늬를 그려 털모자의 짜임을 표현합니다. 스웨터와 마찬가지로 줄을 바꿀 때마다 방향을 좌우로 변경하며 면을 모두 채웁니다.

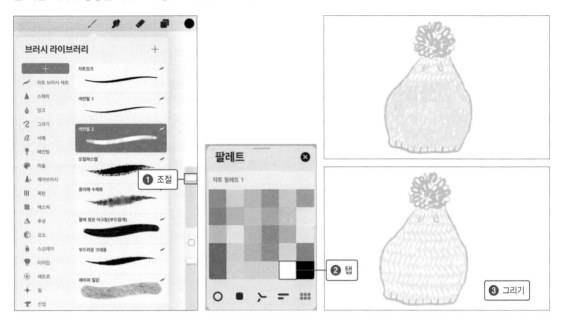

TIP **브러시** : 자토 브러시 세트 → 색연필 2 **브러시 크기** : 5% **색상** : 자토 팔레트 1 → 29번 색상

07 | 털모자까지 완성했으면 (변형(⬈) → 균등)을 선택해 스웨터와 모자의 위치를 조절하며 마무리합니다.

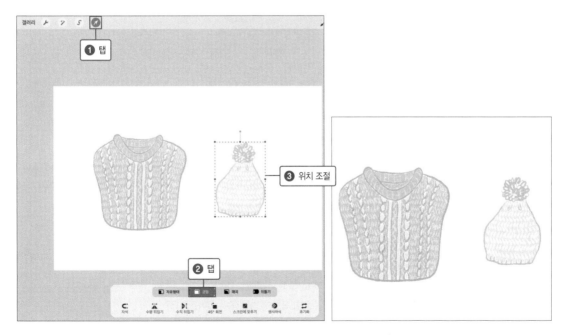

수채화 느낌의
딸기라떼 그리기

- **난이도** : ★★★★
- **브러시** : 와일드 라이트, 쿨
- **준비물** : 야자토 팔레트 1
- **키워드** : # 수채화드로잉

iPad Drawing

strawberry

latte

많은 사람들이 맑고 투명한 분위기의 수채화 드로잉을 사랑해요. 수채화는 특히 물의 번짐을 표현하고 촉촉한 느낌을 내는 것이 중요합니다. 하지만 디지털 드로잉에는 '물'이 없어요. 그래도 괜찮습니다. 물의 느낌을 표현하는 브러시들이 많거든요. 그럼 수채화 표현 방법을 함께 알아볼까요?

유리잔 그리기

01 │ 너비를 '150mm', 높이를 '200mm', DPI를 '300'으로 설정한 다음 [창작] 버튼을 탭합니다.

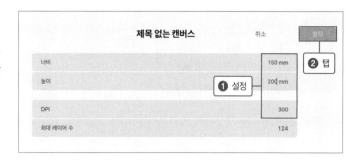

02 │ 사용할 브러시는 물에 푹 젖은 붓 느낌을 가진 '와일드 라이트'입니다. 이 브러시를 확대해서 자세히 보면 천 캔버스의 질감도 가지고 있어 손 그림 느낌을 더합니다. 필압에 따라 굵기 차이가 크고, 강하게 누를수록 물 번짐이 심해지며 색이 투명해집니다. 그림을 그리기 전 캔버스에 '와일드 라이트' 브러시를 테스트해 보며 특징을 알아 두세요.

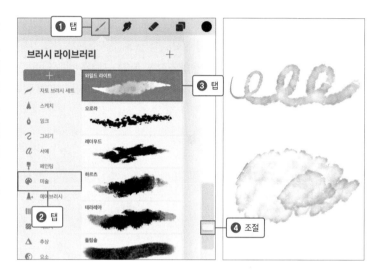

TIP 브러시 : 미술 → 와일드 라이트   브러시 크기 : 5%

03 │ '하늘색'을 선택해 유리잔을 그려요. 최대한 손에 힘을 빼고 아주 얇은 선으로 유리잔을 그립니다. 유리잔 입구를 납작한 원으로 그리고, 아래 부분은 항아리 형태로 둥글게 그려 주세요. 필압을 조절하는 것이 처음에는 무척 어려울 거예요. 편안한 마음으로 여러 번 그리고 지우며 마음에 드는 형태를 그려 보세요. 아직 색상 선택이 어렵거나 제 그림과 똑같은 색감을 표현하고 싶다면 다운받은 '자토 팔레트'를 이용해 주세요(자토 팔레트 다운받기 p.28~29 참고).

TIP 색상 : 자토 팔레트 1 → 15번 색상

딸기와 로즈마리 그리기

01 │ 딸기라떼 위에 올라간 딸기와 로즈마리 잎을 그리기 위해 〔레이어(▣)〕에서 〔+〕 버튼을 탭해 새 레이어를 추가합니다.

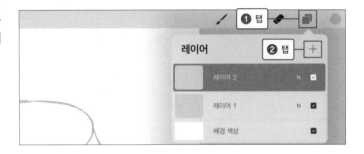

02 │ '쿠올' 브러시를 사용해요. '쿠올' 브러시는 물에 젖은 듯한 질감을 가진 거친 모양의 브러시입니다. 덧칠할수록 불투명해지며, 필압에 따라 자유롭게 번짐을 조절할 수 있어서 수채화에 딱 맞는 브러시예요. 채색할 때 펜을 떼지 않고 색을 넓게 퍼트리면 물을 듬뿍 담아 채색하는 느낌이 들어요. 그림을 그리기 전 캔버스 빈 공간에 브러시의 크기와 필압을 조절하면서 테스트해 보세요.

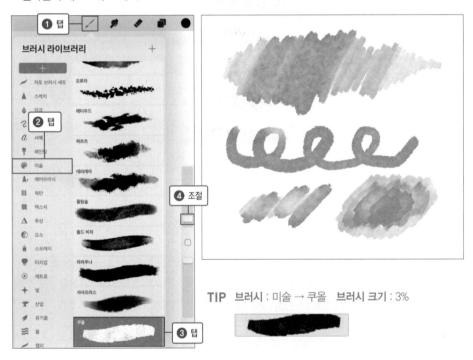

TIP 브러시 : 미술 → 쿠올   브러시 크기 : 3%

03 │ '쿠올' 브러시를 사용해 그림을 그려요. '붉은색'으로 유리잔 오른쪽 윗부분에 딸기 형태를 그립니다.

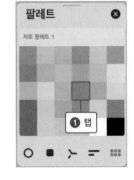

TIP 색상 : 자토 팔레트 1 → 16번 색상

04 조금 연한 색으로 딸기 형태를 그린 라인이 살짝만 남도록 자연스럽게 라인 안쪽을 뭉개며 채색합니다. 짧게 여러 번 탭하면서 촉촉한 질감을 표현해 주세요.

TIP **색상** : 자토 팔레트 1 → 17번 색상

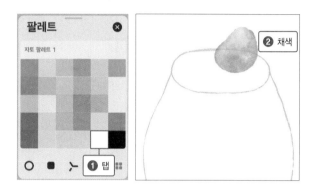

05 '흰색'으로 딸기 왼쪽 윗부분을 탭해 명암을 표현합니다. 손에 힘을 빼고 아주 살짝살짝 탭해 부드럽게 표현합니다.

TIP **색상** : 자토 팔레트 1 → 29번 색상

06 브러시를 변경해 '노란색'으로 딸기의 점을 찍어 주세요.

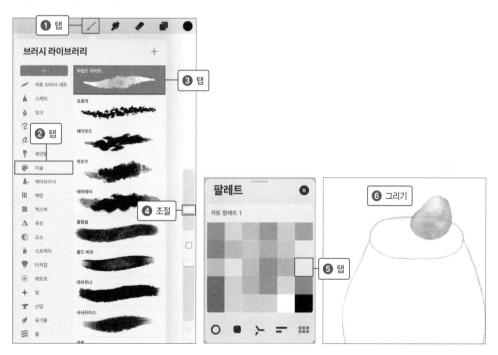

TIP **브러시** : 미술 → 와일드 라이트 **브러시 크기** : 5% **색상** : 자토 팔레트 1 → 18번 색상

07 | '초록색'으로 라떼 위에 띄운 로즈마리 잎도 그려 주세요. 잎은 조금 진하게 그려 주세요.

TIP 색상 : 자토 팔레트 1 → 19번 색상

생크림 그리기

01 | [레이어([[]])]에서 [+] 버튼을 탭해 잔에 채워진 음료를 그릴 새 레이어를 추가하고, 목록 가장 아래로 이동해 주세요.

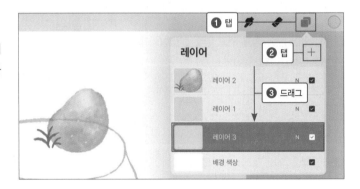

02 | '연한 분홍색'으로 라떼 위에 얹은 생크림을 그려요. 손에 힘을 살짝 주었다 빼었다 조절하며 라인의 두께를 불규칙하게 표현해 보세요.

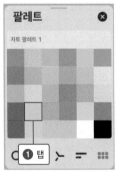

TIP 색상 : 자토 팔레트 1 → 20번 색상

라떼 그리기

01 | 생크림 아래로 유리잔에 담긴 음료도 그립니다. 유리잔 라인에서 안쪽으로 일정 간격을 띄어 그려 자연스럽게 유리 두께를 표현해 주세요.

02 | '쿠올' 브러시로 변경해 생크림 아래 음료를 채색합니다. 이때 펜을 떼지 않고 한 번에 전체 면을 채색해 투명한 느낌을 주세요.

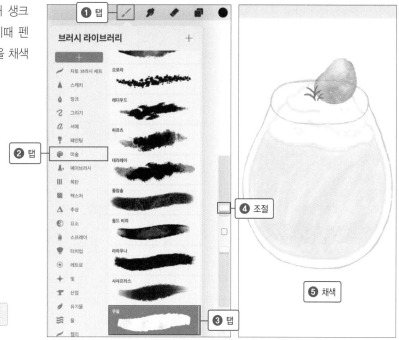

TIP 브러시 : 미술 → 쿠올
브러시 크기 : 5%

03 | '붉은색'으로 음료 아래 부분을 덧칠해요. 둥근 유리잔에 담긴 음료이기 때문에 덧칠할 때 누운 초승달 모양으로 위쪽 라인을 아래로 둥글게 채색하면 자연스럽습니다. 이때도 펜을 떼지 않고 한 번에 이어 투명하게 채색합니다.

TIP 색상 : 자토 팔레트 1 → 16번 색상

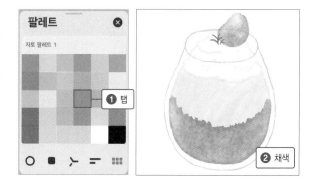

04 | 덧칠한 부분 아래 반 정도만 한 번 더 덧칠합니다. 펜을 떼지 않고 한 번에 이어 투명하게 채색하면 좋아요.

05 덧칠로 생긴 색의 경계선을 자연스럽게 문질러 없애 주어야 해요. 오른쪽 상단에 손가락 모양의 〔스머지()〕를 탭해 브러시를 선택하고 크기를 설정해 주세요.

TIP 스머지 : 페인팅 → 니코 롤
　　　브러시 크기 : 5%

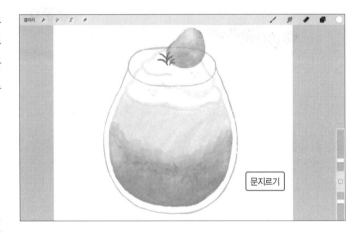

06 덧칠로 생긴 음료 색의 두 경계선 부분을 위아래로 문질러 색을 뭉갭니다. 너무 많이 문지르다 보면 색이 아예 섞여 하나가 되어 버리기 때문에 적당히 자연스러운 느낌이 들 때까지만 문질러 주세요.

07 브러시를 변경해서 음료에 퍼지고 있는 우유 느낌을 표현해 보세요. 음료 위쪽부터 아래쪽까지 브러시를 다섯 번 정도 탭했다 떼었다 하면서 '흰색'으로 덧칠합니다. 한 번 탭했을 때 힘을 주면서 색을 넓게 퍼트리며 덧칠하면, 마치 흰 우유가 음료에 퍼지는 모습처럼 자연스럽게 표현됩니다.

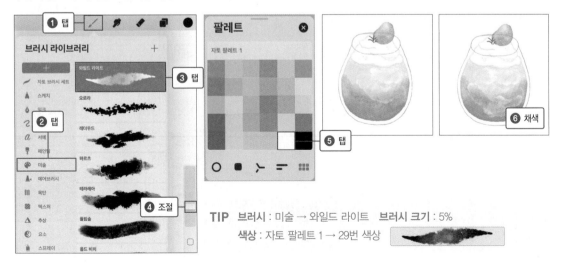

TIP 브러시 : 미술 → 와일드 라이트　 브러시 크기 : 5%
　　　색상 : 자토 팔레트 1 → 29번 색상

08 | 〔레이어(📑)〕 목록에서 유리잔 라인을 그린 '레이어 1'을 선택하고, 〔지우개(📝)〕로 딸기와 겹친 유리잔 라인을 지워 주세요.

09 | 〔레이어(📑)〕에서 〔+〕 버튼을 탭해 음료 이름을 적을 레이어를 추가합니다.

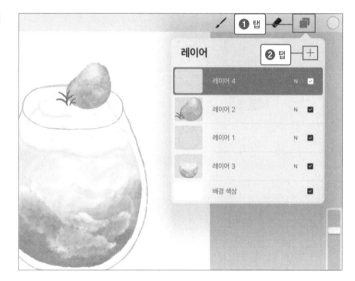

10 | 음료 아래에 붓으로 그리듯 음료 이름까지 자유롭게 쓰면 수채화 느낌이 나는 딸기라떼 일러스트 완성입니다.

TIP 색상 : 자토 팔레트 1 → 16번 색상

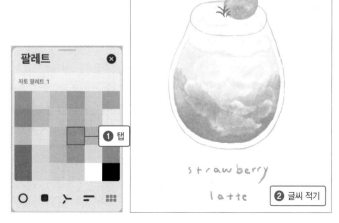

여러 가지 스타일의
나무들 그리기

- **난이도** : ★★
- **브러시** : 마운틴 애쉬, 오로라, 프레이시넷
  리틀 파인, 틴더박스
- **준비물** : 01\자토 팔레트 2
- **키워드** : # 손그림브러시

iPad Drawing

Drawing
Style

앞에서 마커, 오일파스텔, 색연필, 수채화 표현에 적절한 브러시를 잘 사용해 보았나요? 프로크리에이트
에는 이 밖에도 손 그림 느낌을 표현할 수 있는 더 많은 브러시들이 준비되어 있어요. 이번에도 즐겁게 드
로잉하며 또 다른 느낌의 브러시들을 어떻게 활용할 수 있는지 함께 연습해 볼까요?

가로수 그리기

01 | 너비를 '260mm', 높이를 '150mm', DPI를 '300'으로 설정한 다음 [창작] 버튼을 탭합니다.

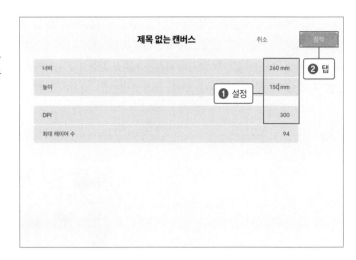

02 | [동작(⚡) → 캔버스]에서 [그리기 가이드]를 활성화하고 [편집 그리기 가이드]를 선택합니다.

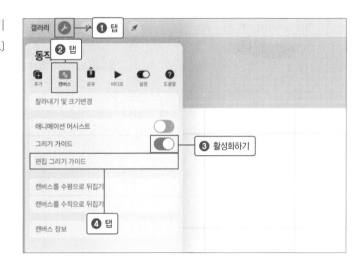

03 | 하단 메뉴에서 [2D 격자]를 선택한 다음 격자 크기를 '700px'로 설정합니다. 숫자 칸을 탭하면 숫자를 직접 입력할 수 있어요. 설정 값 조절이 끝났으면 [완료] 버튼을 탭해 캔버스로 돌아갑니다. 보조선으로 만들어진 칸에 맞춰 나무 4개를 차례대로 그려요.

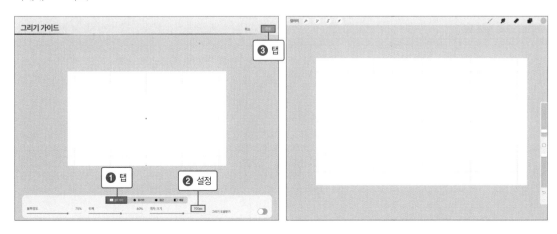

04 첫 번째로 사용할 브러시는 거친 질감을 가진 '마운틴 애쉬'입니다. 브러시를 살살 문지를수록 질감이 잘 표현되는 특징이 있습니다. 브러시의 크기와 색상을 지정합니다. 제 그림과 똑같은 색감을 표현하고 싶다면 다운받은 '자토 팔레트'를 이용해 주세요(자토 팔레트 다운받기 p.28~29 참고).

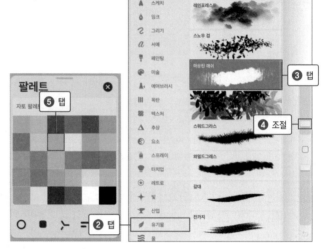

TIP 브러시 : 유기물 → 마운틴 애쉬
 브러시 크기 : 2%
 색상 : 자토 팔레트 2 → 9번 색상

05 왼쪽 첫 번째 칸에 나무 기둥이 될 수직선을 아래로 길게 긋습니다. 펜에 힘을 주어 진하게 그려 주세요.

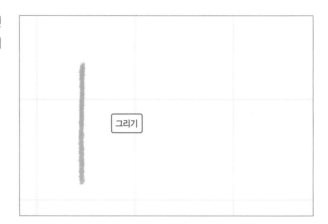

그리기

06 기둥 위쪽으로 자유롭게 뻗어 있는 나뭇가지들도 그려 주세요.

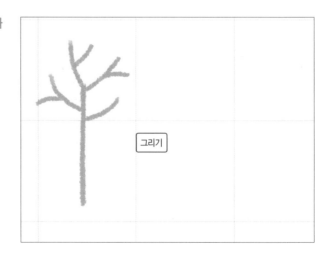

그리기

07 │ 나무 기둥을 두껍게 만들면서 채색합니다. 아래쪽으로 갈수록 더 굵어지는 형태를 만들어 주세요. 가지들도 기둥과 이어지는 쪽이 더 두꺼워지도록 채색합니다.

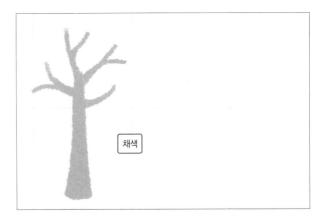

채색

08 │ 나무 기둥과 가지를 모두 그렸으면 위에 나무껍질의 거친 질감을 표현해요. (레이어(■)) 목록에서 나무를 그린 '레이어 1'을 탭해 메뉴를 표시하고 (알파 채널 잠금)을 적용합니다.

> **TIP** '알파 채널 잠금'은 해당 레이어에 그림을 그린 부분에서만 브러시 사용이 가능하도록 배경을 잠그는 기능이었어요. 그림을 그린 부분에만 추가로 텍스처나 음영을 표현하고 싶을 때 사용하면 편리해요(알파 채널 잠금 p.476 참고).

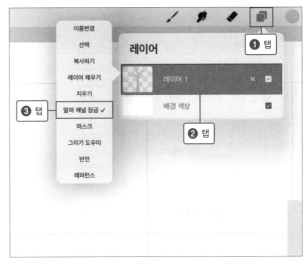

09 │ 레이어에 '알파 채널 잠금'을 적용했다면 밝은 색으로 나무를 덧칠해 질감을 표현합니다. 질감이 잘 표현되도록 펜을 눕히고 손에 힘을 빼서 얇게 채색합니다. 레이어에 '알파 채널 잠금'을 적용했기 때문에, 나무 채색면 밖으로는 브러시가 사용되지 않아 편리해요.

TIP **색상** : 자토 팔레트 2 → 10번 색상

10 〔레이어(■)〕에서 〔+〕 버튼을 탭해 나뭇잎들을 그릴 새 레이어를 추가합니다.

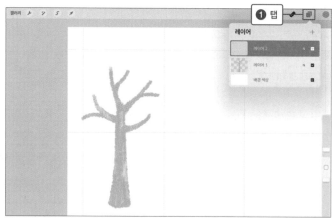

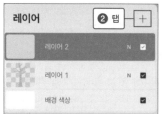

11 간편하게 나뭇잎 모양처럼 채색할 수 있는 '오로라' 브러시를 사용할 거예요. '오로라'는 두 가지 색이 한꺼번에 나오는 특징이 있고 마치 잎을 하나하나 찍은 듯이 표현되어 숲이나 나무를 그릴 때 사용하기 좋은 브러시입니다. 브러시로 나무 위쪽부터 전체적으로 둥근 형태를 만들며 채색합니다. 가지는 일부분이 자연스럽게 보이도록 남기고 채색합니다.

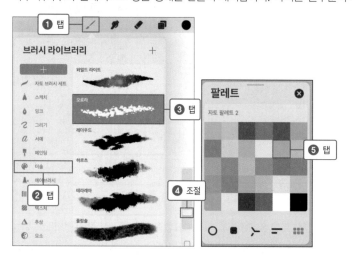

TIP 브러시 : 미술 → 오로라
브러시 크기 : 6%
색상 : 자토 팔레트 2 → 11번 색상

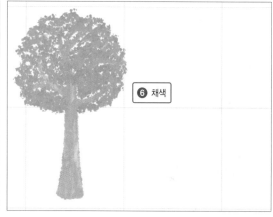

12 | 더 밝은 색으로 사이사이를 덧칠해 한 번 더 나뭇잎 색을 풍부하게 만들어 마무리합니다.

TIP **색상** : 자토 팔레트 2 → 12번 색상

과실수 그리기

01 | (레이어(■)) 목록에서 첫 번째 나무를 그린 두 레이어는 다중 선택해 그룹으로 지정합니다. (+) 버튼을 탭해 두 번째 나무를 그릴 새 레이어를 추가합니다.

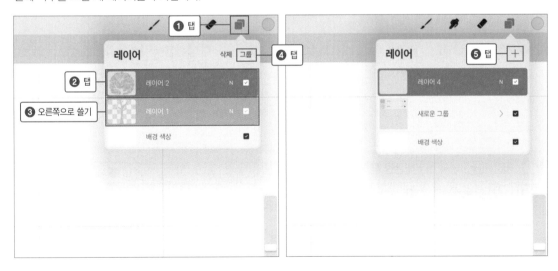

TIP **다중 선택**

　하나의 레이어를 선택한 다음 다른 레이어들을 오른쪽으로 쓸어 선택합니다.

02 | 다른 질감을 표현할 수 있는 '프레이시넷' 브러시를 선택합니다. 나무가 꼭 갈색과 초록색일 필요는 없어요. '보라색'으로 두 번째 칸에 나무 기둥을 얇게 그려 주세요.

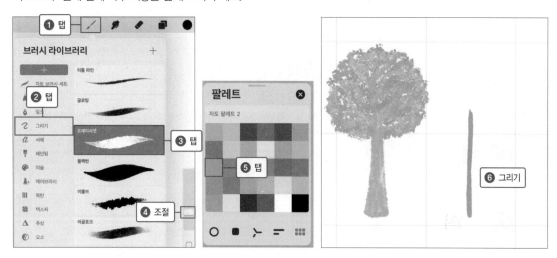

TIP 브러시 : 그리기 → 프레이시넷 **브러시 크기** : 2% **색상** : 자토 팔레트 2 → 13번 색상

03 | 기둥 위쪽으로 자유롭게 뻗어난 가지들을 그리고 나무 아래쪽에 뿌리도 이어 그려요.

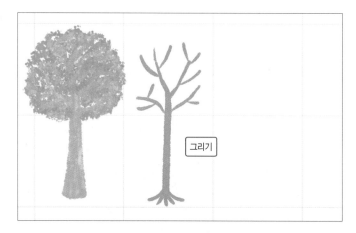

04 | 〔레이어(■)〕에서 〔+〕 버튼을 탭해 나뭇잎을 그릴 새 레이어를 추가합니다.

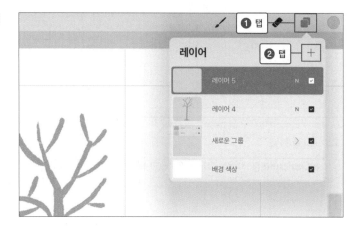

05 유칼립투스 잎처럼 동글동글한 나뭇잎을 하나하나 그려 볼까요? 잎을 가지 주변에 그립니다. 가지와 꼭 붙어 있지 않아도 좋아요. 나무 모양을 생각하면서 나뭇잎을 채워 그립니다. 나무 아래쪽에 떨어진 잎들도 몇 개 그려 주세요.

TIP 색상 : 자토 팔레트 2 → 14번 색상

06 다른 색을 지정해 같은 모양의 동글동글한 잎을 풍성하게 채워 그립니다.

TIP 색상 : 자토 팔레트 2 → 15번 색상

07 '흰색'으로 나무 기둥에 짧은 가로선들을 그어서 나무 표면의 디테일을 표현해 주세요.

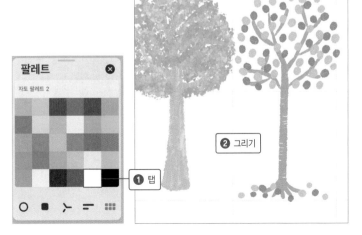

TIP 색상 : 자토 팔레트 2 → 29번 색상

침엽수 그리기

01 │ (레이어(■)) 목록에서 두 번째 나무를 그린 '레이어 4'와 '레이어 5'를 다중 선택해 그룹으로 지정합니다. (+) 버튼을 탭해 세 번째 나무를 그릴 새 레이어를 추가합니다.

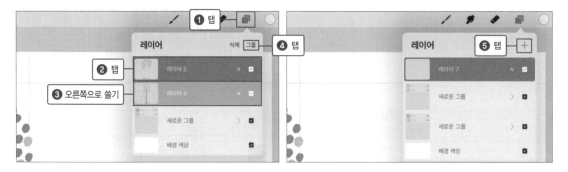

02 │ 거친 질감으로 나뭇잎 표현이 가능한 '리틀 파인' 브러시를 사용해 크리스마스 트리 모양 나무를 그려 보겠습니다. 세 번째 칸 상단에 시옷 모양으로 선을 긋습니다.

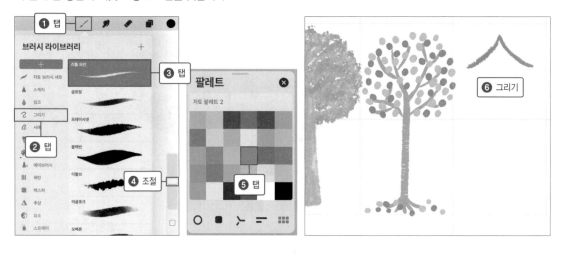

TIP 브러시 : 그리기 → 리틀 파인 **브러시 크기** : 15% **색상** : 자토 팔레트 2 → 16번 색상

03 │ 처음 그린 시옷 모양 중간부터 시작해 아래로 시옷 모양을 세 번 더 그립니다. 아래로 내려갈수록 넓게 퍼지게 그려 주세요.

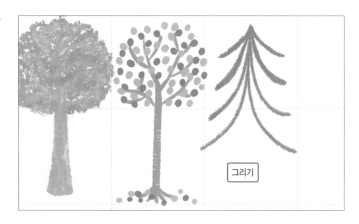

그리기

04 | 첫 번째와 두 번째 시옷 선을 오른쪽과 같은 모양으로 이어 면을 만들고 브러시로 직접 채색합니다. 아래쪽도 같은 방법으로 채색하며 나무 모양을 만들어 주세요.

채색

05 | 나무를 채색한 면 사이사이에 선을 더 그려 나무를 풍성하게 만듭니다.

그리기

06 | 채색한 면보다 조금 더 진한 색을 지정합니다. 채색한 면 위에 나무 형태를 따라 라인을 추가로 그려 디테일을 표현합니다.

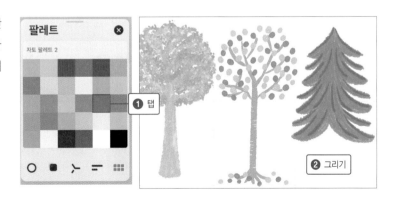

① 탭

② 그리기

TIP **색상** : 자토 팔레트 2 → 17번 색상

07 | 나무 기둥을 그리기 위해 〔레이어 (🗔)〕에서 〔+〕 버튼을 탭해, 트리 모양 나무를 그린 '레이어 7' 아래 새 레이어를 추가합니다.

08 | 기둥은 일자로 그려 채색하고 양쪽으로 가지도 하나씩 그려 주세요.

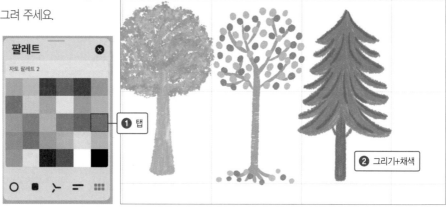

TIP **색상** : 자토 팔레트 2 → 18번 색상

야자수 그리기

01 | 〔레이어(🗔)〕 목록에서 세 번째 나무를 그린 '레이어 7'과 '레이어 8'을 다중 선택해 그룹으로 지정합니다. 〔+〕 버튼을 탭해 네 번째 나무를 그릴 새 레이어를 추가합니다.

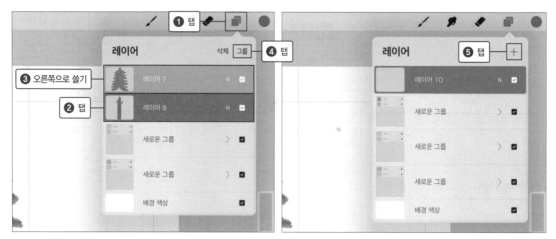

02 │ 촉촉한 잉크 느낌의 '틴더박스' 브러시로 야자수를 그립니다. 위쪽에 타원을 하나 그리고, 그 아래로 나무 기둥을 길게 그린 다음 브러시로 직접 채색합니다.

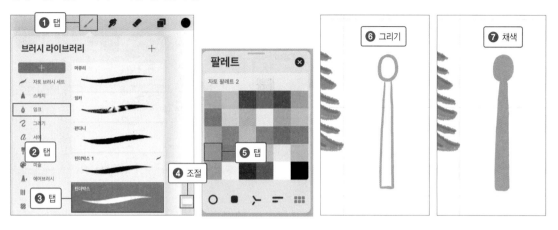

TIP　**브러시** : 잉크 → 틴더박스　**브러시 크기** : 20%　**색상** : 자토 팔레트 2 → 19번 색상

03 │ 〔레이어(■)〕에서 〔+〕 버튼을 탭해 야자 나뭇잎을 그릴 새 레이어를 추가합니다.

04 │ 나무의 타원 위쪽으로 뻗어 있는 날개 모양 나뭇잎 4장을 그려 브러시로 채색합니다. 잎들은 서로 다른 대각선 방향으로 그리면 자연스러워요. '틴더박스' 브러시로 직접 채색하는 것만으로도 촉촉한 느낌의 질감이 표현됩니다.

TIP　**색상** : 자토 팔레트 2 → 20번 색상

05 | 나뭇잎보다 밝은 색을 지정하고 나뭇잎 잎맥 선을 그려 디테일을 표현해 주세요.

1 탭

2 그리기

TIP **색상** : 자토 팔레트 2 → 21번 색상

06 | [레이어(▣)] 목록에서 야자수의 기둥을 그린 '레이어 10'을 선택합니다.

레이어

1 탭

레이어 11   N ☑

레이어 10   N ☑

새로운 그룹   > ☑

2 탭

새로운 그룹   > ☑

07 | 기둥보다 밝은 색으로 기둥 표면의 디테일을 간단하게 표현합니다.

1 탭

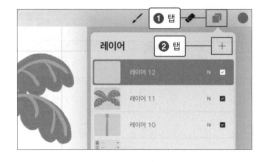

2 그리기

TIP **색상** : 자토 팔레트 2 → 22번 색상

08 | [레이어(▣)]에서 [+] 버튼을 탭해 야자수 아래쪽에 풀을 그릴 새 레이어를 추가합니다.

1 탭

레이어

2 탭 +

레이어 12   N ☑

레이어 11   N ☑

레이어 10   N ☑

09 야자수 아래 자란 풀을 자유롭게 그려 표현해
주세요.

TIP 색상 : 자토 팔레트 2 → 20번 색상

10 (레이어(▣)) 목록에서 야자수를 그
린 '레이어 10', '레이어 11', '레이어 12'를 다
중 선택해 그룹으로 지정합니다.

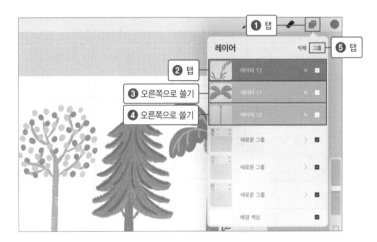

11 서로 다른 스타일로 나무 4개를 완성했어요. (동작(🔧) → 캔버스)에서 (그리기 가이드)를 비활성화하고 마무리합
니다.

4

인물/동물 일러스트 그리기

제가 그림을 그릴 때 가장 자주 그리는 요소는 인물과 동물입니다. 아직 인물과 동물 드로잉은 어려울 것 같다고요? 아이패드 드로잉에는 다 방법이 있습니다. 누구나 쉽게 따라할 수 있어요. 저와 함께 여러 가지 느낌으로 인물과 동물을 매력 있게 그리는 연습을 해 보아요. 열심히 배워 가족과 친구들, 사랑하는 반려동물을 그려서 선물해 보는 건 어떨까요? 선물을 받는 분들은 정말 행복할 거예요.

트레이싱으로
곰 인형을 안고 있는
소녀 그리기

- 난이도 : ★ ★ ★
- 브러시 : 자토잉크, 스크립트, 시그넛, 헤센
- 준비물 : 04\예제 사진 1.jpg, 01\자토 브러시 세트
- 키워드 : # 사진불러오기 # 레이어불투명도

Drawing
Style

인물 스케치가 막막한 초보자들에게 디지털 드로잉의 '트레이싱' 방법을 소개합니다. 사진에 투명한 용지를 올리고 그 위에 그림을 그린다고 생각하면 윤곽선 잡기가 한결 쉽습니다. 트레이싱 방법을 배우면 어떤 인물이든 잘 그릴 수 있을 것 같은 자신감이 생길 거예요.

인물 밑그림 그리기

01 너비를 '150mm', 높이를 '150mm', DPI를 '300'으로 설정한 다음 [창작] 버튼을 탭합니다.

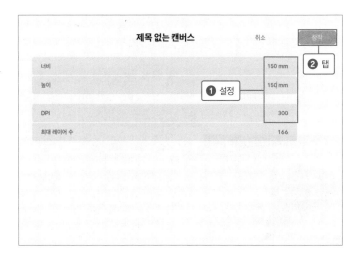

02 [동작(🔧)] → 추가)에서 [파일 삽입하기)를 선택해 04 폴더에서 '예제 사진 1.jpg' 파일을 불러옵니다(예제 사진 다운받기 p.28~29 참고).

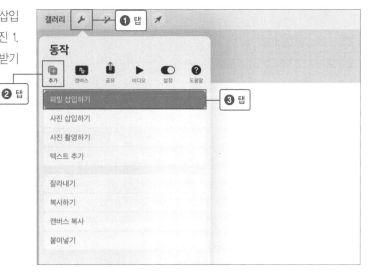

03 캔버스에 사진이 표시되면 하단 메뉴에서 [균등]을 선택해 사진 크기를 조절하고, 인물이 캔버스 중간에 오도록 위치도 조절합니다.

04 | 따라 그리기 쉽도록 사진의 불투명도를 조절해 주세요. [레이어()] 목록에서 '레이어 1'을 두 손가락으로 탭하고 화면을 좌우로 쓸면 상단에 불투명도 조절바가 표시됩니다. 화면을 왼쪽으로 쓸어서 불투명도를 '60%' 정도까지 조절합니다.

05 | 러프 스케치를 하기 위해 [레이어()]에서 [+] 버튼을 탭해, 사진을 불러온 '레이어 1' 위로 새 레이어를 추가합니다.

06 | 사진 속 인물의 형태와 위치만 대충 잡는다는 생각으로 러프하게 스케치 해 보세요. 원으로 얼굴 위치를 잡습니다.

TIP 브러시 : 자토 브러시 세트 → 자토잉크   **브러시 크기** : 30%

07 얼굴에 귀와 머리 스타일 형태를 잡고 눈, 코, 입도 단순하게 스케치합니다.

그리기

08 인물의 팔과 몸 그리고 껴안고 있는 곰돌이의 형태까지 차례대로 스케치합니다. 지금 그리는 러프 스케치를 참고해 다시 윤곽선을 정리하고 그릴 것이기 때문에 지금은 대충 그려도 괜찮아요.

그리기

09 러프 스케치를 완성했으면 (레이어 (🔲)) 목록에서 사진을 불러온 '레이어 1'을 체크 해제해 캔버스에서 더 이상 사진이 보이지 않게 해 주세요.

❷ 체크 해제

10 〔레이어(■)〕 목록에서 러프 스케치한 '레이어 2'를 두 손가락으로 탭하고 화면을 왼쪽으로 쓸어서 불투명도를 '30%' 정도까지 조절합니다. 러프 스케치 라인이 흐리게 보입니다.

11 〔레이어(■)〕에서 〔+〕 버튼을 탭해 새로운 윤곽선을 그릴 새 레이어를 추가합니다.

12 러프 스케치를 참고해 천천히 윤곽선을 그립니다. 러프 스케치가 있으니 겹치는 라인은 생략하고, 곰돌이 라인은 뽀글뽀글하게 그립니다. 조금 더 깔끔하고 자연스럽게 그릴 수 있을 거예요.

그리기

13 인물 주변에 풀을 그려서 잔디밭도
간단하게 표현해 보세요.

그리기

14 윤곽선을 모두 그렸으면 [레이어([📄])] 목록에서 러프 스케치한 '레이어 2'를 왼쪽으로 쓸어 [삭제] 버튼을 탭합니다.

인물 채색하기

01 채색하기 위해 [레이어([📄])] 목록에
서 윤곽선을 그린 '레이어 3' 아래 새 레이어
를 추가합니다.

02 ｜ '살구색'으로 인물의 얼굴과 팔, 다리를 먼저 채색해 주세요. '스크립트' 브러시로 깔끔하게 채색할 수 있습니다.

TIP 브러시 : 서예 → 스크립트   브러시 크기 : 30%

03 ｜ 얼굴에 주근깨가 있는 부분은 조금 '붉은색'으로 덧칠하면 좋아요.

04 ｜ 〔레이어(📖)〕에서 〔+〕 버튼을 탭해 헤어를 채색할 새 레이어를 추가합니다.

05 | '노란색'으로 소녀의 헤어를 꽉 채워 채색합니다.

06 | 헤어의 색감과 질감을 풍부하게 표현하기 위해서 헤어를 덧칠합니다. 브러시가 헤어를 채색한 면에만 칠해지도록 설정하면 편리해요. (레이어(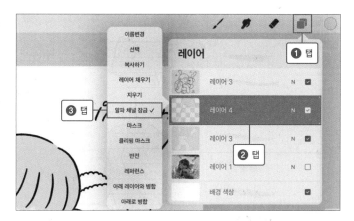))에서 헤어를 채색한 '레이어 4'를 탭해 메뉴를 표시하고 (알파 채널 잠금)을 적용합니다(알파 채널 잠금 p.476 참고).

07 | 종이에 채색하는 듯한 질감을 표현하는 '시그넛' 브러시를 선택하고, '주황색'으로 헤어를 덧칠해 주세요. 노란색이 모두 덮이지 않도록 손에 힘을 빼고 아주 얇게 덧칠합니다. 땋은 헤어가 좁아지는 부분들은 조금 진하게 채색해 명암을 주면 좋아요. '알파 채널 잠금'을 적용했기 때문에 채색이 헤어 밖으로 나가지 않아 편하게 덧칠할 수 있습니다.

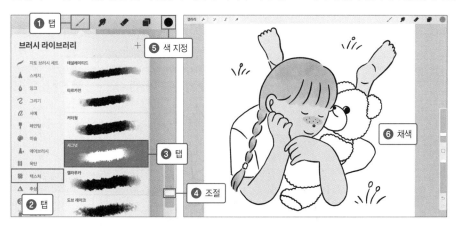

TIP 브러시 : 텍스처 → 시그넛 **브러시 크기** : 4%

08 │ 옷을 채색하기 위해 (레이어(🔲))에서 (+) 버튼을 탭하고 피부를 채색한 '레이어 3' 아래 새 레이어를 추가합니다.

09 │ 브러시를 '스크립트'로 변경하고 '하늘색'으로 소녀의 옷을 채색합니다. '흰색'으로 커다란 체크무늬도 그려 주세요.

TIP 브러시 : 서예 → 스크립트　　**브러시 크기** : 30%

10 │ (레이어(🔲))에서 (+) 버튼을 탭해 곰 인형을 채색할 새 레이어를 추가합니다.

11 | '연한 갈색'으로 곰 인형 입을 제외한 모든 면을 채색해 주세요.

12 | 곰 인형도 다른 브러시로 덧칠해서 질감을 표현합니다. [레이어(◼)] 목록에서 곰 인형을 채색한 '레이어 6'을 탭해 메뉴를 표시하고 [알파 채널 잠금]을 적용합니다.

13 | 가느다란 선이 그물처럼 반복해서 나오는 '헤센' 브러시를 사용합니다. 곰 인형을 채색한 면보다 조금 '진한 갈색'을 선택하고 손에 힘을 빼서 아주 얇게 덧칠해 보세요.

TIP 브러시 : 유기물 → 헤센 **브러시 크기** : 5%

14 곰 인형 입을 채색하기 위해 〔레이어(■)〕 목록에서 곰 인형을 채색한 '레이어 6'을 탭해 메뉴를 표시하고, 〔알파 채널 잠금〕을 탭해 잠금을 해제합니다.

15 브러시를 '스크립트'로 변경하고 곰 인형 입을 채색합니다.

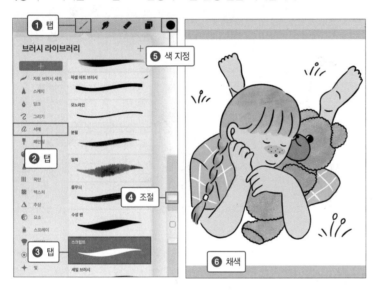

TIP 브러시 : 서예 → 스크립트
브러시 크기 : 30%

16 '연두색'으로 주변에 풀을 채색해 마무리합니다. 사진을 불러와서 그리니 인물 일러스트를 쉽게 완성할 수 있었어요. 여러분 가족이나 친구들 사진으로도 많이 연습하면 좋을 거예요.

자유로운
크로키 느낌으로
인물 그리기

- 난이도 : ★ ★ ★
- 브러시 : 더웬트
- 준비물 : 04\예제 사진 2.jpg
- 키워드 : # 필압 # 라인색변경

이런 느낌의 인물 일러스트는 어떤가요? 거칠게 대충 그린 것 같지만 연필 선의 자유로움이 느껴져 좋지
않나요? 거친 느낌으로 그린 그림은 아주 깔끔하게 그린 그림과는 또 다른 매력이 있습니다. 함께 그려
보면서 그림의 매력을 느껴 보아요.

라인으로 인물 그리기

01 | 너비를 '150mm', 높이를 '150mm', DPI를 '300'으로 설정한 다음 (창작) 버튼을 탭합니다.

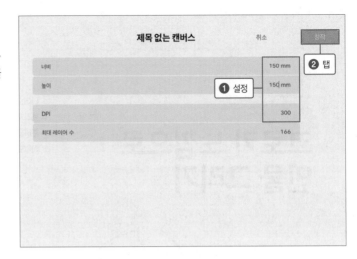

02 | 이번에 그릴 일러스트도 사진 트레이싱을 통해 조금 더 쉽게 그려 보겠습니다. (동작(🔧) → 추가)에서 (파일 삽입하기)를 선택해 04 폴더에서 '예제 사진 2.jpg' 파일을 불러옵니다.

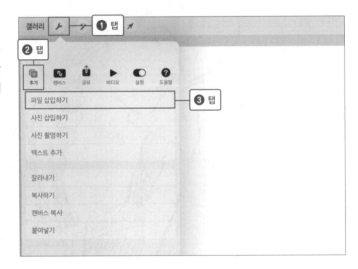

03 | (변형(↗))을 탭한 다음 하단 메뉴에서 사진의 비율을 고정해 크기를 조절할 수 있는 (균등)을 선택합니다. 크기를 키우고 인물이 가운데 오도록 위치도 조절합니다.

04 │ 사진을 따라 그리기 편하도록 (레이어()) 목록에서 사진 '레이어 1'을 두 손가락으로 탭하고 화면을 왼쪽으로 쓸어서 불투명도를 '30%' 정도까지 조절합니다.

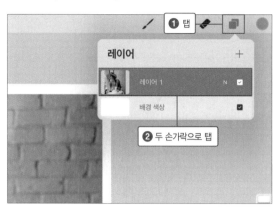

05 │ 드로잉하기 위해 (레이어()) 목록에서 (+) 버튼을 탭해 사진 '레이어 1' 위로 새 레이어를 추가합니다.

06 │ '더웬트' 브러시를 사용해 드로잉합니다. '더웬트'는 진한 연필의 질감을 표현하며 필압에 따라 선 굵기를 조절할 수 있어 자연스럽게 스케치한 느낌을 표현하기 좋은 브러시입니다.

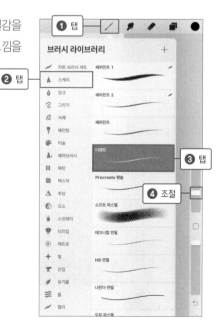

TIP 브러시 : 스케치 → 더웬트
브러시 크기 : 40%

07 〔색상(●)〕에서 '검은색'을 지정하고 얼굴부터 라인을 트레이싱합니다. 펜에 힘을 주었다 빼었다 하면서 선 굵기를 일정하지 않게 그릴수록 자유로운 느낌이 표현됩니다. 크로키를 하듯이 되도록 손을 떼지 않고 한 번에 이어서 그리고, 중요하지 않은 배경이나 다른 소품들은 과감하게 생략해 단순하게 표현합니다. 소품은 팔을 대고 있는 테이블 라인 한 줄과 컵 하나 정도만 그립니다.

08 라인을 모두 그렸다면 〔레이어(●)〕 목록에서 사진 '레이어 1'을 체크 해제해 캔버스에서 보이지 않게 합니다.

인물 명암 표현하기

01 그림에 약간의 명암을 표현하기 위해 〔레이어(●)〕 목록에서 〔+〕 버튼을 탭해 새 레이어를 추가합니다.

02 | 같은 브러시와 같은 색으로 머리와 옷을 칠하고 목 아래나 팔이 접히는 부분에 그림자를 그립니다. 너무 꼼꼼하게 칠하지 말고 내가 긋는 라인이 보이도록 대강 칠하는 것이 좋아요.

그리기

03 | 테이블의 그림자도 선으로 낙서하듯 자유롭게 표현합니다. 크로키 하는 느낌으로 펜을 떼지 않고 한 번에 대강 그린 듯 그리면 더욱 좋습니다.

그리기

04 | 드로잉이 끝나면 (레이어(▣)) 목록에서 라인을 그린 '레이어 3'과 채색한 '레이어 2'를 두 손가락으로 좁혀 하나의 레이어로 합치고 마무리합니다.

❶ 탭

레이어

❷ 레이어 합치기

레이어 3

레이어 1

배경 색상

TIP   드로잉이 끝난 다음 검은색으로 그린 라인 색을 변경하는 두 가지 방법

❶ 첫 번째는 '색상 균형'으로 라인 색을 조정하는 방법입니다. (조정(✏️) → 색상 균형)에서 하단에 표시되는 세 개의 슬라이더 바를 조절해 내가 그린 라인 색을 다양하게 변경할 수 있습니다.

❷ 두 번째는 '알파 채널 잠금'을 적용해 브러시로 채색하는 방법입니다. (레이어(🔲)) 목록에서 라인을 그린 '레이어 3'을 탭해 메뉴를 표시하고 (알파 채널 잠금)을 적용합니다. 그럼 우리가 그린 라인에서만 브러시를 사용할 수 있습니다(알파 채널 잠금 p.476 참고). (브러시(🖌️))를 탭해 (브러시 라이브러리)에서 색을 적용하기 편한 '서예 → 스크립트'를 선택하고, (색상(●))에서 원하는 색을 지정해 원하는 부분의 라인만 자유롭게 채색할 수 있습니다.

❸ 여러 가지 색을 바꿔가며 칠하면 알록달록한 라인을 가진 일러스트가 완성됩니다.

붓질 느낌의
인물 일러스트
그리기

- 난이도 : ★★★★
- 브러시 : 자토잉크, 아크릴
- 준비물 : 04\예제 사진 3.jpg, 01\자토 브러시 세트
- 키워드 : # 멀티태스킹 # 질감표현기법

Drawing
Style

윤곽선이 없는 인물 일러스트를 그립니다. 채색면에 붓질 질감을 표현할 수 있어요. 아이패드에 인물 사진과 프로크리에이트 앱을 같이 표시해 '멀티 태스킹' 기능도 사용해 볼까요?

멀티 태스킹 기능 사용하기

01 화면 분할을 통해 두 개 이상 앱을 동시에 사용할 수 있는 '멀티 태스킹' 기능을 실행해 볼까요? '멀티 태스킹' 기능을 사용하려면 아이패드 홈 화면 하단에 있는 독 바(Dock Bar)에 동시에 실행하고 싶은 앱들을 넣어야 합니다. 앱을 1초 정도 탭해 앱이 활성화되면 독 바로 끌어옵니다. 우리는 인물 사진을 열 '파일' 앱과 그림을 그릴 '프로크리에이트' 앱을 하단에 있는 독 바에 넣겠습니다.

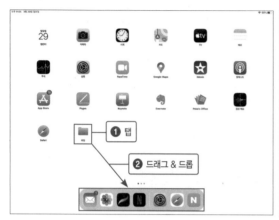

02 프로크리에이트 앱을 실행해 너비를 '150mm', 높이를 '200mm', DPI를 '300'으로 설정한 다음 (창작) 버튼을 탭합니다.

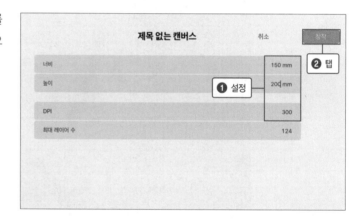

03 캔버스를 만들었다면 손가락으로 화면 아래쪽을 위로 살짝 쓸어 독 바(Dock Bar)를 표시합니다.

04 │ 독 바에 넣었던 '파일' 앱을 탭한 채로 화면 오른쪽 끝에 끌어옵니다.

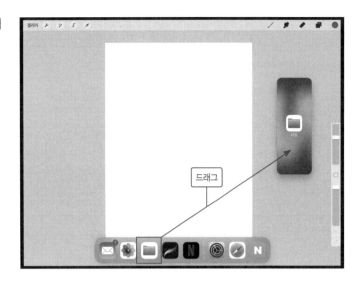

05 │ 화면이 분할되고 오른쪽 분할 화면이 검게 되었을 때 앱을 놓으면 '프로크리에이트' 앱과 '파일' 앱이 같이 표시됩니다.

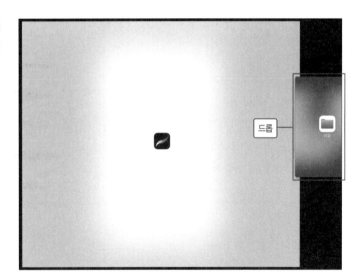

06 │ '파일' 앱 04 폴더에서 '예제 사진3.jpg' 파일을 탭합니다. '멀티 태스킹' 기능을 활용하면 사진뿐만 아니라 영상을 보거나 인터넷을 하면서 동시에 그림을 그릴 수 있습니다.

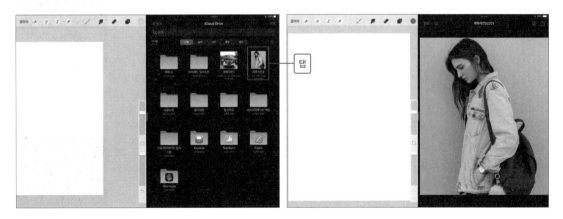

07 | 앱과 앱 사이에 (조절바)를 움직이면 분할 화면의 가로 비율도 조절할 수 있어요. 캔버스 사용이 편리하도록 사진 화면의 비율을 조금 줄였어요.

TIP (조절바)를 오른쪽 끝까지 쓸면 '파일' 앱 화면이 사라지고 '멀티 태스킹' 기능을 종료할 수 있습니다.

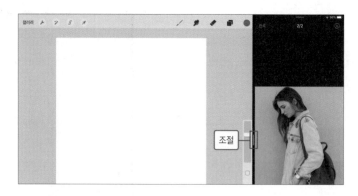

라인으로 인물 그리기

01 | 사진을 보면서 캔버스에 러프 스케치를 합니다. 얼굴과 목 라인을 먼저 그리고 헤어 → 몸 → 팔 → 가방 → 바지 순서로 그려 보세요. 트레이싱이 아니기 때문에 초보자는 막막하고 어렵게 느껴질 수 있어요. 처음은 모두 그렇습니다. 포기하지 말고 자신감 있게 펜을 움직여 주세요. 비율이나 모양이 사진과 아주 똑같지 않아도 괜찮아요. 이건 원하는 대로 표현할 수 있는 그림이니까요.

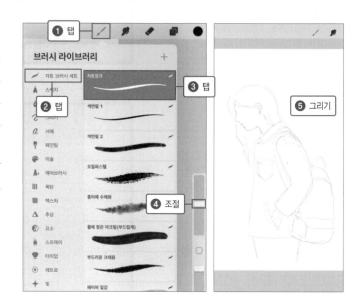

TIP 브러시 : 자토 브러시 세트 → 자토잉크   브러시 크기 : 30%

02 | 러프 스케치를 완료했으면 (변형(✐))에서 (균등)을 선택해 크기와 위치를 조절합니다.

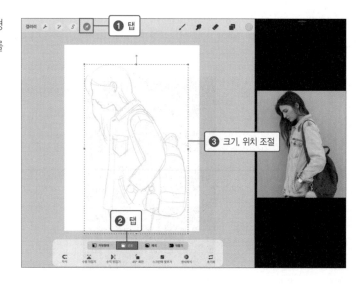

174

03 러프 스케치 라인이 희미하게 보이도록 불투명도를 조절합니다. (레이어(📋)) 목록에서 러프 스케치를 그린 '레이어 1'을 두 손가락으로 탭하고, 화면을 왼쪽으로 쓸어 불투명도를 '40%' 정도까지 조절합니다.

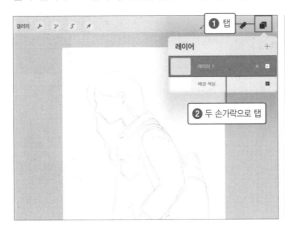
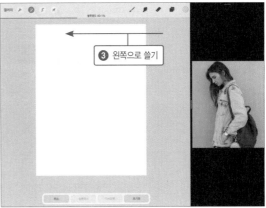

04 채색할 면의 레이어를 분리하며 라인을 그립니다. (레이어(📋))에서 (+) 버튼을 탭해 새 레이어를 추가합니다.

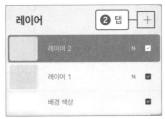

05 러프 스케치를 참고해 '살구색'으로 얼굴에서 목으로 이어지는 라인과 귀 라인을 그립니다.

06 〔레이어(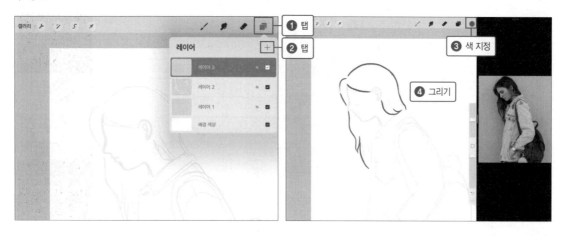)〕에서 〔+〕 버튼을 탭해 헤어를 그릴 새 레이어를 추가하고, '고동색'으로 헤어 라인을 자연스럽게 그려 주세요.

07 〔레이어(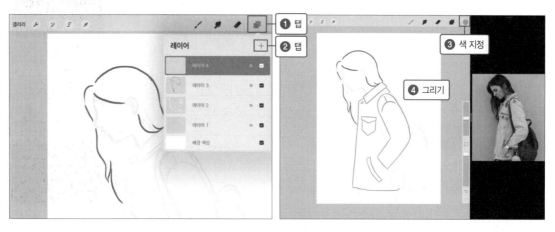)〕에서 〔+〕 버튼을 탭해 옷을 그릴 새 레이어를 추가하고, '하늘색'으로 청 재킷을 그려 주세요. 주머니와 주름 같은 디테일도 간단하게 표현하면 좋습니다.

08 〔레이어(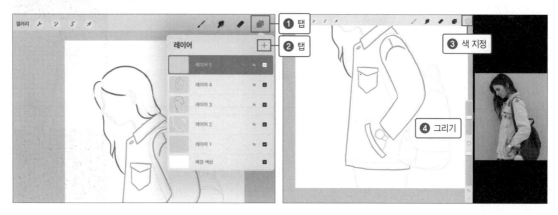)〕에서 〔+〕 버튼을 탭해 새 레이어를 추가하고, '살구색'으로 주머니에 넣은 손을 그립니다. '주황색'으로 손목시계도 그려 주세요.

09 〔레이어(■)〕에서 〔+〕 버튼을 탭해 새 레이어를 추가하고, '카키색'으로 배낭을 그립니다.

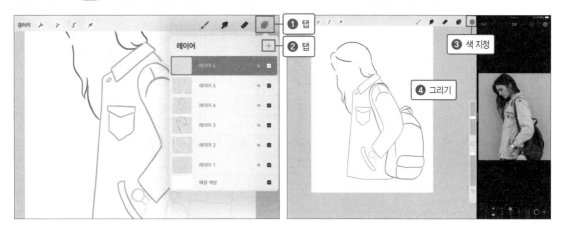

10 〔레이어(■)〕에서 〔+〕 버튼을 탭해 새 레이어를 추가하고, '분홍색'과 '회색'으로 가방에 달려 있는 열쇠고리도 그립니다.

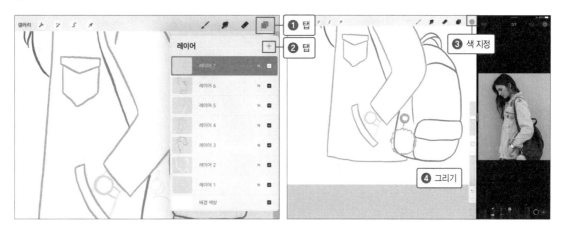

11 〔레이어(■)〕에서 〔+〕 버튼을 탭해 새 레이어를 추가하고, '갈색'으로 바지를 그립니다.

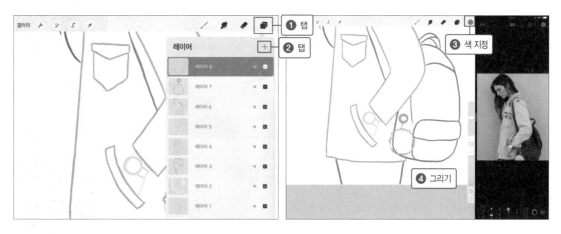

12 | 라인을 모두 그렸으면 (레이어(■)) 목록에서 러프 스케치를 그린 '레이어 1'을 왼쪽으로 쓸어 (삭제) 버튼을 탭합니다.

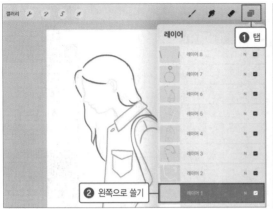

얼굴 채색하기

01 | 하나씩 채색합니다. (레이어(■)) 목록에서 얼굴 라인을 그린 '레이어 2'를 선택합니다.

02 | 라인과 같은 '살구색'으로 얼굴 면 전체를 채색해 주세요. 사이드 바 중간에 있는 (네모)를 탭해 '스포이드' 기능을 사용하면 아까 사용한 살구색을 선택할 수 있어요. 헤어 라인 조금 위쪽까지 채색해야 나중에 헤어를 자연스럽게 채색할 수 있습니다.

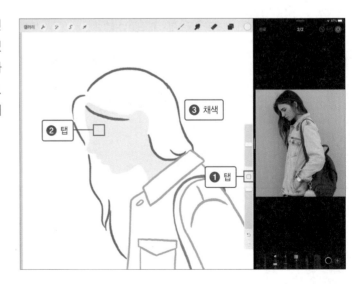

03 채색면에 질감을 표현하기 위해 (레이어(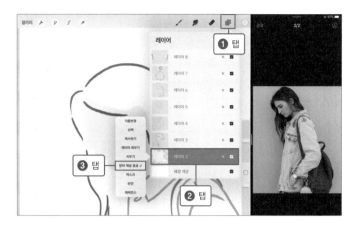)) 목록에서 얼굴을 그린 '레이어 2'를 탭해 메뉴를 표시하고 (알파 채널 잠금)을 적용합니다.

> **TIP** '알파 채널 잠금'은 해당 레이어에 그림이 그려진 부분에서만 브러시 사용이 가능하도록 배경을 잠그는 기능이었습니다. 따라서 그림을 그린 부분에만 추가로 텍스처나 음영을 표현하고 싶을 때 사용하면 편리해요(알파 채널 잠금 p.476 참고).

04 '아크릴' 브러시로 변경하고 질감이 느껴지도록 조금 더 '진한 살구색'으로 채색면을 덧칠합니다. '알파 채널 잠금'이 적용되어 있기 때문에 채색면 밖으로는 칠해지지 않아 편리해요.

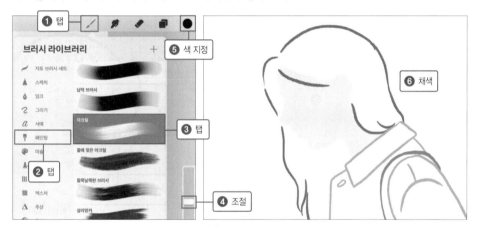

TIP **브러시** : 페인팅 → 아크릴 **브러시 크기** : 8%

05 조금 '붉은색'으로 볼과 목의 그늘진 부분을 덧칠해 주세요. '흰색'으로 이마와 코 끝을 살짝 덧칠해 명암을 표현합니다.

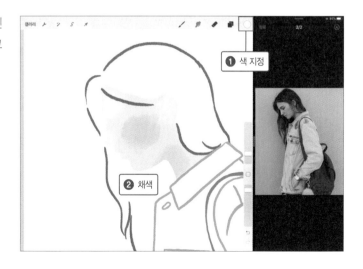

06 [스머지(✐))]를 탭해 '니코 롤'을 선택합니다. '스머지'는 문질러서 색을 섞거나 번지게 할 때 사용하는 툴이었습니다. 얼굴 덧칠로 생긴 색의 경계선 부분을 조심스럽게 문질러 색이 자연스럽게 퍼지게 합니다.

TIP 브러시 : 페인팅 → 니코 롤
브러시 크기 : 3%

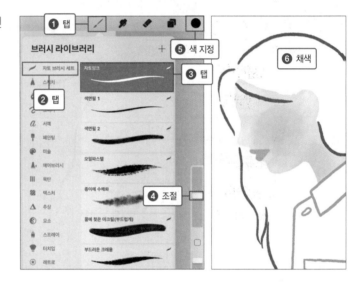

07 브러시를 '자토잉크'로 변경하고 진한 색으로 입술을 채색해 주세요.

TIP 브러시 : 자토 브러시 세트
→ 자토잉크
브러시 크기 : 30%

08 입술 색보다 조금 밝은 색으로 지정해 입술을 살짝 덧칠하고 빛의 반사도 표현합니다.

09 | 같은 색으로 귀 라인도 그려 주세요.

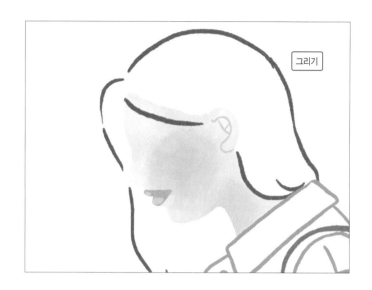

10 | '회색'과 '흰색'으로 작은 귀걸이들도 그립니다.

11 | 눈썹과 눈은 헤어 색과 같으면 자연스러워요. 사이드 바 중간에 있는 〔네모〕를 탭한 다음 〔스포이드〕로 헤어 색을 탭해 채색해 주세요. 눈썹과 반쯤 뜨고 있는 모양의 눈꺼풀, 눈동자를 그린 다음 '흰색'으로 흰자를 채색합니다.

TIP 일러스트에서 눈 모양은 작가의 개성이 가장 잘 표현되는 부분 중 하나입니다. 자유롭게 원하는 모양으로 그려도 좋아요.

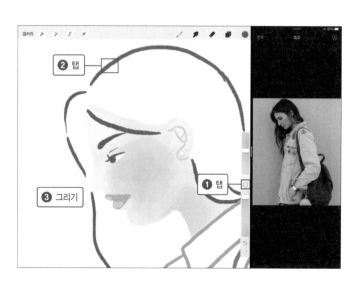

헤어 채색하기

01 | 헤어를 채색해 볼까요? (레이어(■))
목록에서 헤어 라인을 그린 '레이어 3'을 선
택합니다.

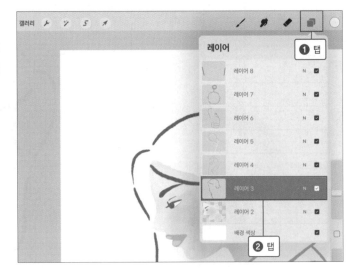

02 | 사이드 바 중간에 있는 (네모)를 탭
한 다음 (스포이드)로 헤어 라인 색을 탭해
같은 색으로 전체 면을 채색합니다. 자연스
러운 곡선으로 헤어 형태를 잡으며 채색해
주세요.

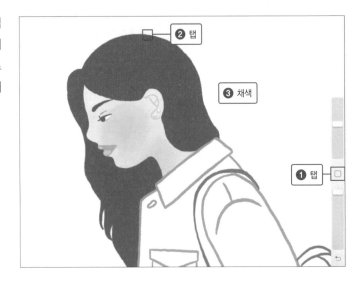

03 | 귀 옆으로 내려온 머리카락도 몇 가
닥 그려 자연스럽게 표현해 주세요.

04 헤어에도 질감을 표현하기 위해 (레이어(■)) 목록에서 헤어를 그린 '레이어 3'을 탭해 메뉴를 표시하고 (알파 채널 잠금)을 적용합니다.

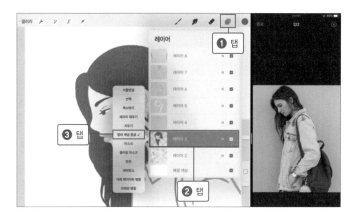

05 '아크릴' 브러시로 변경하고 헤어 색보다 밝은 '고동색'을 지정해 주세요. 헤어 방향을 따라 덧칠하면 흘러내리는 머리카락 질감이 자연스럽게 표현됩니다.

TIP 브러시 : 페인팅 → 아크릴　브러시 크기 : 8%

06 명암을 표현하기 위해 더 밝은 색으로 지정해서 한 번 더 덧칠해 주세요.

옷 채색하기

01 헤어 채색이 끝났으면 (레이어(▣)) 목록에서 청 재킷 라인을 그린 '레이어 4'를 선택합니다.

02 옷깃, 주머니, 팔 부분을 제외하고 옷 전체 면을 채색해 보세요. 사이드 바 중간에 있는 (네모)를 탭한 다음 (스포이드)로 청 재킷 라인 색을 탭해 같은 색으로 채색합니다.

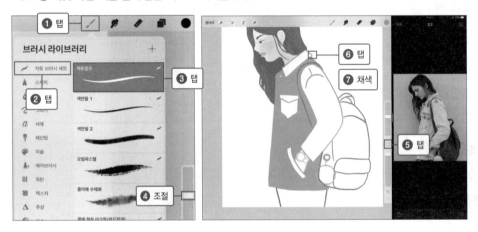

TIP 브러시 : 자토 브러시 세트 → 자토잉크   브러시 크기 : 30%

03 '연한 하늘색'으로 지정해 채색 안한 나머지 부분을 채색합니다.

04 옷에도 붓질한 질감을 표현하기 위해 (레이어(▣)) 목록에서 옷을 그린 '레이어 4'를 탭해 메뉴를 표시하고 (알파 채널 잠금)을 적용합니다.

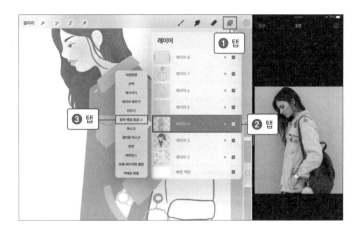

05 '아크릴' 브러시로 변경하고 옷깃, 주머니, 팔 부분을 제외한 전체 면을 덧칠합니다.

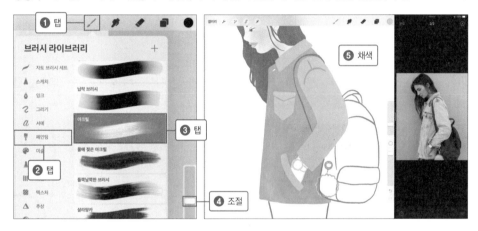

TIP 브러시 : 페인팅 → 아크릴　**브러시 크기** : 8%

06 조금 더 밝은 '하늘색'을 선택해 옷깃, 주머니, 팔 부분도 덧칠합니다. 특히 어깨나 팔꿈치 부분을 밝게 덧칠하면 자연스럽게 명암이 표현됩니다.

07 | '자토잉크'로 변경하고 '파란색'으로 지정합니다. 사진을 보며 청 재킷의 디테일한 부분을 라인으로 그려 주세요.

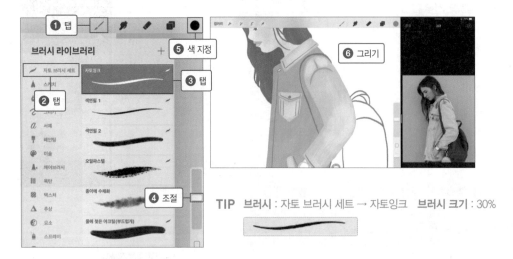

TIP 브러시 : 자토 브러시 세트 → 자토잉크   브러시 크기 : 30%

액세서리와 가방 채색하기

01 | [레이어([])] 목록에서 손의 라인과 손목시계를 그린 '레이어 5'를 선택합니다. 사이드 바 중간에 있는 [네모]를 탭한 다음 [스포이드]로 손과 손목시계 라인의 색을 탭해 같은 색으로 채색해 주세요.

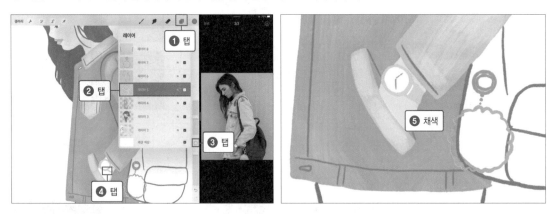

02 | [레이어([])] 목록에서 가방 라인을 그린 '레이어 6'을 선택합니다. 사이드 바 중간에 있는 [네모]를 탭한 다음 [스포이드]로 가방 라인 색을 탭합니다. 가방 앞주머니와 가방 손잡이 끈이 뒤집어진 부분을 제외한 나머지 부분을 가방 라인 색과 같은 색으로 채색해 주세요.

03 | 가방보다 조금 밝은 색으로 지정해 앞주머니와 뒤집어진 손잡이 끈도 채색합니다.

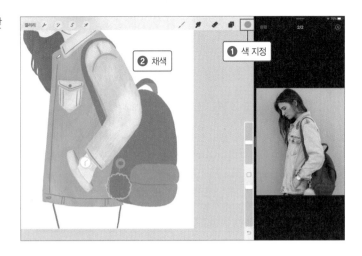

04 | 가방 채색면에 질감을 표현하기 위해 (레이어(■)) 목록에서 가방을 그린 '레이어 6'을 탭해 메뉴를 표시하고 (알파 채널 잠금)을 적용합니다.

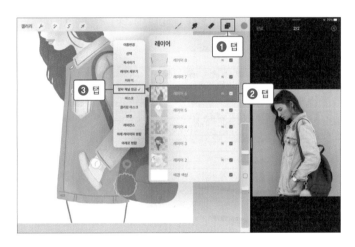

05 | '아크릴' 브러시로 변경합니다. 앞주머니와 뒤집어진 손잡이 끈 부분을 제외하고 붓질한 질감이 표현되도록 덧칠해주세요.

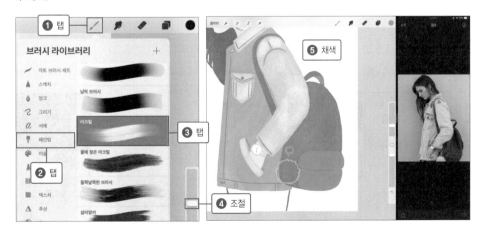

TIP 브러시 : 페인팅 → 아크릴   **브러시 크기** : 8%

06 | 앞주머니는 가방을 채색한 '카키색'으로 덧칠합니다.

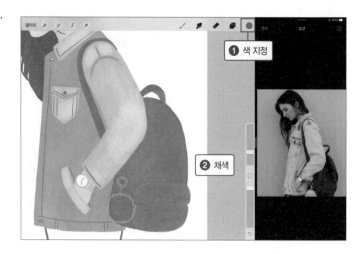

07 | '자토잉크'로 변경하고 가방 색보다 '진한 초록색'으로 지정해 가방의 디테일한 부분을 라인으로 간단하게 그려 표현해 주세요.

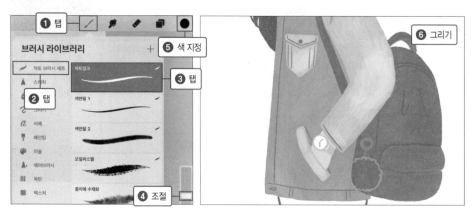

TIP 브러시 : 자토 브러시 세트 → 자토잉크 **브러시 크기** : 30%

08 | (레이어(▣)) 목록에서 열쇠고리 라인을 그린 '레이어 7'을 선택합니다. 사이드 바 중간에 있는 (네모)를 탭한 다음 (스포이드)로 열쇠고리 라인 색을 탭해 같은 색으로 채색합니다. '흰색'으로 고리 부분 라인을 한 번 더 그립니다.

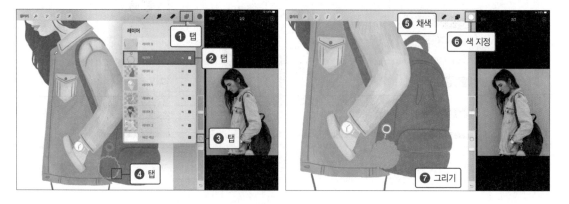

09 열쇠고리에도 질감을 표현합니다. 〔레이어(⬛)〕 목록에서 열쇠고리를 그린 '레이어 7'을 탭해 메뉴를 표시하고 〔알파 채널 잠금〕을 적용합니다.

10 '아크릴' 브러시로 변경하고 밝은 '분홍색'으로 덧칠해 질감을 표현합니다.

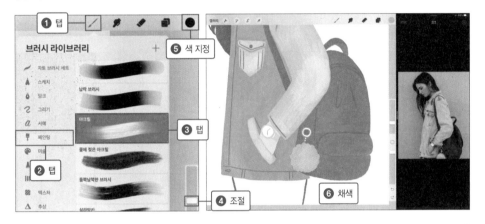

TIP 브러시 : 페인팅 → 아크릴   **브러시 크기** : 8%

바지 채색하기

01 '자토잉크' 브러시로 변경하고 〔레이어(⬛)〕 목록에서 바지 라인을 그린 '레이어 8'을 선택합니다. 사이드 바 중간에 있는 〔네모〕를 탭하고 〔스포이드〕로 바지 라인 색을 탭해 같은 색으로 채색합니다.

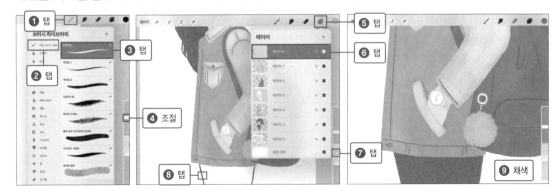

TIP 브러시 : 자토 브러시 세트 → 자토잉크   **브러시 크기** : 30%

02 바지 채색면에도 질감을 표현하기
위해 [레이어(⬛)] 목록에서 바지를 그린
'레이어 8'을 탭해 메뉴를 표시하고 [알파 채
널 잠금]을 적용합니다.

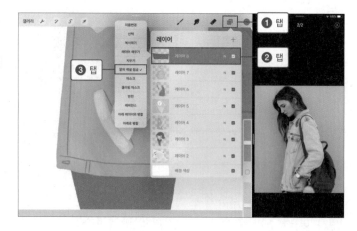

03 '아크릴' 브러시로 변경하고 어두운 '갈색'으로 덧칠해 질감을 표현합니다.

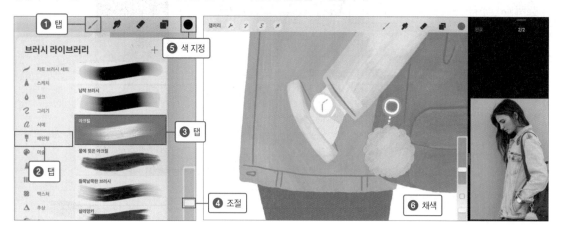

TIP 브러시 : 페인팅 → 아크릴   브러시 크기 : 8%

배경 채색하기

01 인물 채색이 모두 끝났으면 [레이어
(⬛)]에서 [+] 버튼을 탭해 배경색을 넣을
새 레이어를 추가합니다. 추가한 레이어를
탭해 펜을 떼지 않고 가장 아래로 드래그해
이동해 주세요.

02 사진과 같이 두 가지 색으로 배경을 나눠 채색해 볼까요? '파란색'으로 가운데 수직선을 긋습니다. 수직선이 인물에 가려 보이지 않아도 캔버스 아래 끝까지 이어서 긋습니다.

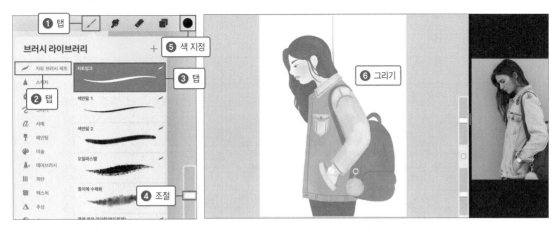

TIP 브러시 : 자토 브러시 세트 → 자토잉크 **브러시 크기** : 30%

03 [색상 원(●)]을 끌어와 왼쪽 면을 수직선과 같은 색으로 채웁니다. 파란색으로 그린 수직선에 빈틈이 있거나 끊어진 부분이 있으면 색이 밖으로 모두 빠져나가요.

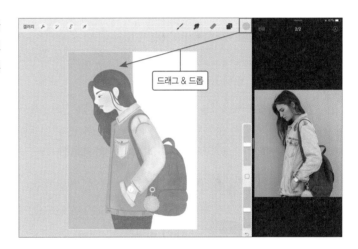

04 색을 지정하고 [색상 원(●)]을 오른쪽 면으로 끌어와 색을 채웁니다.

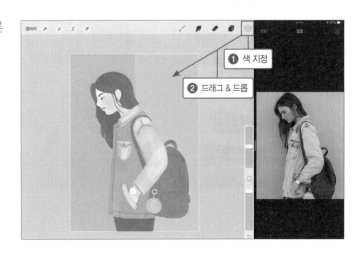

05 두 가지 색으로 나눈 배경도 덧칠해 질감을 표현합니다. 하나의 레이어에 두 면을 모두 채색했기 때문에 '알파 채널 잠금'을 적용해도 소용이 없습니다. 이럴 때는 (선택(S) → 자동)을 선택한 다음 덧칠할 면을 탭합니다. 색으로 나눠져 있는 면은 자동으로 지정할 수 있어요. 먼저 오른쪽 면을 탭해요. 오른쪽 면을 탭하면 오른쪽 면이 어둡게 변경되며 지정된 것을 확인할 수 있습니다.

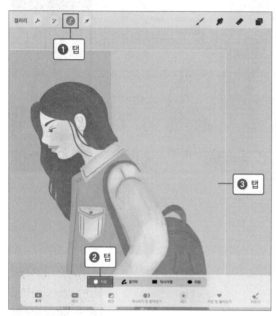

06 이 상태로 (브러시($\nearrow$))를 탭하면 선택하지 않은 왼쪽 면에만 빗금이 표시되는 걸 확인할 수 있어요. 빗금이 표시된 곳은 비활성화되었다는 뜻이에요. 우리가 선택한 오른쪽 면에만 브러시를 사용할 수 있는 상태입니다. 오른쪽 배경색보다 조금 진한 색으로 지정하고 브러시로 덧칠해 질감을 표현합니다.

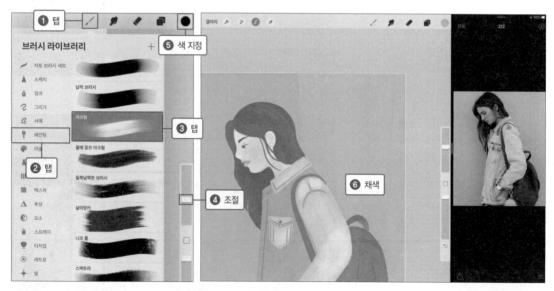

TIP 브러시 : 페인팅 → 아크릴   브러시 크기 : 8%

07 같은 방법으로 왼쪽 면을 덧칠해 볼까요? (선택(⑤) → 자동)을 선택한 다음 왼쪽 면을 탭합니다. 배경색보다 진한 '파란색'으로 지정하고, 왼쪽 면을 덧칠해 질감을 표현합니다.

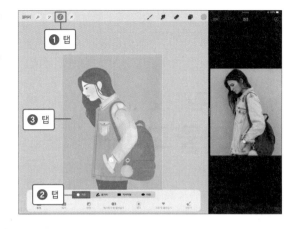

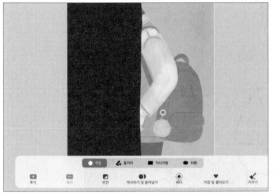

08 새로운 인물 드로잉을 완료했어요. 마지막으로 앱과 앱 사이의 (조절바)를 오른쪽 끝까지 쓸어 '파일' 앱을 종료하고 마무리합니다.

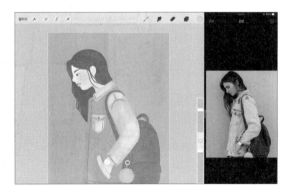

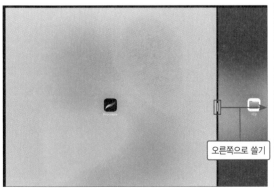

캐릭터화하여
인물 그리기

- 난이도 : ★★★★
- 브러시 : 자토잉크, 스크립트, 격자
- 준비물 : 01\자토 브러시 세트
- 키워드 : # 인물캐릭터 # 배경무늬

iPad Drawing

Drawing
Style

인물의 특징을 살려서 캐릭터처럼 그리면 어떨까요? 단순하지만 개성은 살아 있는 캐릭터면 재미있을 거예요. 몸의 기본 비율을 이용해 밑그림을 그리고, 그 위에 살을 붙여 드로잉하면 안정감 있게 캐릭터를 그릴 수 있어요. 함께 연습해 볼까요?

인물 뼈대 그리기

01 │ 너비를 '150mm', 높이를 '180mm', DPI를 '300'으로 설정한 다음 (창작) 버튼을 탭합니다.

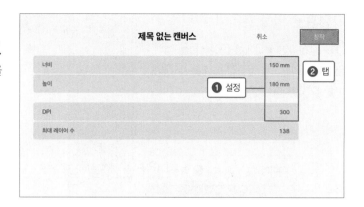

02 │ 머리 → 목 → 몸통 → 팔 → 다리 순서로 몸의 기본 비율을 단순하게 그립니다. 머리와 몸통은 면으로 그려 표현하고, 팔과 다리는 인물의 동작을 살려 라인으로 그려 주세요. 손과 발의 모양도 방향에 맞추어 그리면 좋아요. 밑그림이니까 가벼운 마음으로 슥슥 그려 주세요.

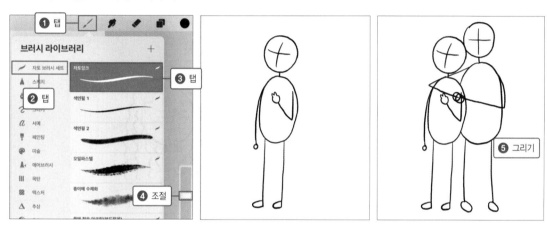

TIP 브러시 : 자토 브러시 세트 → 자토잉크 **브러시 크기** : 25%

03 │ 밑그림을 완성했으면 (레이어(▣))에서 밑그림을 그린 '레이어 1'을 두 손가락으로 탭하고 화면을 왼쪽으로 쓸어 불투명도를 '20%' 정도까지 조절합니다.

라인으로 인물 그리기

01 〔레이어(⬛)〕에서 〔+〕 버튼을 탭해 밑그림을 바탕으로 윤곽선을 그릴 새 레이어를 추가합니다.

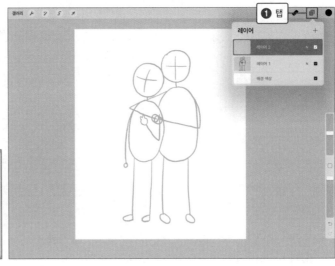

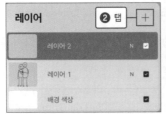

02 여자의 얼굴과 목 라인을 그리고 얼굴 위부터 어깨까지 내려오는 곱슬머리를 그립니다. 곱슬머리는 짧고 구불거리는 선으로 자유롭게 표현해 주세요.

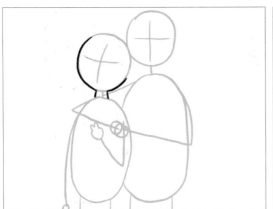 

그리기

03 뼈대 위로 살을 붙이고 옷을 입혔다는 느낌으로 몸을 그려 주세요. 밑그림으로 뼈대를 잡았기 때문에 그냥 그릴 때보다 안정적으로 동작을 표현할 수 있어요. 손 모양이나 운동화는 간단하게 그립니다.

그리기

04 얼굴에 눈, 코, 입을 자유롭게 그려 주세요. 캐릭터처럼 만들기 위해서는 단순하게 그리는 것이 좋아요. 눈꺼풀이 살짝 내려온 동그란 모양으로 눈을 그리고, 사진 속 표정을 따라 살짝 미소를 띠고 있는 입을 그립니다. 목걸이와 팔찌 등도 간단하게 그려보세요.

05 오른쪽에 서 있는 남자를 그립니다. 여자 몸과 겹치는 부분을 그릴 때 헷갈리지 않도록 [레이어(■)]에서 여자를 그린 '레이어 2'를 두 손가락으로 탭하고, 화면을 왼쪽으로 쓸어 불투명도를 '35%' 정도까지 조절합니다.

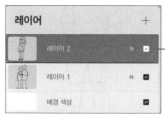

06 [레이어(■)]에서 [+] 버튼을 탭해 남자 캐릭터를 그릴 새 레이어를 추가합니다.

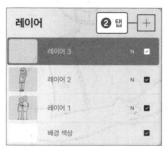

07 여자 얼굴 뒤로 이어지는 남자 얼굴 라인을 그리고, 귀와 헤어를 차례대로 그립니다. 사진 속 남자 헤어를 가장 단순하게 표현하도록 노력해 보세요.

08 남자 캐릭터도 뼈대를 따라 살을 붙이고 옷을 입힌다는 느낌으로 천천히 몸을 그립니다. 여자를 팔로 감싸고 있는 포즈라서 상체에 겹치는 라인이 있지만, 일단 신경 쓰지 않고 그립니다. 남자가 뒤에 서 있기 때문에 여자 몸에 의해 가려진 부분들은 잘 생략하며 그려 주세요.

09 얼굴에 눈, 코, 입, 수염을 단순하게 그려 주세요. 여자 캐릭터와 동일하게 동그란 모양으로 눈을 그렸지만 눈꺼풀은 그리지 않아요. 목걸이 등의 디테일도 간단하게 표현합니다.

10 | 남자 캐릭터의 윤곽선까지 모두 그렸으면 (레이어(⬛)) 목록에서 인물의 뼈대를 그린 '레이어 1'을 체크 해제해 캔버스에서 보이지 않게 합니다.

11 | (레이어(⬛))에서 여자 캐릭터를 그린 '레이어 2'를 두 손가락으로 탭하고 화면을 오른쪽으로 쓸어 불투명도를 다시 '100%'로 조절합니다.

12 | 남자 팔 부분에 겹치는 라인들을 (지우개(✎))로 지워 정리합니다.

인물 채색하기

01 〔레이어(▣)〕에서 〔+〕 버튼을 탭해 두 캐릭터 레이어 아래 채색할 새 레이어를 추가합니다.

02 여자 캐릭터의 헤어를 채색해 주세요. 이마 라인도 자연스럽게 구불구불한 모양으로 채색합니다.

TIP 브러시 : 서예 → 스크립트   브러시 크기 : 20%

03 〔레이어(▣)〕에서 〔+〕 버튼을 탭해 헤어를 채색한 '레이어 4' 아래 새 레이어를 추가합니다. 남은 부분을 모두 채색합니다. 옷 무늬를 살리면서 최대한 단순하게 표현할수록 좋아요.

04 〔레이어(▣)〕에서 〔+〕 버튼을 탭해 가장 아래 배경색을 넣을 새 레이어를 추가합니다.

05 〔색상 원(●)〕을 캔버스에 끌어와 원하는 배경색을 채웁니다. 캔버스가 흰색일 때는 몰랐지만 캐릭터 얼굴 등 흰색으로 채색해야 할 부분들이 보일 거예요.

06 〔레이어(▣)〕에서 〔+〕 버튼을 탭해 배경색을 채운 '레이어 6' 바로 위에 새 레이어를 추가하고, '흰색'으로 채색이 안 된 부분들을 깔끔하게 채색합니다.

배경 채색하기

01 채색을 모두 완료했으면 배경에 무 늬를 넣어 볼게요. (레이어(■))에서 (+) 버튼을 탭해 배경색을 채운 '레이어 6' 바로 위에 새 레이어를 추가합니다.

02 '격자' 브러시로 변경하고 배경색보다 조금 밝은 색을 지정해 캔버스를 문지릅니다. 이때 격자무늬로 배경을 모두 채울 때까지 펜을 화면에서 떼지 않고 그려야 격자가 겹쳐지지 않아요. 격자뿐만 아니라 다른 브러시들로도 이렇게 배경 무늬를 간편하게 넣을 수 있어요.

TIP 브러시 : 텍스처 → 격자 **브러시 크기** : 45%

03 '스크립트' 브러시로 변경해 배경에 하트를 추가로 그리고 마무리합니다. 이제 연습이 끝났으니 여러분들 사진으로 도 캐릭터 일러스트에 도전해 보세요. 가족과 친구들 사진으로 완성한다면 정말 뜻깊은 작품이 될 거예요.

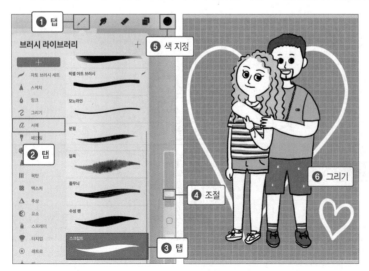

TIP 브러시 : 서예 → 스크립트
브러시 크기 : 20%

곱슬곱슬 털 질감을 표현한 푸들 얼굴 그리기

- **난이도** : ★★★★
- **브러시** : 모노라인, 세이블, 소프트 에어브러시, 카퍼헤드, 잔가지
- **준비물** : 0\자토 팔레트 1
- **키워드** : # 동물 # 털표현기법

Drawing Style

이번에 그릴 사랑스러운 친구의 이름은 '뿌나'입니다. 뿌나는 곱슬곱슬하고 풍성한 갈색 털을 가지고 있어요. 이런 친구의 털을 한 올 한 올 표현할 때 사용하기 좋은 브러시들을 소개합니다. 당장 뿌나의 귀여운 얼굴을 그려 보세요.

푸들 얼굴 밑그림 그리기

01 너비를 '100mm', 높이를 '100mm', DPI를 '300'으로 설정한 다음 (창작) 버튼을 탭합니다.

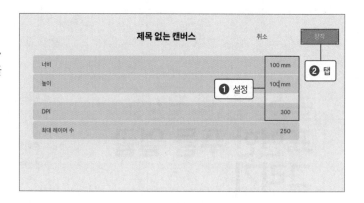

02 도형으로 간단하게 밑그림을 그려 주세요. 캔버스 가운데 동그라미로 얼굴 형태를 그립니다. 밑그림이기 때문에 완벽한 모양이 아니어도 괜찮아요.

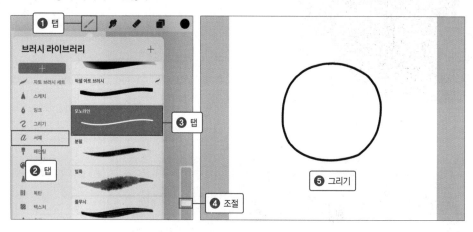

TIP 브러시 : 서예 → 모노라인   **브러시 크기** : 20%

03 동그라미 아래쪽에 납작한 원을 그려서 튀어나온 입을 표현합니다.

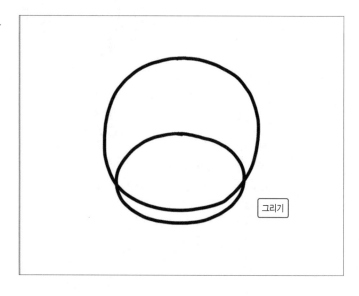

04 │ 얼굴 양쪽에 달린 귀를 그려요.

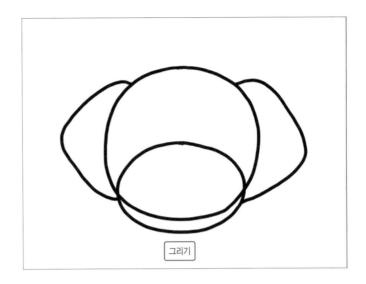

05 │ 눈과 코의 위치도 잡아 단순하게 그립니다.

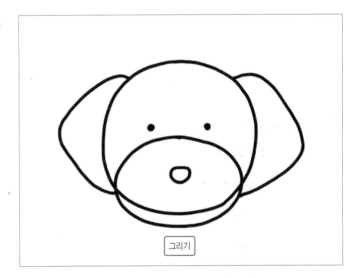

06 │ 밑그림을 완성했으면 (레이어(⬛)) 목록에서 밑그림을 그린 '레이어 1'을 두 손가락으로 탭한 다음 화면을 왼쪽으로 쓸어, 밑그림이 희미하게 보이도록 불투명도를 '15%' 정도까지 조절합니다.

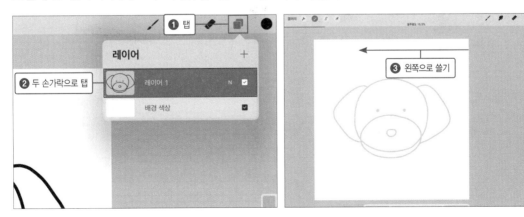

푸들 얼굴 채색하기

01 | (레이어(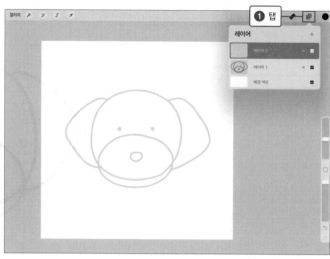))에서 (+) 버튼을 탭해 밑그림을 그린 '레이어 1' 위에 채색할 새 레이어를 추가합니다.

02 | '세이블' 브러시를 선택하고 '연한 갈색'으로 푸들 눈 사이부터 조금씩 채색합니다. 저와 같은 색감을 표현하고 싶다면 다운받은 '자토 팔레트 1'을 사용해 주세요(자토 팔레트 다운받기 p.28~29 참고). 뭉개며 채색하지 말고 얼굴 털의 방향과 길이를 생각하며 브러시를 짧게 끊어 얼굴 전체 면을 채색합니다. 채색면 사이사이 빈틈이 생겨도 좋아요.

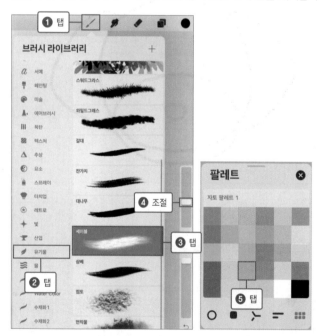

TIP 브러시 : 유기물 → 세이블
브러시 크기 : 15%
색상 : 자토 팔레트 1 → 21번 색상

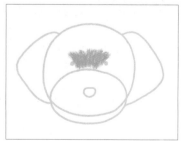

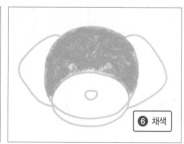

03 | 입도 같은 방법으로 채색합니다. 코 위 가운데 부분부터 양쪽으로 뻗어나가듯 채색하면 털 방향을 잡기 좋습니다.

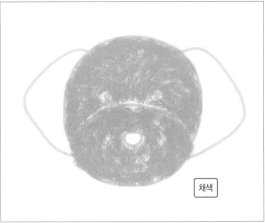

04 | 양쪽 귀를 채색합니다. 한 번에 뭉개서 채색하지 않고 방향을 생각해 짧게 끊으며 풍성한 털 느낌을 최대한 표현합니다.

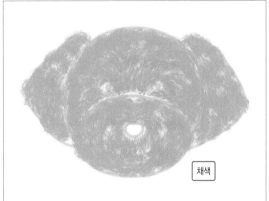

05 | 전체적으로 채색을 한 번 완료하면 [레이어(■)] 목록에서 밑그림을 그린 '레이어 1'은 체크 해제해 캔버스에서 보이지 않게 합니다.

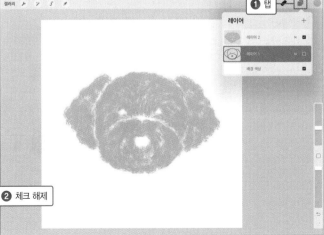

푸들 눈과 코 채색하기

01 | 〔레이어(▣)〕에서 〔+〕 버튼을 탭해
채색한 '레이어 2' 위에 눈과 코를 그릴 새
레이어를 추가합니다.

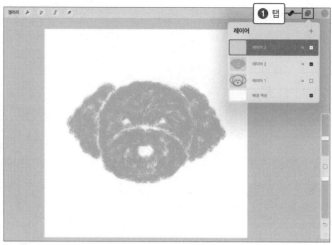

02 | '검은색'으로 양쪽 눈을 동그랗게 그려 채색합니다.

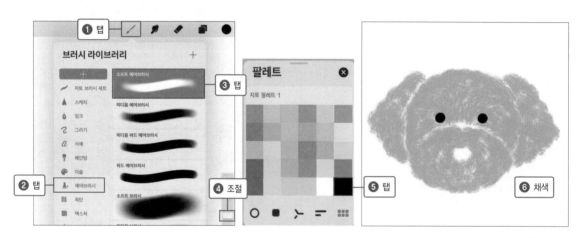

TIP **브러시** : 에어브러시 → 소프트 에어브러시 **브러시 크기** : 5% **색상** : 자토 팔레트 1 → 30번 색상

03 | '흰색'으로 눈동자의 반사 빛을
그려 생동감을 줍니다. 반사 빛은 같은
방향으로 양쪽 눈동자에 그려야 자연
스럽습니다. 눈동자 오른쪽 상단에 그
려 주세요.

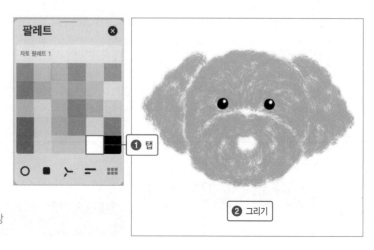

TIP **색상** : 자토 팔레트 1 → 29번 색상

04 │ 입 중앙에 코도 둥글게 그리고
채색합니다.

TIP **색상** : 자토 팔레트 1 → 22번 색상

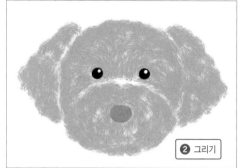

05 │ 조금 진한 색으로 코에 양쪽
콧구멍을 그리고, 양쪽 콧구멍 가운데
갈라진 선도 긋습니다.

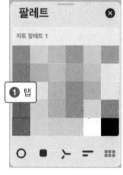

TIP **색상** : 자토 팔레트 1 → 25번 색상

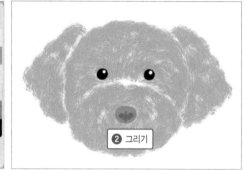

06 │ 밝은 색으로 코 윗부분을 살짝
덧칠해 반사 빛을 표현합니다.

TIP **색상** : 자토 팔레트 1 → 23번 색상

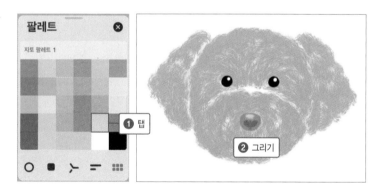

푸들 털 질감 표현하기

01 │ [레이어(■)]에서 [+] 버튼을 탭해
털을 덧칠할 새 레이어를 추가합니다.

02 | '카퍼헤드' 브러시로 변경해 덧칠합니다. 눈 사이부터 털의 방향과 길이를 생각하며 짧고 구불거리는 선을 그려 면을 채우듯 채색합니다. 전체 면을 채색하지 말고 명암을 표현한다는 느낌으로 듬성듬성 덧칠해 주세요. 선을 긋고 펜을 떼기 전에 힘을 빼서 끝 부분이 얇게 마무리되도록 그리면 털 느낌이 더 자연스럽게 표현됩니다.

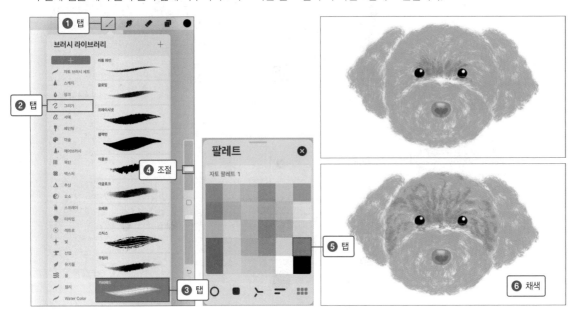

TIP 브러시 : 그리기 → 카퍼헤드　**브러시 크기** : 8%　**색상** : 자토 팔레트 1 → 24번 색상　

03 | 입 부분도 코 위부터 짧고 구불구불한 선을 그리며 채워 주세요.

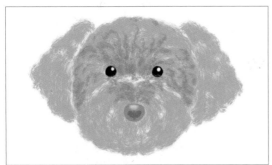 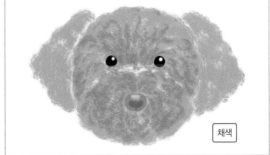

04 | 양쪽 귀 아래쪽을 위주로 구불구불한 선을 그려 주세요. 위쪽은 아예 덧칠하지 않아요.

05 더 가볍고 가는 선을 표현할 수 있는 '잔가지' 브러시로 변경하고, '진한 갈색'으로 털을 더 표현해요. '잔가지' 브러시는 가느다란 선이 여러 가닥으로 그려져 털 느낌이 잘 표현됩니다. 동그란 얼굴의 윤곽을 살리기 위해 입과 얼굴의 경계선 부분을 중심으로 짧고 구불거리는 선을 추가로 그립니다.

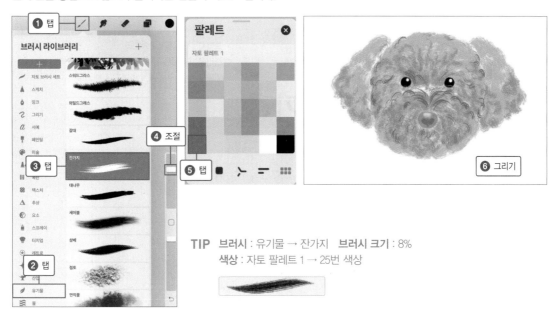

TIP **브러시** : 유기물 → 잔가지 **브러시 크기** : 8%
　　色상 : 자토 팔레트 1 → 25번 색상

06 양쪽 귀 아래쪽에도 털 느낌을 표현하며 구불구불한 선을 듬성듬성 그립니다.

07 밝은 색으로 지정해 전체적으로 짧고 곱슬곱슬한 털을 추가로 그려 마무리합니다. 털 질감을 표현한 푸들 얼굴을 완성했어요.

TIP **색상** : 자토 팔레트 1 → 26번 색상

텍스트를 사용하여
나의 반려견
사랑스럽게 그리기

● 난이도 : ★ ★ ★
● 브러시 : 자토잉크, 스펙트라
● 준비물 : 04\예제 사진 4.jpg, 01\자토 브러시 세트
● 키워드 : # 스포이드 # 스머지 # 텍스트

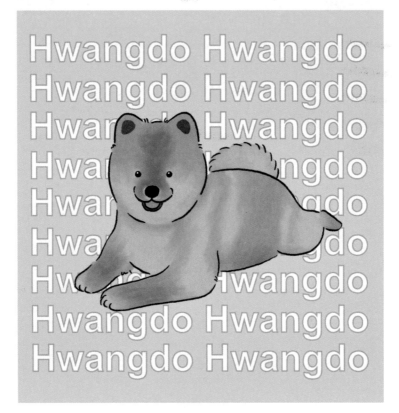

Drawing
Style

앙증맞은 이 친구 이름은 황도입니다. 황도는 포메라니안인데요. 곰돌이처럼 미용한 모습이 정말 귀엽습니다. 이번에는 반려견을 쉽고 단순하게 그리면서 특징을 잘 살려 캐릭터처럼 표현해 볼까요? 그리고 프로크리에이트에서 텍스트를 사용하는 방법도 알아봅니다.

라인으로 강아지 그리기

01 갤러리 화면에서 (가져오기)를 탭해 04 폴더에서 '예제 사진 4.jpg' 파일을 불러옵니다.

02 (레이어(■)) 목록에서 사진 '레이어 1'을 두 손가락으로 탭하고 화면을 왼쪽으로 쓸어, 사진의 불투명도를 '50%' 정도까지 조절합니다.

03 (레이어(■))에서 (+) 버튼을 탭해 사진 '레이어 1' 위에 황도의 윤곽선을 그릴 새 레이어를 추가합니다.

04 │ 사진 속 황도의 얼굴과 바디 라인을 따라 윤곽선을 그려 주세요. 라인을 둥글둥글 부드럽게 그려서 귀여움을 표현해 주세요. 라인 중간을 끊고 자연스럽게 튀어나온 털을 그리는 것이 포인트예요. 꼬리는 한 번에 라인을 이어 그리지 말고 털들을 짧게 그려 주면 좋습니다.

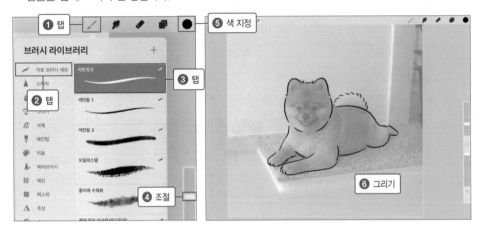

TIP 브러시 : 자토 브러시 세트 → 자토잉크　**브러시 크기** : 10%

05 │ 눈, 코, 입도 위치에 맞춰 귀엽게 그려 주세요. 눈동자에는 '흰색'으로 반사 빛도 그려 황도의 똘망똘망한 눈을 표현합니다.

06 │ 윤곽선을 완성했으면 (레이어(⬛)) 목록에서 사진 '레이어 1'을 두 손가락으로 탭하고, 화면을 오른쪽으로 쓸어 불투명도를 다시 '100%'로 조절합니다.

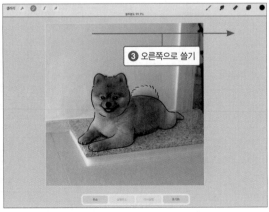

07 [변형(↗)→ 균등]을 선택합니다. 사진 크기를 줄이고 위치를 윤곽선과 겹치지 않는 왼쪽 상단으로 이동해 주세요. 이렇게 두면 그리는 동안 사진을 계속 참고할 수 있습니다.

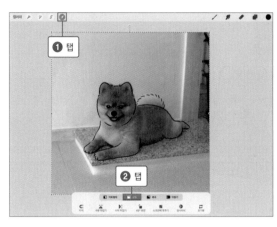

강아지 채색하기

01 [레이어(▣)]에서 [+] 버튼을 탭해 채색할 새 레이어를 추가합니다. 채색 레이어는 항상 윤곽선 레이어 아래 있어야 해요.

02 '스포이드'를 사용해 사진 속 황도의 털색을 직접 추출해요. 사이드 바 중간에 있는 [네모]를 탭하고 원하는 부분을 탭하면 오른쪽과 같은 '색상 링'이 표시되어 [스포이드]로 색을 추출해 사용할 수 있어요. 황도 털 가운데 밝은 '갈색' 부분을 추출해 주세요.

TIP 손가락으로 원하는 색을 꾹 누르고 있어도 스포이드가 활성화됩니다.

03 │ 색을 추출했으면 '스펙트라' 브러시로 변경해 몸 전체를 부드럽게 채색합니다.

TIP 브러시 : 페인팅 → 스펙트라 **브러시 크기** : 2%

04 │ '자토잉크' 브러시로 변경해 '진한 갈색'으로 귓구멍과 입술을 채색하고, '분홍색'으로 혓바닥도 깔끔하게 채색해 주세요.

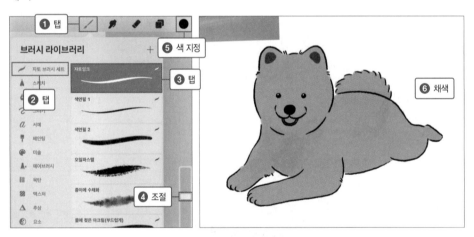

05 │ 사이드 바 중간에 있는 (네모)를 탭하고 (스포이드)로 사진 속 털의 가장 밝은 부분을 탭해 추출합니다. 몸 전체를 채색한 색보다 더 밝아야 해요.

06 '스펙트라' 브러시로 변경하고 사진을 참고해 털의 밝은 부분을 덧칠합니다. 눈 주위와 얼굴 아래 부분, 꼬리와 몸 중간중간을 적당히 덧칠해 주세요.

TIP **브러시** : 페인팅 → 스펙트라 **브러시 크기** : 2%

07 사이드 바 중간에 있는 [네모]를 탭 하고 [스포이드]로 사진 속 황도의 털색 가 운데 조금 진한 부분을 탭해 추출합니다.

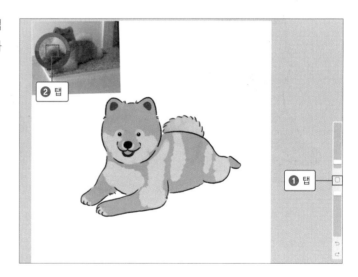

08 사진을 참고해 털에서 가장 진한 부 분을 살짝살짝 덧칠해 주세요. 다음 과정에 서 스머지로 문질러 색을 섞으면 전체적으 로 어둡게 표현되기 쉽기 때문에 진한 색은 최소한의 부분만 덧칠합니다.

09 뚜렷하게 나눠져 있는 털색을 자연스럽게 표현하기 위해 '스머지'를 사용해요. 스머지는 문질러서 색을 섞거나 번지게 만드는 툴입니다. 손가락 모양의 (스머지( )) 를 탭해 '니코 룰'을 선택하고 브러시 크기를 조절해 주세요.

TIP 브러시 : 페인팅 → 니코 룰
브러시 크기 : 2%

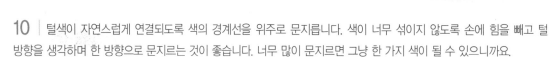

10 털색이 자연스럽게 연결되도록 색의 경계선을 위주로 문지릅니다. 색이 너무 섞이지 않도록 손에 힘을 빼고 털 방향을 생각하며 한 방향으로 문지르는 것이 좋습니다. 너무 많이 문지르면 그냥 한 가지 색이 될 수 있으니까요.

문지르기

11 채색을 마쳤으면 (레이어( )) 목록에서 사진 '레이어 1'을 왼쪽으로 쓸어 (삭제) 버튼을 탭합니다.

12 〔레이어()〕 목록에서 라인을 그린 '레이어 2'와 채색한 '레이어 3'은 그룹으로 지정합니다.

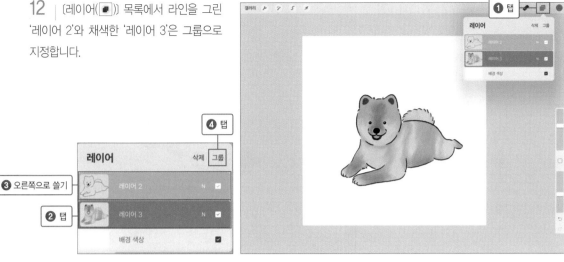

13 '그룹' 레이어를 선택하고 〔변형(📍)〕을 탭해 완성한 그림 위치를 정중앙으로 이동해 주세요.

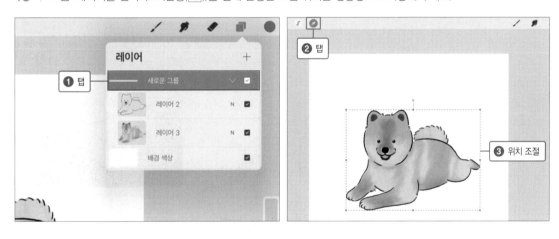

14 〔레이어()〕에서 〔+〕 버튼을 탭해 배경색을 넣을 새 레이어를 추가합니다. 배경이기 때문에 레이어 목록 가장 아래로 이동합니다.

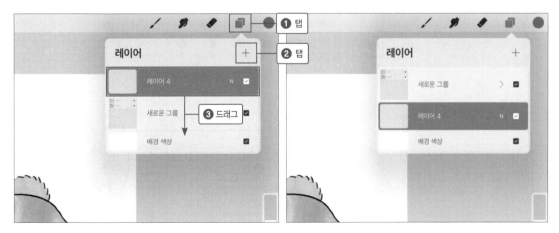

배경에 텍스트 입력하고 꾸미기

01 │ 원하는 색상을 지정하고 (색상 원(◉))
을 캔버스로 끌어와 배경색을 채웁니다.

02 │ 텍스트를 입력하기 위해 (색상(◉))
에서 배경색보다 조금 진한 색을 지정합니다.

03 │ (동작(🔧) → 추가 → 텍스트 추가)
를 선택합니다.

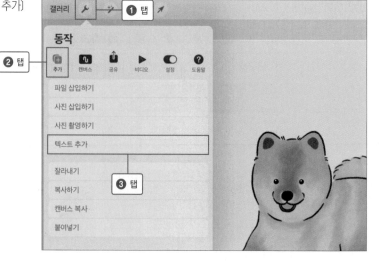

04 영어로 강아지 이름(황도)을 두 번 입력한 다음 (스타일 편집) 버튼을 탭합니다.

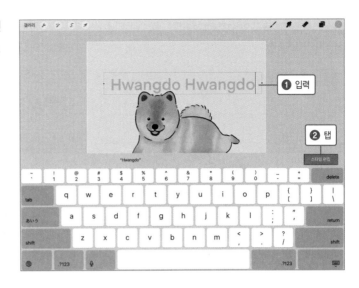

05 스타일 편집 메뉴에서 텍스트의 서체, 스타일, 크기, 속성 등을 원하는 대로 설정할 수 있어요. 텍스트를 **TIP**과 같이 설정합니다.

TIP 서체 : Arial 스타일 : Bold
크기 : 182pt 속성 : 테두리

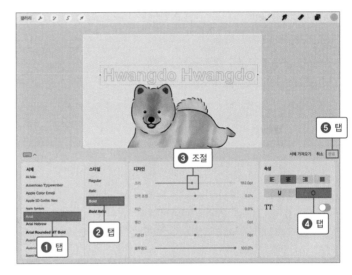

06 (변형(↗))을 탭해 편집한 텍스트를 상단 중앙으로 이동합니다.

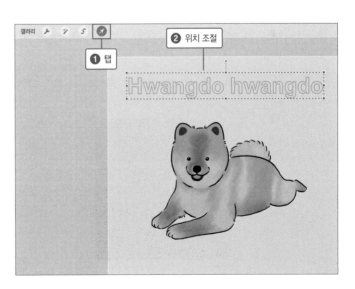

07 텍스트 안쪽 면을 채색해서 꾸밉니다. (선택(S) → 자동)을 선택하고 텍스트 안쪽 면을 모두 탭해 지정합니다. 지정된 면은 파란색으로 표시됩니다.

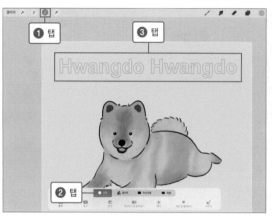 

08 (레이어(▣))에서 (+) 버튼을 탭해 '텍스트' 레이어 아래에 새 레이어를 추가합니다. 지정한 텍스트 안쪽 면을 제외한 전체 캔버스가 빗금으로 표시되며 비활성화되는 걸 확인할 수 있습니다.

09 (색상(●))에서 '흰색'을 지정하고 브러시로 텍스트를 문질러 채색해 주세요. 지정한 텍스트 안쪽 면에만 쉽게 채색할 수 있습니다.

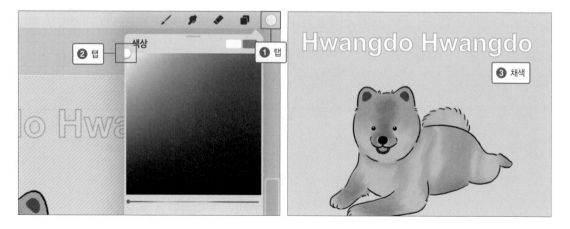

10 │ 텍스트 안쪽 면 채색이 끝나면, (레이어()) 목록에서 '텍스트' 레이어와 텍스트를 채색한 '레이어 6'을 두 손가락으로 좁혀 하나의 레이어로 합쳐 주세요.

11 │ 합친 레이어를 왼쪽으로 쓸어 (복제) 버튼을 탭합니다.

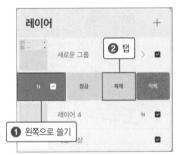

12 │ (변형())을 탭해 복제한 텍스트를 기존 텍스트 아래로 이동합니다.

13 〔레이어()〕 목록에서 합친 레이어와 복제한 레이어를 두 손가락으로 좁혀 하나의 레이어로 합칩니다. 왼쪽으로 쓸어 〔복제〕 버튼을 탭합니다.

14 〔변형(↗)〕을 탭해 복제한 텍스트를 기존 텍스트 아래로 이동합니다. 텍스트가 4줄이 되었어요.

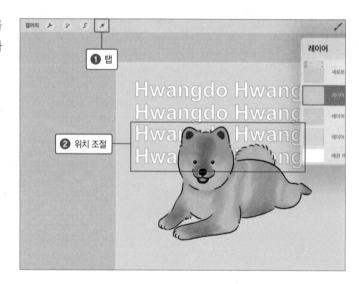

15 13~14와 동일한 방법으로 〔레이어(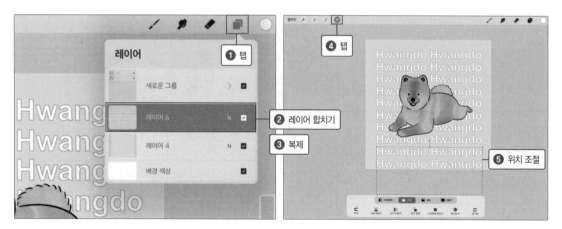)〕 목록에서 '텍스트' 레이어를 합치고 복제해 텍스트를 배경 아래 끝까지 채워 주세요.

16 캔버스 밖으로 나온 텍스트는 (지우개(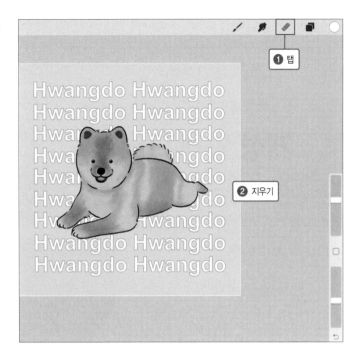))로 지웁니다.

① 탭
② 지우기

17 (레이어())에서 모든 '텍스트' 레이어를 두 손가락으로 좁혀 하나의 레이어로 합치고, (변형( ))에서 위치를 중앙으로 이동해 마무리합니다. 텍스트 배경의 반려견 일러스트가 완성되었어요. 여러분 주변에도 이런 사랑스러운 반려견이 있나요? 반려견 모습을 사랑스럽게 그려 주면 정말 좋은 선물이 될 거예요.

레이어

① 탭

새로운 그룹

레이어 6

② 두 손가락으로 좁히기

레이어 6

레이어 6

레이어 4

배경 색상

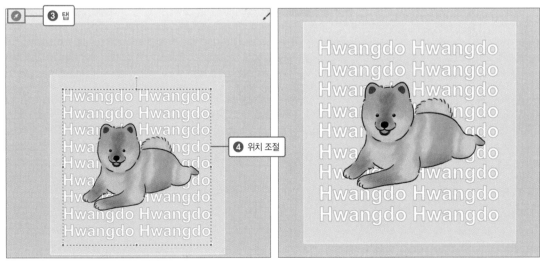

③ 탭

④ 위치 조절

나의 반려묘
개성 있게 그리기

- **난이도** : ★ ★ ★ ★
- **브러시** : 더웬트, 자토잉크, 플림솔, 색연필 1, 색연필 2
- **준비물** : 01\자토 브러시 세트
- **키워드** : # 수평뒤집기 # 짧은선채우기

iPad Drawing

Drawing
Style

우주를 담은 것처럼 반짝이는 눈 그리고 짧고 풍성한 털을 가진 고양이를 그려 볼까요? 앞서 반려견을 그렸던 방법과는 또 다른 느낌으로 털을 한 올 한 올 직접 그려서 표현해요. 노력하는 만큼 더 멋지고 개성 있는 일러스트가 완성될 거예요.

라인으로 고양이 그리기

01 너비를 '150mm', 높이를 '180mm', DPI를 '300'으로 설정한 다음 (창작) 버튼을 탭합니다.

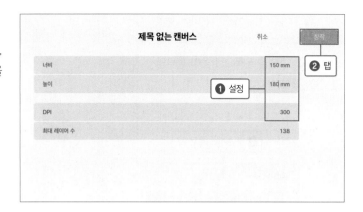

02 밑그림을 먼저 그립니다. 캔버스 상단에 전체적으로 동그랗지만 턱이 살짝 뾰족한 고양이 얼굴을 그리고 양쪽에 커다란 귀도 그려요.

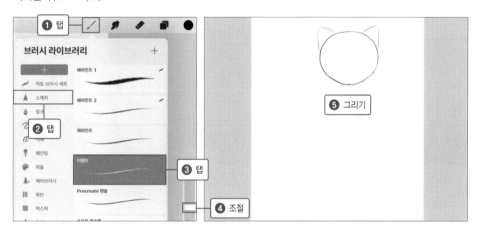

TIP 브러시 : 스케치 → 더웬트 **브러시 크기** : 50%

03 얼굴 아래로 몸을 그립니다. 꼬리로 양쪽 손을 감싸고 앉아 있는 형태로 그려요. 선을 긋는 속도가 빠를수록 선이 깔끔해지고 속도가 느리면 지저분하게 그려집니다. 깔끔한 선을 그리고 싶다면, 자신감을 갖고 선을 긋는 속도를 높이는 연습을 하는 것이 좋습니다. 밑그림을 그린 다음 (변형([↗]))을 탭해 위치와 크기를 조절해도 좋아요.

04 밑그림을 완성했으면 (레이어(⬛))
에서 밑그림을 그린 '레이어 1'을 두 손가락
으로 탭하고, 화면을 왼쪽으로 쓸어 불투명
도를 '50%' 정도까지 조절합니다.

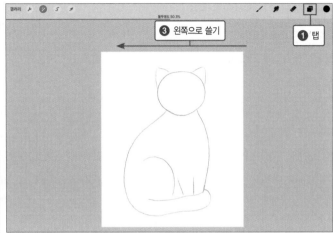

05 (레이어(⬛))에서 (+) 버튼을 탭해
윤곽선을 그릴 새 레이어를 추가합니다.

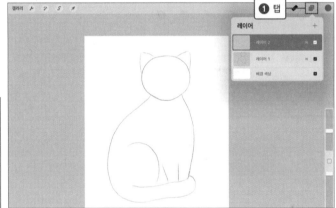

06 '회색'으로 밑그림을 따라서 고양이의 전체 윤곽선을 하나의 선으로 이어 그려 주세요. 팔과 다리 등 안쪽 라인은
아직 그리지 않습니다.

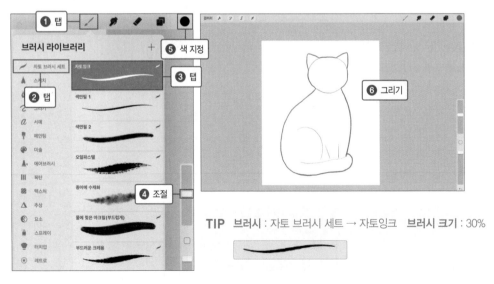

TIP 브러시 : 자토 브러시 세트 → 자토잉크　**브러시 크기** : 30%

고양이 채색하기

01 | 윤곽선 안쪽 면에 [색상 원(●)]을 끌어와 색을 채웁니다.

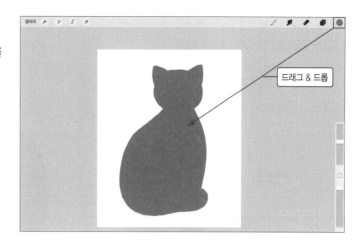

TIP 윤곽선에 끊어진 부분이나 빈틈이 없어야 색이 빠져나가지 않고 채색됩니다. 빈틈이 없는데도 색이 빠져나가는 경우에는 [색상 원(●)]을 끌어온 다음 펜을 왼쪽으로 쓸어 'ColorDrop 한계값' 수치를 낮춰 주세요.

02 | 채색면에 질감을 표현하기 위해 [레이어(■)] 목록에서 고양이를 채색한 '레이어 2'를 탭해 메뉴를 표시하고 [알파 채널 잠금]을 적용합니다(알파 채널 잠금 p.476 참고).

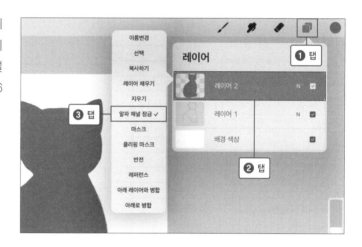

TIP 알파 채널 잠금은 해당 레이어에 그림이 그려진 부분에서만 브러시 사용이 가능하도록 배경을 잠그는 기능입니다.

03 | 질감을 표현할 수 있는 '플림솔' 브러시로 변경하고 현재 채색면보다 밝은 '회색'으로 지정합니다. 브러시로 채색면 전체를 덧칠해 질감을 표현합니다. '알파 채널 잠금'을 적용한 상태이기 때문에 채색면 밖으로는 덧칠이 나가지 않아 편리해요.

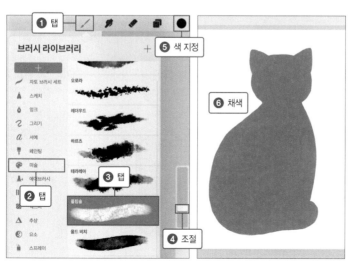

TIP 브러시 : 미술 → 플림솔
브러시 크기 : 15%

04 덧칠이 끝났으면 밑그림을 확인하며 그리기 위해 〔레이어()〕 목록에서 고양이를 채색한 '레이어 2'를 밑그림을 그린 '레이어 1' 아래로 이동합니다. 채색면 위로 밑그림이 다시 보일 거예요.

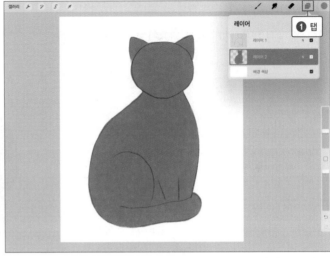

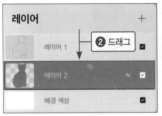

05 〔레이어()〕 목록에서 채색한 '레이어 2'를 선택하고 팔과 다리 부분을 조금 더밝은 '회색'으로 살짝 덧칠해 주세요.

고양이 얼굴 그리기

01 전체 채색은 끝났어요. 〔레이어()〕에서 〔+〕 버튼을 탭해 고양이 얼굴을 그릴 새레이어를 추가합니다.

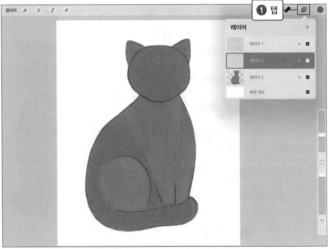

02 〔색상(●)〕에서 '검은색'으로 지정하고 '색연필 1' 브러시로 왼쪽 눈을 먼저 그립니다. 끝이 살짝 위로 올라가 있는 모양으로 눈의 아웃 라인을 진하게 그려요. 안쪽에 동그라미 두 개를 겹쳐 눈동자를 그립니다. 원하는 모양을 그릴 때까지 여러 번 지웠다 그렸다 해도 괜찮아요.

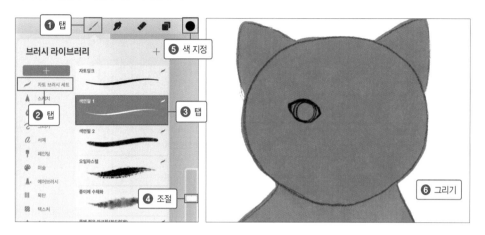

TIP 브러시 : 자토 브러시 세트 → 색연필 1 브러시 크기 : 30%

03 눈동자 가장 안쪽 원을 검게 채색하고 '흰색'으로 반사 빛을 두 개 그립니다.

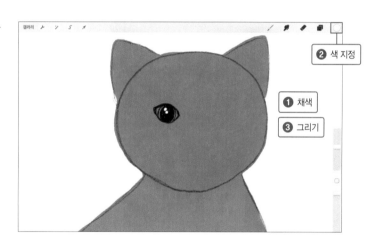

04 〔레이어(■)〕에서 〔+〕 버튼을 탭해 눈을 그린 '레이어 3' 아래 새 레이어를 추가합니다.

05 밝은 '하늘색'으로 눈동자 바깥 원 부분을 채색하고 '흰색'으로 나머지 흰자를 채색합니다. 예쁜 눈이 완성되었습니다.

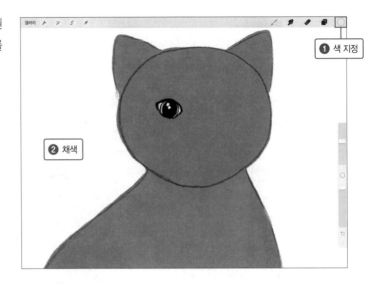

06 (레이어(■)) 목록에서 눈을 그린 '레이어 3'과 눈을 채색한 '레이어 4'를 두 손가락으로 좁혀 하나의 레이어로 합쳐 주세요.

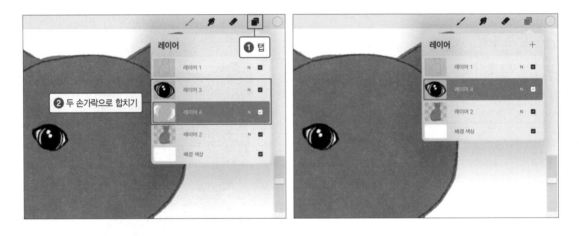

07 오른쪽 눈은 왼쪽 눈을 그린 '레이어 4'를 복제해 만듭니다. (레이어(■)) 목록에서 왼쪽 눈을 그린 '레이어 4'를 왼쪽으로 쓸어 (복제) 버튼을 탭합니다. (변형(⬈))을 탭해 복제한 눈을 오른쪽으로 이동해 주세요.

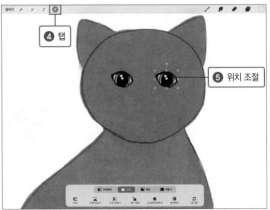

08 | 복제한 눈의 방향을 변경합니다. (변형(◢))을 탭하고 하단 메뉴에서 (균등 → 수평 뒤집기)를 선택합니다. 눈 방향이 수평으로 뒤집혀 오른쪽 눈이 제대로 완성되었어요. 아주 자연스러워요. 마지막으로 양쪽 눈 위치도 적절하게 조절해 주세요.

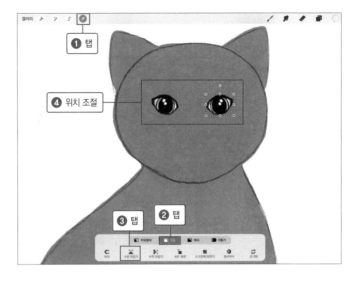

① 탭

④ 위치 조절

③ 탭 ② 탭

09 | '검은색'으로 눈 아래에 이어지는 코라인과 작은 코를 그리고 입도 그려 주세요.

① 색 지정

② 그리기

10 | (레이어(▣)) 목록에서 고양이를 채색한 '레이어 2'를 선택합니다. 채색한 색보다 조금 '진한 회색'으로 귀 안쪽을 다음과 같이 채색합니다.

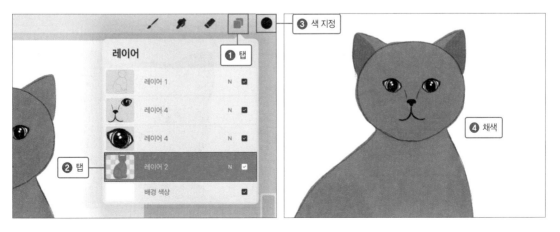

레이어

① 탭

③ 색 지정

레이어 1   N

레이어 4   N

레이어 4   N

② 탭   레이어 2   N

배경 색상

④ 채색

고양이 털 표현하기

01 〔레이어(▣)〕에서 〔+〕 버튼을 탭해 채색면 위에 털을 한 올 한 올 그릴 새 레이어를 추가합니다.

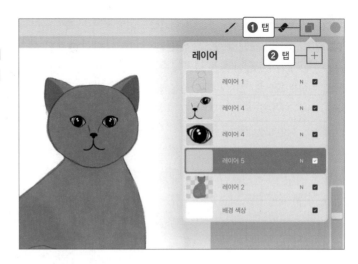

02 흰색에 가까운 아주 밝은 '회색'으로 지정하고 '색연필 2' 브러시를 선택해 주세요. 코허리 털부터 일정한 길이의 짧은 선들로 이어 그립니다. 아래로 좁아지는 코허리 형태에 맞추어 방향을 조절하며 그려 주세요.

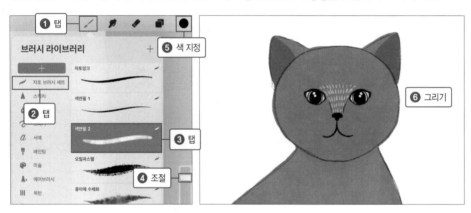

TIP 브러시 : 자토 브러시 세트 → 색연필 2 **브러시 크기** : 10%

03 코 옆으로 이어지는 입 부분도 둥글게 형태를 잡고 안쪽으로도 짧은 선을 이어 그려 채워 주세요. 둥근 방향을 계속 유지하며 그립니다.

04 | 귀 바깥 부분도 방향을 잡아 짧은 선들로 채워 줍니다.

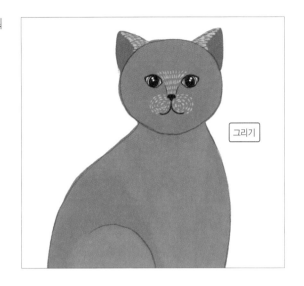

그리기

05 | 고양이 몸통 색보다 어두운 '회색'으로 지정하고 얼굴의 나머지 면들도 짧은 선들을 그려 채워 줍니다. 입 바깥 부분부터 둥글게 이어 그리며 방향을 잡아야 쉽게 그릴 수 있어요. 털을 한 올 한 올 그리는 것이 조금 힘들 거예요. 하지만 아직 갈 길이 멀어요. 몸도 남아 있습니다.

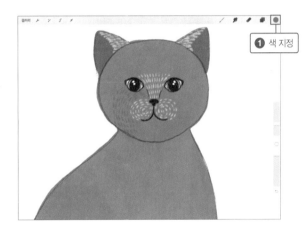

❶ 색 지정

❷ 그리기

06 얼굴 털 표현이 끝났으면 아까 사용했던 아주 밝은 '회색'으로 지정하고 다리와 팔 부분도 짧은 선들로 채워 줍니다. 고양이 몸 방향에 맞춰 다리는 둥글게 팔은 수직으로 짧은 선들을 그립니다.

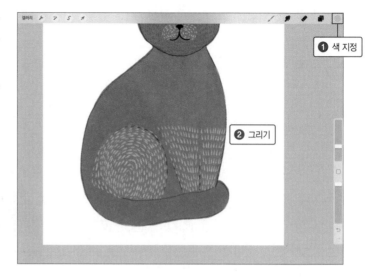

07 팔과 다리까지 털을 그렸으면 더 이상 밑그림 보이지 않아도 괜찮아요. (레이어 (▣)) 목록에서 밑그림을 그린 '레이어 1'을 체크 해제해 캔버스에서 보이지 않도록 해 주세요.

08 아까 사용했던 고양이 몸통 색보다 어두운 '회색'으로 지정합니다. 목부터 꼬리까지 몸의 나머지 부분을 일정한 방향의 짧은 선들로 채워 주세요. 정성이 아주 많이 필요한 그림이에요.

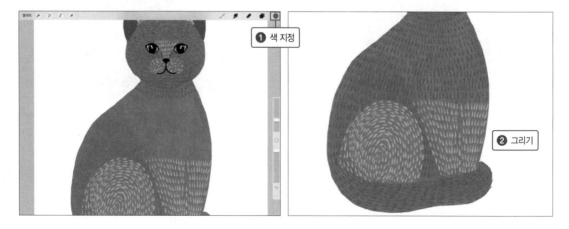

09 │ 다리와 팔 부분의 밝은 색 선들 사
이사이도 채워 색이 자연스럽게 어우러지게
표현하며 마무리합니다.

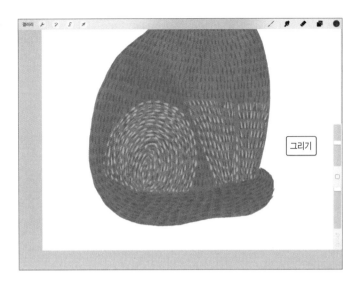

10 │ 정성이 가득 들어간 개성 있는 고양이 일러스트가 완성되
었어요.

5

더 다양한 스타일로 표현하기

자신만의 드로잉 스타일과 그림체를 만들고 싶다면 먼저 다양한 스타일을 시도해 보
는 것이 도움이 될 거예요. 기쁘게도 프로크리에이트로 표현할 수 있는 스타일은 정
말 무궁무진해요. 픽셀 아트나 아이소메트릭 디자인 또는 움직이는 일러스트까지 만
들어 볼 수 있어요. 벌써부터 한 가지 스타일에 얽매일 필요는 없습니다. 프로크리에
이트 기능을 활용한 재밌는 드로잉 방법이 얼마나 많은지 함께 알아보아요.

사진에 어울리는
귀여운 일러스트 그리기

● **난이도** : ★★★★
● **브러시** : 스크립트
● **준비물** : 05\예제 사진 5.jpg
● **키워드** : # 윤곽선없는그림 # 채도조절

iPad Drawing

Drawing
Style

내가 찍은 사진 위에 그림을 그릴 수 있어요. 사진에 어울리는 기발한 아이디어가 있으면 더 재밌는 그림을 완성할 수 있습니다. 예를 들어 따뜻한 찻잔 안에서 반신욕을 하고 있는 사람은 어떨까요? 함께 그려 봅니다.

밑그림 그리기

01 │ 갤러리 화면에서 [가져오기]를 탭해 05 폴더에서 '예제 사진 5.jpg' 파일을 불러옵니다.

02 │ [레이어(■)] 목록에서 사진 '레이어 1'을 두 손가락으로 탭하고 화면을 왼쪽으로 쓸어 불투명도를 '60%' 정도까지 조절합니다. 희미해진 사진 위에 그림을 그릴 거예요.

03 │ [레이어(■)]에서 [+] 버튼을 탭해 밑그림을 그릴 새 레이어를 추가합니다.

04 찻잔 왼쪽 상단에 얼굴이 될 큰 원을 그리고, 그 위로 올림머리가 될 작은 원을 그려 주세요. 제가 사용한 '스크립트' 브러시는 깔끔하지만 필압에 따른 굵기 차이가 심한 브러시예요. 아직 필압 조절이 힘들다면 '서예 → 모노라인' 브러시를 추천합니다.

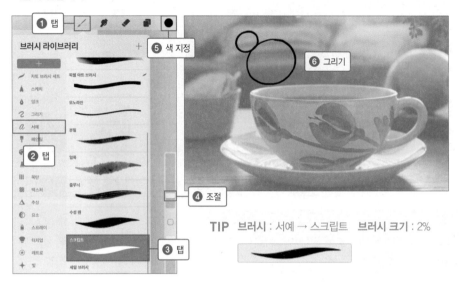

TIP 브러시 : 서예 → 스크립트　브러시 크기 : 2%

05 얼굴 대각선 방향으로 헤어밴드도 그립니다. 밑그림이기 때문에 얼굴과 겹치는 라인은 무시하고 그려 주세요.

06 옆모습으로 눈, 코, 입을 그리고 헤어밴드 아래로 빠져나온 헤어도 자연스럽게 그려 주세요.

PART 05

07 │ 찻잔 위로 살짝 보이는 몸통과 올리
고 있는 손을 그립니다.

08 │ 손에 들고 있는 바나나 우유와 입에
물고 있는 빨대를 이어 그립니다. 밑그림이
기 때문에 완벽하지 않아도 괜찮아요. 천천
히 따라 그려 보세요.

09 │ 찻잔 오른쪽 위에 편안하게 올리고
있는 양쪽 다리를 그립니다. 찻잔 속에서 반
신욕하는 인물의 밑그림을 완성했어요.

10 찻잔 받침에 매달려 있는 강아지 밑 그림을 그립니다. 반신욕하는 사람을 보고 있는 강아지 옆얼굴을 그려요.

11 강아지 눈, 코, 입을 그리고 머리 위에 수건으로 만든 양머리도 그리면 귀여울 거예요.

12 찻잔 받침에 손을 올리고 서 있는 모습의 강아지 몸통을 따라 그려 주세요.

13 │ 캔버스 왼쪽 상단에 새 한 마리를 그려 주세요.

14 │ (선택(*s*) → 올가미)를 선택하고 새가 포함되도록 테두리를 긋습니다(올가미 심화 p.484 참고).

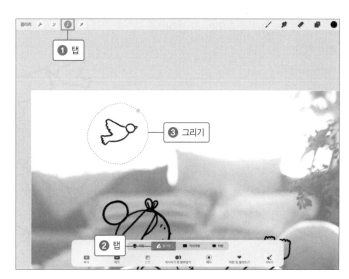

TIP '올가미'는 레이어에서 편집하고 싶은 영역을 직접 펜으로 그어 지정하는 툴입니다.

15 │ 새를 포함한 영역을 지정한 상태에서 화면을 세 손가락으로 쓸어내려 편집 메뉴를 표시한 다음 (복사하기 및 붙여넣기)를 선택해 새를 복사합니다.

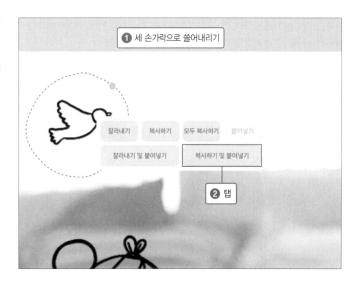

16 새가 복사된 상태지만 겹쳐 있기 때문에 보이지 않아요. 하단 메뉴에서 [수평 뒤집기]를 선택해 복사한 새 그림을 좌우 반전하고 오른쪽으로 이동합니다. 이제 새가 두 마리가 되었어요. 서로를 바라보고 있는 방향이에요.

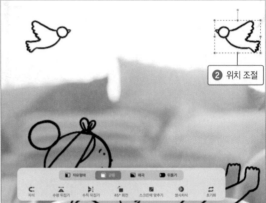

17 두 마리 새가 물고 있는 긴 현수막을 그립니다.

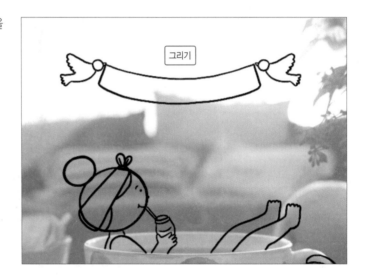

18 [레이어(□)] 목록을 보면 아까 새를 복사했기 때문에 밑그림을 그린 레이어가 두 개가 되었습니다. 밑그림을 그린 두 레이어를 두 손가락으로 좁혀 하나로 합칩니다.

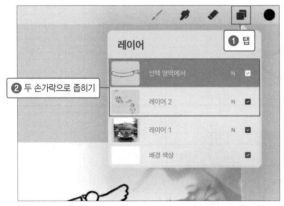

19 〔레이어( )〕 목록에서 하나의 레이어가 된 '레이어 2'를 두 손가락으로 탭하고 화면을 왼쪽으로 쓸어 불투명도를 '50%' 정도까지 조절합니다. 밑그림 라인이 희미하게 보입니다.

인물 채색하기

01 〔레이어( )〕에서 〔+〕 버튼을 탭해 밑그림을 바탕으로 그림을 그릴 새 레이어를 추가합니다.

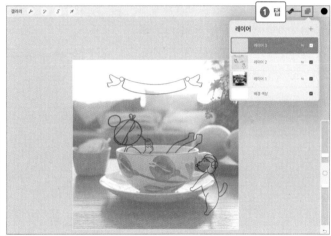

02 윤곽선이 없는 그림을 그립니다. 이럴 때는 가장 바깥쪽에 있는 부분부터 채색합니다. 그렇지 않으면 밑그림 라인이 채색에 덮여 보이지 않게 되기 때문이에요. 예를 들어 얼굴에서는 가장 바깥쪽에 있는 헤어밴드를 먼저 채색해야 합니다. '흰색'으로 헤어밴드를 그리고 채색해 주세요.

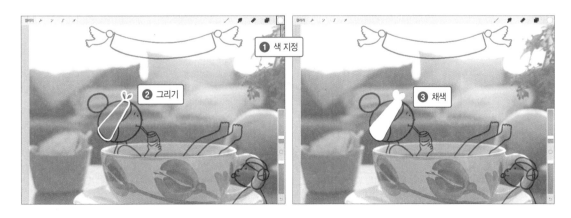

03 '하늘색'으로 헤어밴드의 디테일도
그립니다.

04 [레이어(■)]에서 [+] 버튼을 탭해
헤어를 채색할 새 레이어를 추가합니다. 헤
어는 헤어밴드 안에 있기 때문에 헤어밴드
를 채색한 '레이어 3' 아래에 있어야 합니다.

05 '검은색'으로 밑그림을 따라 안쪽에
머리를 그리고 채색합니다. 살짝 빠져나온
머리카락도 자연스럽게 표현하고 눈과 코도
함께 그려 주세요.

06 ┃ (레이어(■))에서 (+) 버튼을 탭해 얼굴과 몸을 채색할 새 레이어를 추가합니다. 머리를 채색한 '레이어 4' 아래로 이동합니다.

07 ┃ '연한 살구색'으로 밑그림을 따라 얼굴과 몸통, 팔을 채색합니다. 레이어가 헤어를 채색한 '레이어 4' 아래 있기 때문에 눈과 코가 채색에 가려지지 않아요.

08 ┃ 조금 '진한 살구색'으로 발그레한 볼을 동그랗게 채색하고 입도 그립니다.

09 어깨 라인과 손가락 사이사이 구분
선도 그려 주세요.

10 찻잔 입구 밖으로 튀어나온 몸통 채
색 부분은 〔지우개( )〕로 지워 깔끔하게 정
리합니다.

11 손에 들고 있는 바나나 우유를 채색
하기 위해 〔레이어( )〕에서 〔+〕 버튼을 탭
하고 얼굴과 몸을 채색한 '레이어 5' 아래 새
레이어를 추가합니다.

12 '노란색'과 '초록색'으로 손에 들고 있는 바나나 우유를 그리고 채색합니다. '흰색'으로 빨대와 바나나 우유 중간 구분 선도 그려 주세요.

13 얼굴을 채색할 때 사용했던 '연한 살구색'으로 양쪽 다리도 그리고 채색합니다. '진한 살구색'으로 다리 사이 구분 선을 긋고 '흰색'으로 발톱까지 채색해 주세요. 찻잔 입구 밖으로 튀어나온 채색면은 (지우개(✐))로 정리합니다.

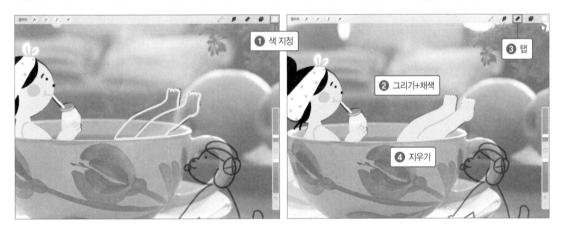

14 찻잔 위로 피어오르는 김도 물결로 그려 주고 인물 드로잉을 마무리합니다.

15 〔레이어(■)〕 목록에서 찻잔 속 인물을 채색한 레이어들은 두 손가락으로 좁혀 하나의 레이어로 합쳐 주세요. 레이어를 합칠 때 밑그림을 그린 '레이어 2'까지 합쳐지지 않게 주의하세요.

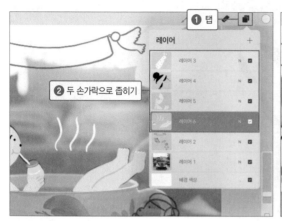

강아지 채색하기

01 〔레이어(■)〕에서 〔+〕 버튼을 탭해 강아지를 채색할 새 레이어를 추가합니다.

02 강아지를 채색할 때는 가장 바깥쪽에 있는 양머리 수건부터 채색해야 합니다. '흰색'으로 양머리 수건을 그리고 채색해 주세요.

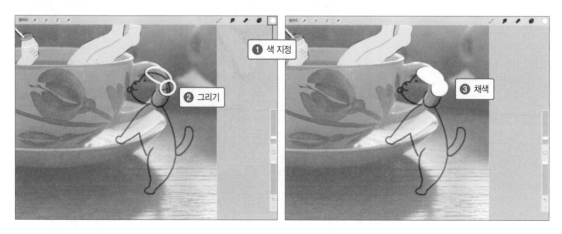

03 '하늘색'으로 양머리의 디테일한 라인도 그립니다.

04 강아지를 채색하기 위해 〔레이어(⬛)〕에서 〔+〕 버튼을 탭하고 양머리를 채색한 '레이어 4' 아래 추가합니다.

05 밑그림을 따라서 '연한 갈색'으로 강아지 얼굴과 몸통을 이어 그리고 채색합니다.

06 '진한 갈색'으로 강아지의 눈, 코, 입을 그립니다. 귀, 팔, 다리, 발가락 사이 구분선도 그려 주세요. '붉은색'으로 혓바닥을 그리고 강아지 채색을 마무리합니다.

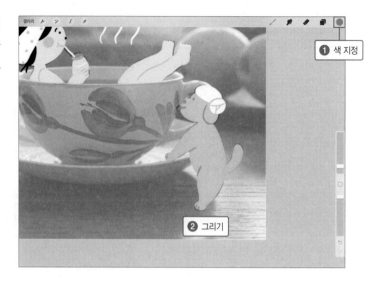

07 강아지를 채색한 '레이어 4'와 '레이어 5'를 두 손가락으로 좁혀 하나로 합쳐 주세요.

현수막 채색하기

01 〔레이어(◼)〕에서 〔+〕 버튼을 탭해 새와 현수막을 채색할 새 레이어를 추가합니다.

02 │ 밑그림을 따라 '노란색'으로 새 두 마리를 채색하고, '파란색'으로 현수막도 채색합니다.

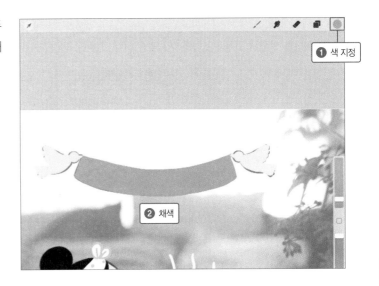

03 │ '흰색'으로 현수막 위에 어울리는 문구를 자유롭게 적어 주세요.

04 │ 모든 드로잉이 끝났으면 (레이어(■)) 목록에서 밑그림을 그린 '레이어 2'를 왼쪽으로 쓸고 (삭제) 버튼을 탭합니다.

05 〔레이어(◼)〕에서 사진 '레이어 1'을 두 손가락으로 탭하고 화면을 오른쪽으로 쓸어 불투명도를 다시 '100%'로 조절합니다. 사진과 그림이 모두 뚜렷하게 보여요.

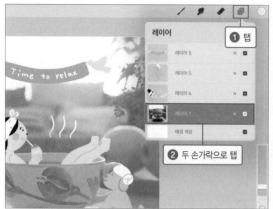

06 사진이 일러스트 색감과 조금 더 잘 어울리도록 채도를 조정해 볼까요? 〔조정(∅) → 색조, 채도, 밝기〕를 선택합니다.

07 사진이 일러스트의 밝은 색감에 조금 더 잘 어울리도록 채도를 '70%'까지 조절했어요. 하단 메뉴에서 슬라이더 바를 자유롭게 조절하고 마무리합니다.

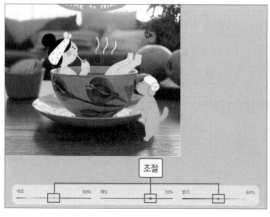

여행지 풍경을
단순화하여
깔끔하게 그리기

- 난이도 : ★ ★
- 브러시 : 모노레일, 스크립트
- 준비물 : 01\자토 팔레트 2
- 키워드 : # 여행드로잉 # 라인그려색넣기

여행하면서 본 장면들을 그림으로 남겨요. 아주 똑같이 그릴 필요 없어요. 그날 느꼈던 감정을 담는 것만
으로도 충분합니다. 산과 호수를 아주 단순하게 표현하면 어떨까요? 청량한 여행지의 분위기가 느껴지는
그림이 될 거예요.

밑그림 그리기

01 너비를 '200mm', 높이를 '150mm', DPI를 '300'으로 설정한 다음 [창작] 버튼을 탭합니다.

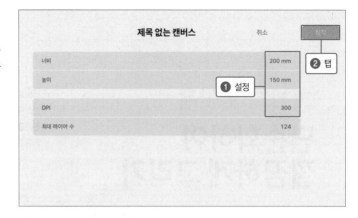

02 사진을 보고 밑그림을 그립니다. 캔버스 아래쪽에 수평선을 그어 호수가 될 영역을 구분하고, 호수 위로는 산의 능선을 따라 다음과 같이 스케치합니다. 사진과 아주 똑같지 않아도 괜찮아요. 대략적인 형태만 그려 주세요.

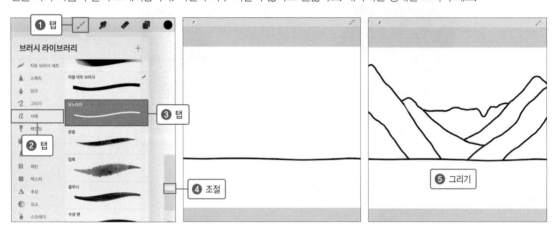

TIP 브러시 : 서예 → 모노라인 **브러시 크기** : 30%

03 밑그림 스케치가 끝났으면 [레이어(📑)] 목록에서 밑그림을 그린 '레이어 1'을 두 손가락으로 탭하고, 화면을 왼쪽으로 쓸어 불투명도를 '10%' 정도까지 조절합니다.

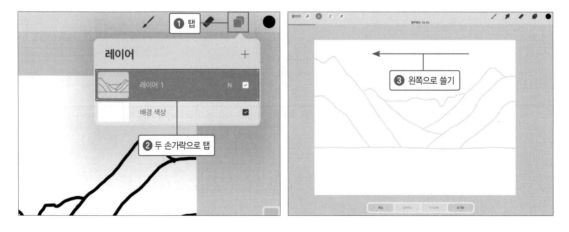

04 〔레이어(▣)〕에서 〔+〕 버튼을 탭해 호수를 채색할 새 레이어를 추가하고 밑그림을 그린 '레이어 1' 아래로 이동합니다. 따로 윤곽선을 그리지 않는 그림이기 때문에 밑그림 라인을 계속 볼 수 있도록 밑그림을 그린 '레이어 1'을 가장 위에 두어야 해요.

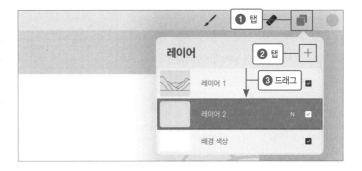

배경 채색하기

01 밑그림을 따라 호수 라인을 그리고 〔색상 원(●)〕을 끌어와 채색합니다. 아직 색상 선택이 어렵거나 저와 똑같은 색감을 내고 싶다면 '자토 팔레트'를 다운받아 사용해 주세요(자토 팔레트 다운받기 p.28~29 참고).

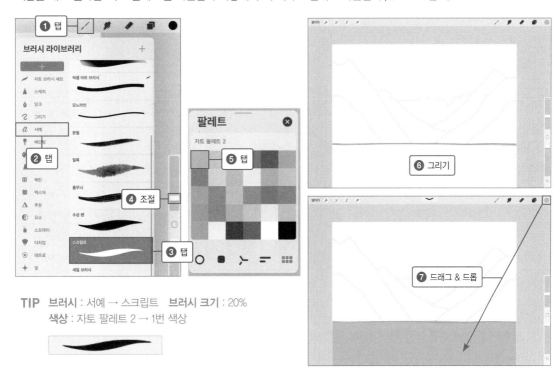

TIP 브러시 : 서예 → 스크립트   브러시 크기 : 20%
색상 : 자토 팔레트 2 → 1번 색상

02 배경을 채색하기 위해 〔레이어(▣)〕에서 〔+〕 버튼을 탭해 호수를 그린 '레이어 2' 아래 새 레이어를 추가합니다.

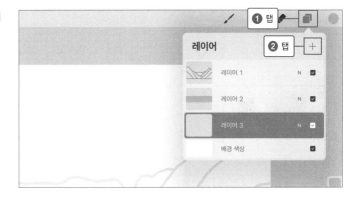

03 〔색상 원()〕을 캔버스에 끌어와 전체 면을 채색합니다. 레이어가 호수를 그린 '레이어 2' 아래 있기 때문에 호수 색상은 그대로 유지됩니다.

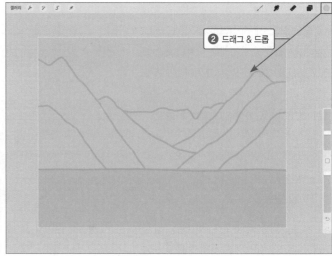

TIP 색상 : 자토 팔레트 2 → 2번 색상

첫 번째 산 채색하기

01 산을 그리기 위해 〔레이어()〕에서 〔+〕 버튼을 탭해 새 레이어를 추가합니다. 새 레이어는 호수를 그린 '레이어 2'와 배경을 채색한 '레이어 3' 사이에 있어야 해요.

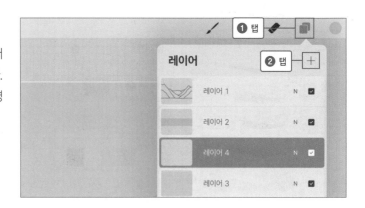

02 가장 앞쪽에 녹색 수풀로 이루어진 산을 그려 주세요. 밑그림을 따라 선을 꼬불꼬불하게 그려서 나무들을 표현합니다. 아래쪽 라인은 호수를 그린 '레이어 2'에 가려 보이지 않지만, '빠른 색 채우기' 기능을 활용하기 위해 끊김 없이 이어 그려 주세요.

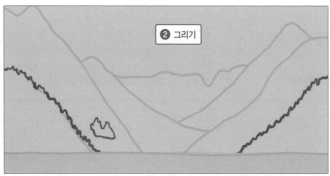

TIP 색상 : 자토 팔레트 2 → 3번 색상

TIP '호수'를 그린 레이어를 보이지 않게 했을 때, 오른쪽과 같이 산 라인이 끝까지 이어져 있는 모습이어야 해요.

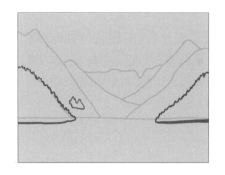

03 | 산 라인 안쪽으로 〔색상 원(●)〕을 끌어와 '빠른 색 채우기'로 채색합니다. 테두리 라인에 끊긴 부분이 있으면 색이 모두 빠져나갑니다.

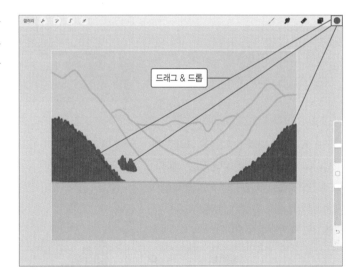

04 | '흰색'으로 산 아래쪽에 쌓인 눈들을 채색합니다. 산 능선을 따라 올라가는 눈의 경우 끝으로 갈수록 얇게 채색해야 자연스럽게 표현됩니다.

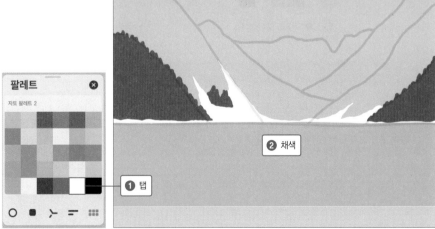

TIP 색상 : 자토 팔레트 2 → 29번 색상

두 번째 산 채색하기

01 │ 두 번째 산을 채색하기 위해 〔레이어(■)〕에서 〔+〕 버튼을 탭해 배경을 채색한 '레이어 3' 바로 위에 새 레이어를 추가합니다.

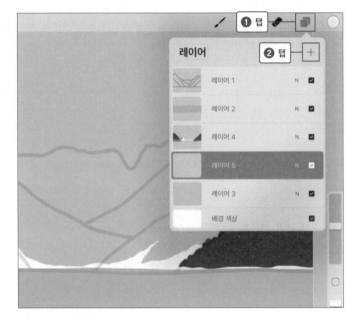

02 │ 밑그림을 따라 산 라인을 그리고 채색합니다. 아래쪽 라인은 위에 있는 레이어들에 가려서 보이지 않지만 아까와 마찬가지로 끝까지 이어 그려야 '빠른 색 채우기' 기능으로 채색할 수 있습니다.

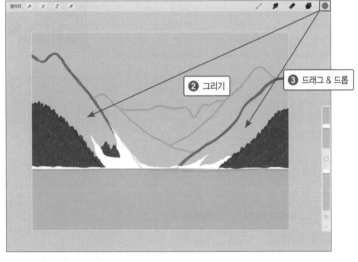

TIP 색상 : 자토 팔레트 2 → 4번 색상

TIP 위에 있는 레이어들을 보이지 않게 했을 때, 오른쪽과 같이 산 라인이 끝까지 이어져 있는 모습이어야 합니다.

03 │ 산의 음영과 쌓인 눈을 쉽게 표현하기 위해 (레이어(▣)) 목록에서 산을 그린 '레이어 5'를 탭해 메뉴를 표시하고 (알파 채널 잠금)을 적용합니다(알파 채널 잠금 p.476 참고).

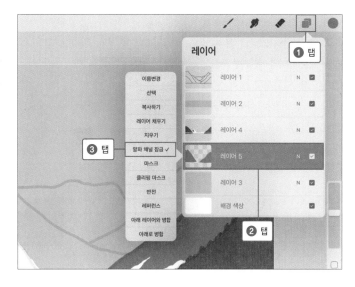

TIP '알파 채널 잠금'은 해당 레이어에 그림이 그려진 부분에서만 브러시 사용이 가능하도록 배경을 잠그는 기능입니다.

04 │ 어두운 색으로 양쪽 산의 일부를 채색해 음영을 표현합니다. '알파 채널 잠금'이 적용되어 있기 때문에 브러시가 채색면 밖으로 빠져나가지 않아 편리하게 채색할 수 있어요.

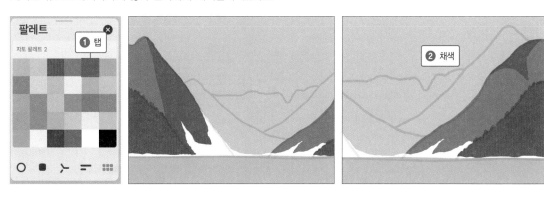

TIP 색상 : 자토 팔레트 2 → 5번 색상

05 │ 왼쪽 산에는 '흰색'으로 쌓여 있는 눈도 채색해요. 가운데 부분을 살짝 오목하게 채색하며 산 라인을 자연스럽게 표현합니다.

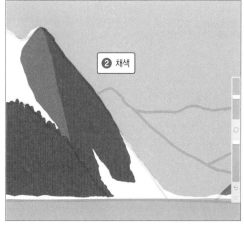

TIP 색상 : 자토 팔레트 2 → 29번 색상

06 쌓인 눈 위에 가로선을 그어 눈 사이로 드러난 땅의 모습을 표현합니다. 필압을 조절하며 굵기를 일정하지 않게 산 능선을 따라 아래로 살짝 구부러진 모습으로 자연스럽게 그려 주세요.

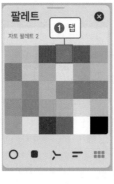

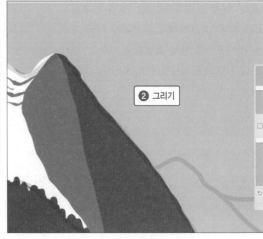

TIP 색상 : 자토 팔레트 2 → 4번 색상

07 〔레이어(▣)〕 목록에서 두 번째 산을 그린 '레이어 5'를 탭해 메뉴를 표시합니다. 그리고 〔알파 채널 잠금〕을 탭해 해제합니다.

08 오른쪽 산 아래쪽부터 능선을 따라 이어진 나무들을 그립니다. 구불구불한 선으로 단순하게 표현해 주세요.

TIP 색상 : 자토 팔레트 2 → 3번 색상

세 번째 산 채색하기

01 세 번째 산을 그리기 위해 〔레이어 (■)〕에서 〔+〕 버튼을 탭해 배경을 채색한 '레이어 3' 위에 새 레이어를 추가합니다.

02 밑그림을 따라 산 라인을 그립니다. 마찬가지로 레이어들에 가려 보이지 않는 아래쪽 라인도 이어 그린 다음 〔색상 원(●)〕을 끌어와 채색합니다.

TIP 색상 : 자토 팔레트 2 → 6번 색상

03 산의 음영과 쌓인 눈들을 쉽게 채색 하기 위해 〔레이어(■)〕 목록에서 세 번째 산을 그린 '레이어 6'을 탭해 메뉴를 표시하 고 〔알파 채널 잠금〕을 적용합니다.

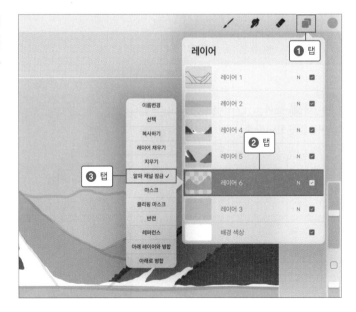

04 | 오른쪽 산의 오른편과 중간 부분에 어두운 색을 채색해 자연스럽게 음영을 표현합니다.

TIP　**색상** : 자토 팔레트 2 → 7번 색상

05 | 오른쪽 산에 불규칙한 가로선을 그
어 쌓인 눈들을 표현합니다. 봉오리 오른편
음영이 들어가는 부분에서 선을 한 번씩 꺾
으면 자연스럽게 표현됩니다.

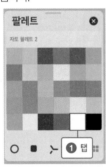 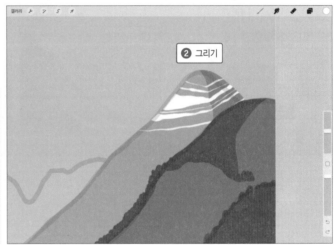

TIP　**색상** : 자토 팔레트 2 → 29번 색상

06 | 왼쪽 산에도 불규칙한 가로선으로
쌓인 눈들을 표현해 주세요.

네 번째 산 채색하기

01 │ 가장 뒤쪽에 있는 산을 채색하기 위해 (레이어(▣))에서 (+) 버튼을 탭하고 배경을 채색한 '레이어 3' 위에 새 레이어를 추가합니다.

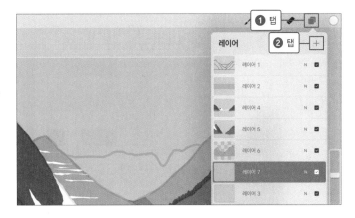

02 │ 밑그림을 따라 '흰색'으로 산 라인을 그립니다.

03 │ 앞 레이어들에 가려 보이지 않는 부분도 이어 그리고 (색상 원(●))을 끌어와 채색합니다.

04 │ 이제 밑그림은 필요 없으니 (레이어(▣)) 목록에서 밑그림을 그린 '레이어 1'을 체크 해제해 밑그림이 캔버스에서 더 이상 보이지 않도록 합니다.

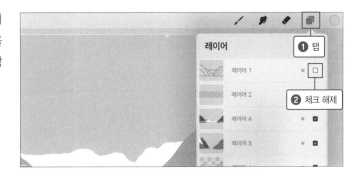

05 흰색 산 위에도 일정하지 않은 두께의 선을 그려 눈이 쌓이지 않은 부분을 표현합니다. 산이 들어간 계곡 부분도 같은 색으로 채워 음영을 표현하면 좋아요.

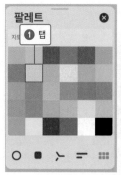

TIP **색상** : 자토 팔레트 2 → 8번 색상

06 산을 완성했으면, (레이어(▣))에서 (+) 버튼을 탭해 새 레이어를 추가해서 하늘 위에 구름도 자유롭게 그립니다.

07 (레이어(▣)) 목록에서 호수를 그린 '레이어 2'를 선택하고, 호수 위에 짧은 선들을 그려 물의 반짝임을 표현해 주며 마무리합니다.

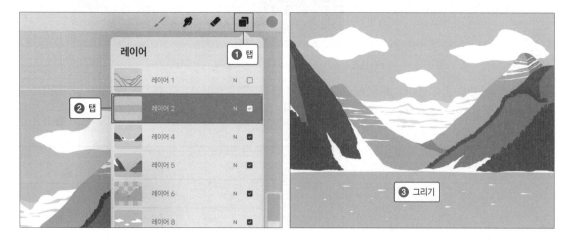

환상적인 분위기의
달이 있는
상상화 그리기

- **난이도** : ★ ★ ★
- **브러시** : 오베론, 쿠울, 글리머, 털어주기, 라이트 펜, 성운, 자토잉크, 노이즈 브러시
- **준비물** : 01\자토 팔레트 2, 자토 브러시 세트
- **키워드** : # 빛 # 반짝임표현

Drawing
Style

프로크리에이트 기본 브러시에서도 아직 제대로 사용하지 못한 브러시들이 많습니다. 그중에서도 편리하게 '빛'을 표현할 수 있는 브러시들은 꼭 사용해 보세요. 참 유용하거든요. 저와 함께 환상적인 분위기로 반짝이는 밤하늘을 그리며 빛 브러시를 어떻게 활용할 수 있는지 알아볼까요?

달 그리기

01 | 너비를 '150mm', 높이를 '150mm', DPI를 '300'으로 설정한 다음 (창작) 버튼을 탭합니다.

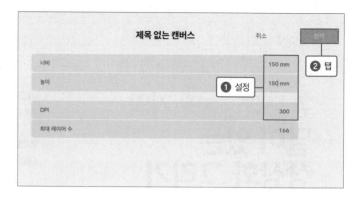

02 | 캔버스 중앙에 달이 될 큰 동그라미를 그리고, 브러시 질감이 표현되도록 직접 채색합니다. 저와 같은 색감을 표현하려면 다운받은 '자토 팔레트 2'를 사용해 주세요.

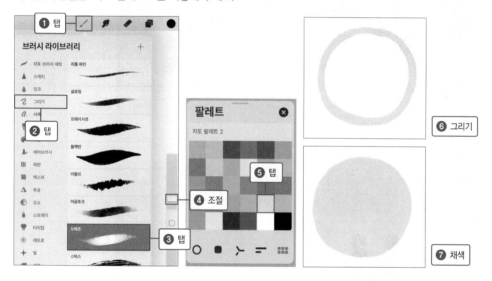

TIP 브러시 : 그리기 → 오베론　**브러시 크기** : 10%　**색상** : 자토 팔레트 2 → 23번 색상

03 | 달에 무늬와 질감을 표현하기 위해 (레이어(■)) 목록에서 달을 그린 '레이어 1'을 탭해 메뉴를 표시하고 (알파 채널 잠금)을 적용합니다(알파 채널 잠금 p.476 참고).

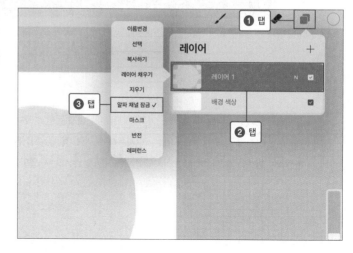

TIP '알파 채널 잠금'은 해당 레이어에 그림이 그려진 부분에서만 브러시 사용이 가능하도록 배경을 잠그는 기능입니다.

04 '쿠울' 브러시로 필압을 조절하며 달 위쪽 위주로 덧칠합니다. '알파 채널 잠금'이 적용되어 있으므로 덧칠이 채색면 밖으로 빠져나가지 않아 편리합니다. 덧칠할 때는 펜으로 여러 번 탭해서 얼룩처럼 표현하고, 얼룩 가장자리는 힘을 빼고 살살 문질러 색이 자연스럽게 퍼지도록 합니다.

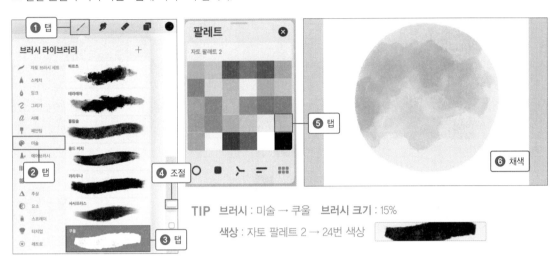

TIP 브러시 : 미술 → 쿠울   브러시 크기 : 15%
색상 : 자토 팔레트 2 → 24번 색상

05 조금 더 진한 색으로 달의 일부분을 덧칠해 진한 얼룩을 만듭니다. 가장자리는 힘을 빼고 살살 문질러 색이 자연스럽게 퍼지도록 채색해 주세요.

TIP 색상 : 자토 팔레트 2 → 25번 색상

06 '글리머' 브러시로 달에 '흰색' 점을 찍어 반짝임을 표현합니다. 점이 다양한 크기로 찍힐 수 있도록 필압을 조절하며 2~3번 탭합니다.

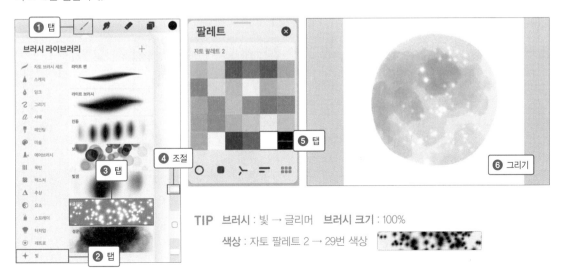

TIP 브러시 : 빛 → 글리머   브러시 크기 : 100%
색상 : 자토 팔레트 2 → 29번 색상

07 | '털어주기' 브러시로 '노란색' 점들도 추가로 찍어 달 표면을 풍부하게 표현합니다.

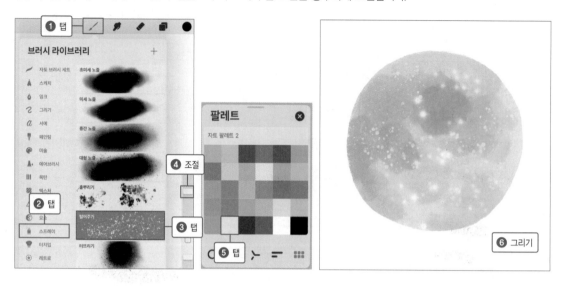

TIP **브러시** : 스프레이 → 털어주기 **브러시 크기** : 25% **색상** : 자토 팔레트 2 → 26번 색상

밤하늘 표현하기

01 | 〔레이어(◉)〕에서 〔+〕 버튼을 탭해 달을 그린 '레이어 1' 아래 배경을 채색할 새 레이어를 추가합니다.

02 | 캔버스에 〔색상 원(◉)〕을 끌어와 배경을 채색합니다.

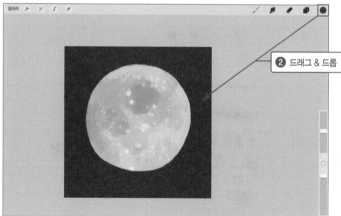

TIP **색상** : 자토 팔레트 2 → 27번 색상

03 | 달의 후광을 표현하기 위해 (레이어 (■))에서 (+) 버튼을 탭해 달을 그린 '레이어 1'과 배경을 채색한 '레이어 2' 사이에 새 레이어를 추가합니다.

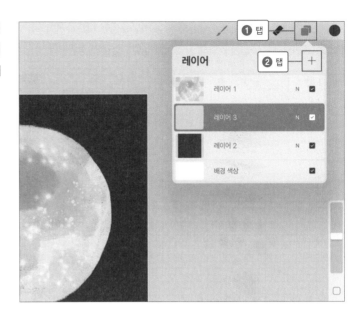

04 | '라이트 펜' 브러시로 달의 테두리를 둥글게 따라 그려 달 바깥으로 '흰색' 빛이 얇게 보이도록 표현합니다.

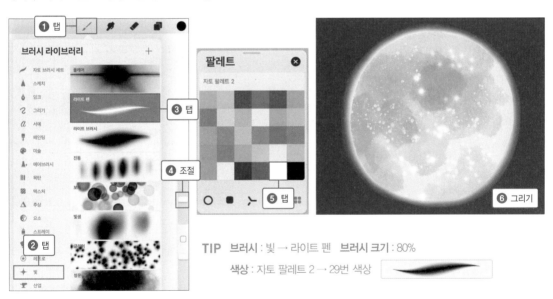

TIP 브러시 : 빛 → 라이트 펜 **브러시 크기** : 80%
색상 : 자토 팔레트 2 → 29번 색상

05 | (레이어(■))에서 (+) 버튼을 탭해 배경을 채색한 '레이어 2' 바로 위에 배경을 꾸며줄 새 레이어를 추가합니다.

06 | '성운' 브러시로 배경을 덧칠해 환상적인 느낌이 나도록 꾸며 주세요. '성운' 브러시는 펜을 강하게 누를수록 밝은 색으로 표현되므로 필압을 조절해 자연스럽게 밤하늘을 표현합니다.

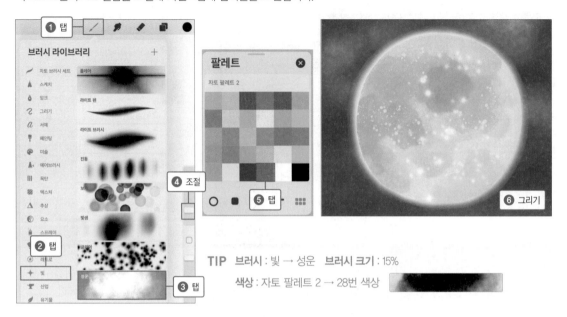

TIP 브러시 : 빛 → 성운   **브러시 크기** : 15%
색상 : 자토 팔레트 2 → 28번 색상

언덕과 사람 실루엣 그리기

01 | 〔레이어(⬚)〕에서 〔+〕 버튼을 탭해 레이어 가장 위에 언덕과 사람을 그릴 새 레이어를 추가합니다.

02 | 하단에 볼록한 언덕 모양으로 땅을 그리고, 안쪽에 〔색상 원(⬤)〕을 끌어와 채색합니다. 짧은 선들로 살짝 보이는 풀을 표현해도 좋습니다.

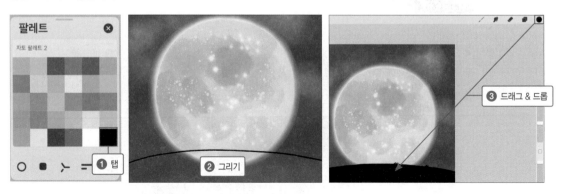

TIP 브러시 : 자토 브러시 세트 → 자토잉크   **브러시 크기** : 25%   **색상** : 자토 팔레트 2 → 30번 색상

03 같은 '검은색'으로 언덕 위에 앉아 있는 사람의 실루엣도 그리고 채색합니다.

그리기+채색

04 언덕과 사람에 반사되는 빛을 편하게 표현하기 위해 (레이어(▣)) 목록에서 언덕과 사람을 그린 '레이어 5'를 탭해 메뉴를 표시하고 (알파 채널 잠금)을 적용합니다.

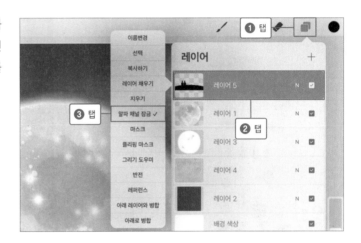

05 '노이즈 브러시'로 사람의 오른쪽 면과 언덕 위를 덧칠해 강하게 비치는 빛을 표현합니다. 사람 뒤쪽은 채색하지 않고 그림자로 남겨 두어야 자연스럽습니다.

TIP 브러시 : 터치업 → 노이즈 브러시　**브러시 크기** : 30%
　　　색상 : 자토 팔레트 2 → 23번 색상

06 〔레이어(▤)〕에서 〔+〕 버튼을 탭해 밤하늘에 떠 있는 별을 그릴 새 레이어를 추가합니다.

07 '라이트 펜' 브러시로 배경에 다양한 크기의 점을 찍어 반짝이는 별을 표현하고, 사선으로 떨어지는 별똥별도 그립니다.

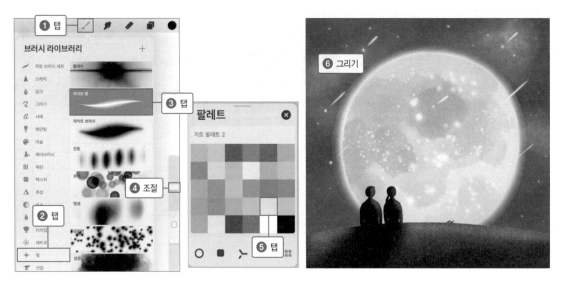

TIP **브러시** : 빛 → 라이트 펜 **브러시 크기** : 80% **색상** : 자토 팔레트 2 → 23번 색상

08 색상을 변경해 하늘에 별들을 더 그리고 마무리합니다.

TIP **색상** : 자토 팔레트 2 → 24번 색상

픽셀 아트로
백설공주와
사과 그리기

● **난이도** : ★ ★
● **브러시** : 모노라인
● **키워드** : # 커스텀브러시 # 픽셀아트브러시

Drawing
Style

슈퍼마리오, 버블버블 등 2D 고전 게임을 기억하나요? 이 게임들 속 그래픽처럼 '선'이 아닌 '점(Dot)'으로 그림을 표현하는 방법이 '픽셀 아트'라고 불리며 다시 사랑받고 있어요. 아이패드에서도 픽셀 아트용 브러시만 제작하면 쉽게 작업할 수 있습니다. 그럼 픽셀 아트의 아기자기하고 귀여운 매력에 빠져보실래요?

픽셀 아트 브러시 만들기

01 너비를 '40px', 높이를 '40px', DPI를 '300'으로 설정한 다음 [창작] 버튼을 탭합니다. 단위가 '픽셀'인지 잘 확인해 주세요.

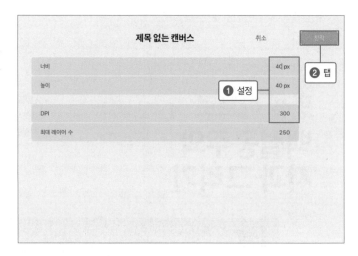

02 기존에 있는 브러시의 여러 수치를 변경해 픽셀 아트 브러시를 만들어요. '서예 → 모노라인' 브러시를 왼쪽으로 쓸어 [복제] 버튼을 탭하고, 복제한 '모노라인' 브러시를 탭해 [브러시 스튜디오]를 표시합니다.

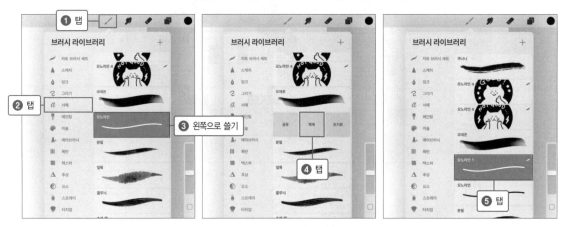

03 브러시 스튜디오 [모양] 메뉴에서 모양 소스의 [편집] 버튼을 탭합니다.

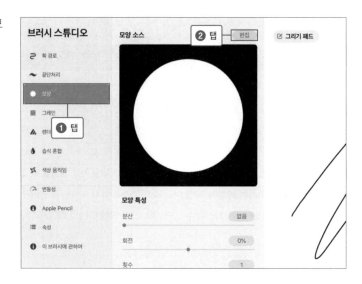

04 〔가져오기 → 라이브러리 검색〕을 선택합니다.

05 〔그레인 소스 → Blank〕를 선택합니다.

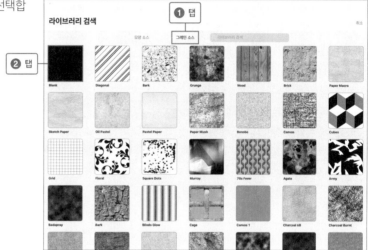

06 모양이 아무것도 보이지 않는 'Blank'로 변경되었으면 〔완료〕 버튼을 탭해 저장합니다.

TIP 완료 버튼을 탭하지 않으면 변경한 모양이 저장되지 않으므로 주의하세요.

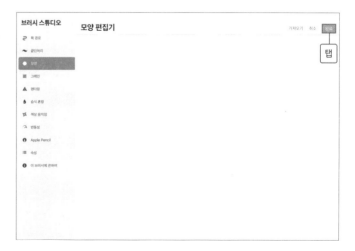

07 | (획 경로) 메뉴에서 모든 항목을 '없음(0)'으로 설정합니다.

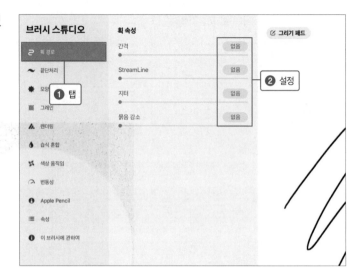

08 | (끝단처리) 메뉴에서 오른쪽과 같이 변경합니다. '압력 끝단처리'의 조절점을 왼쪽 끝으로 조절합니다. '압력 끝단처리 → 크기'를 '없음'으로 설정합니다. (팁 애니메이션)을 비활성화합니다. '터치 끝단처리'의 조절점을 왼쪽 끝으로 조절합니다. '터치 끝단처리 → 크기'를 '없음'으로 설정합니다. (클래식 끝단처리)를 비활성화합니다.

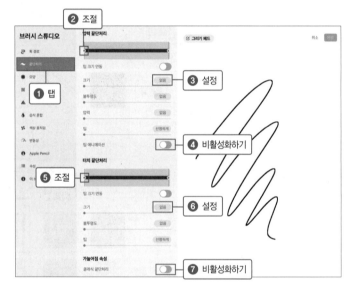

09 | (그레인) 메뉴에서 (그레인 특성 → 동선)에서 '움직임'과 '비율'을 '도장'과 '없음'으로 설정하고 (오프셋 지터)를 비활성화합니다.

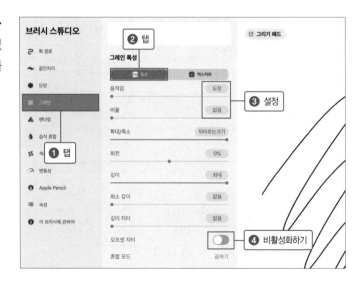

10 │ 〔습식 혼합〕 메뉴에서 '흡인력'을 '없음'으로 설정합니다.

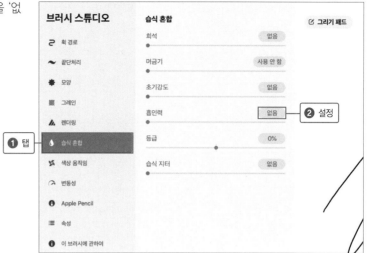

11 │ 〔속성〕 메뉴에서 '미리보기'를 '40%', '손가락'을 '없음'으로 설정합니다.

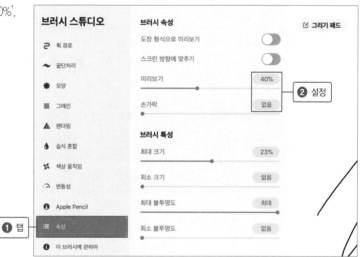

12 │ 〔이 브러시에 관하여〕 메뉴에서 브러시 이름을 '픽셀 아트 브러시'로 변경하고, 〔완료〕 버튼을 탭해 브러시 수정을 마칩니다.

13 [브러시 라이브러리]에서 정사각형 모양의 '픽셀 아트 브러시'가 완성된 것을 확인할 수 있어요.

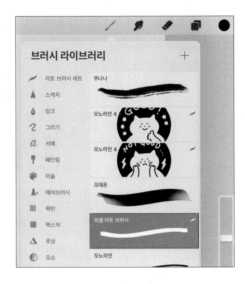

백설공주와 사과 그리기

01 캔버스에 픽셀 아트 브러시를 사용할 적당한 보조 칸을 만들기 위해 [동작(🔧) → 캔버스]에서 [그리기 가이드]를 활성화하고 [편집 그리기 가이드]를 선택합니다.

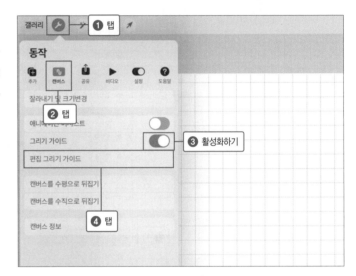

02 하단 메뉴에서 격자 크기를 '없음(0)' 으로 설정하고, 상단에 있는 색상 바를 왼쪽으로 쓸어 격자 색상을 '검은색'으로 변경해 주세요. [완료] 버튼을 탭해 캔버스로 돌아갑니다.

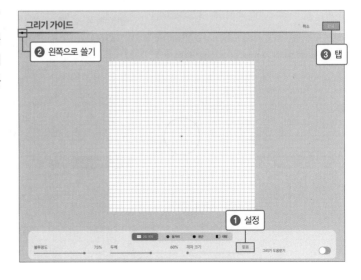

03 │ '픽셀 아트 브러시' 크기를 '1%'로 조
절한 다음 사용합니다. 그리기 보조선 칸을
한 칸씩 채우며 픽셀 아트 표현이 가능해요.

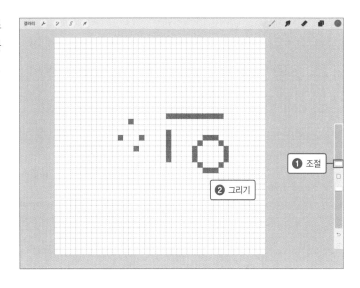

04 │ 오른쪽과 같이 동일한 칸에 브러시
를 사용해 사과와 백설공주를 그려 주세요.

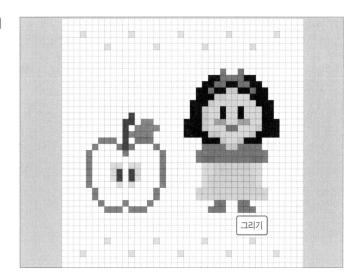

TIP 지우개를 사용할 때도 '픽셀 아트 브
러시'로 설정해 사용하는 것이 좋아요.

05 │ 배경을 채색하기 위해 (레이어(■))
에서 (+) 버튼을 탭해 백설공주를 그린 '레이
어 1' 아래 새 레이어를 추가합니다.

06 〔색상 원(●)〕을 끌어와 배경을 채색
합니다.

① 색 지정

② 드래그 & 드롭

07 〔동작(🔧) → 캔버스〕에서 〔그리기
가이드〕를 비활성화하면 완성입니다.

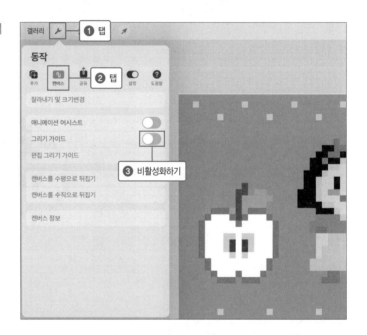

갤러리 🔧 ① 탭 ✦

동작

추가　캔버스　공유　② 탭　설정　도움말

잘라내기 및 크기변경

애니메이션 어시스트

그리기 가이드

편집 그리기 가이드

③ 비활성화하기

캔버스를 수평으로 뒤집기

캔버스를 수직으로 뒤집기

캔버스 정보

TIP　내가 만든 '픽셀 아트 브러시'를 사용해 나만의 창작 픽셀 아트를 그려 보세요.

TIP 우리가 픽셀 아트를 그린 캔버스는 40px×40px로, 완성한 그림을 핸드폰이나 컴퓨터로 옮기면 그림 사이즈가 매우 작습니다. 사이즈를 키우고 싶은 경우는 다음 과정과 같이 그림을 수정해 주세요.

❶ (레이어(▣)) 목록에서 완성한 픽셀 아트의 모든 레이어를 두 손가락으로 좁혀 하나의 레이어로 합칩니다.

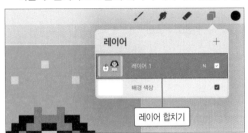

❷ 세 손가락으로 캔버스를 아래로 쓸어 편집 메뉴가 표시되면 (복사하기)를 선택합니다.

❸ 갤러리 화면으로 돌아가 너비를 '600px', 높이를 '600px', DPI를 '300'으로 설정한 다음 (창작) 버튼을 탭해 새로운 큰 캔버스를 만듭니다.

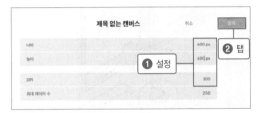

❹ 세 손가락을 아래로 쓸어 편집 메뉴가 표시되면 (붙여넣기)를 선택합니다.

❺ 캔버스에 아까 복사한 그림이 작게 표시되면 하단 메뉴에서 보간법을 [최근방 이웃]으로 지정한 다음 [스크린에 맞추기]를 탭합니다.

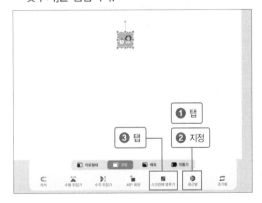

❻ 이렇게 큰 캔버스를 만들어 그림을 옮기면 그림 크기를 키워 저장할 수 있습니다.

등거리 가이드로
입체적인 공간
쉽게 그리기

- **난이도** : ★ ★ ★
- **브러시** : 모노레일
- **키워드** : # 그리기가이드 # 등거리 # 입체표현

iPad Drawing

Drawing
Style

아이소메트릭(등거리 투시법)은 공간 디자인에서 많이 사용하는 용어로, 3차원의 입체적인 디자인을 할 때 사용하는 투시법입니다. 프로크리에이트에는 아이소메트릭 디자인을 도와주는 '등거리 가이드 라인' 기능이 있어요. 그럼 우리도 한번 입체적인 공간을 디자인해 볼까요?

벽과 바닥을 구분해 공간 그리기

01 너비를 '200mm', 높이를 '200mm', DPI를 '300'으로 설정한 다음 [창작] 버튼을 탭합니다.

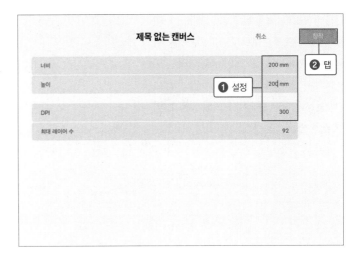

02 [동작(🔧) → 캔버스]에서 [그리기 가이드]를 활성화하고 [편집 그리기 가이드]를 선택합니다.

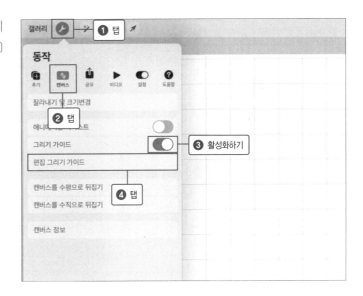

03 하단 메뉴에서 [등거리]를 선택하면 가이드 라인이 오른쪽과 같은 '등거리 가이드 라인'으로 변경됩니다. 격자 크기를 '70px'로 설정하고 [그리기 도움받기]를 활성화합니다. [완료] 버튼을 탭해 캔버스로 돌아갑니다.

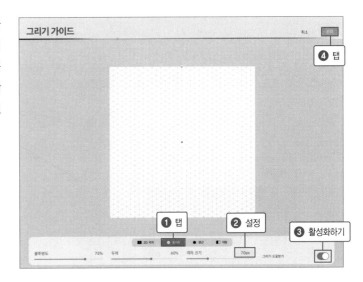

04 〔레이어(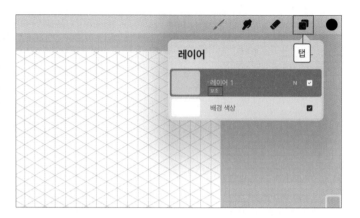)〕 목록에서 '레이어 1' 이름 아래 '보조'라는 표시가 추가된 것을 확인할 수 있습니다. 이 레이어에 '그리기 도움받기'가 활성화되어 있다는 뜻입니다. 브러시를 사용하면 '등거리 가이드 라인'에 맞춰 곧은 선을 그릴 수 있습니다.

05 '검은색' 브러시로 '등거리 가이드 라인'을 따라 다음과 같은 직선 3줄을 그립니다. 면이 두 벽과 바닥으로 나눠져 입체적인 공간이 됩니다. '그리기 도움받기' 기능을 활성화했기 때문에 곧은 선을 쉽게 그릴 수 있습니다.

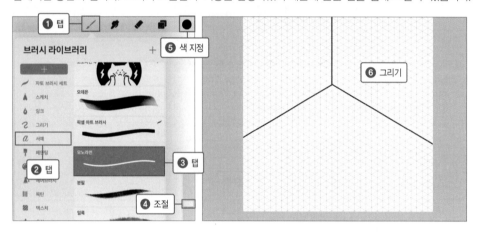

TIP 브러시 : 서예 → 모노라인 **브러시 크기** : 20%

가구 그리기

01 공간 안에 가구들을 그리기 위해 〔레이어(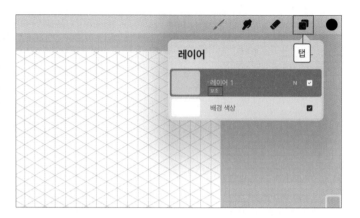)〕에서 〔+〕 버튼을 탭해 새 레이어를 추가합니다.

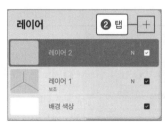

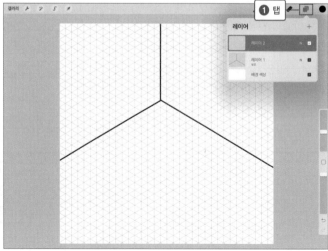

02 | 새 레이어를 추가했기 때문에 다시 '그리기 도움받기'를 활성화합니다. (동작(🔧) → 캔버스)에서 (편집 그리기 가이드)를 선택해 (그리기 도움받기)를 활성화해 주세요.

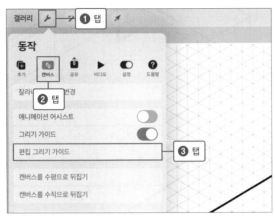

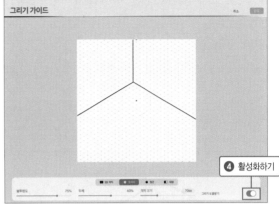

03 | 왼쪽 벽면에 붙어 있는 책상을 그립니다. 다음과 같은 순서로 책상 윗면부터 다리까지 입체적으로 그려 주세요. 공간을 그린 '레이어 1'의 라인과 겹치는 부분들은 나중에 채색하면 자연스럽게 가려지므로 신경 쓰지 않아도 됩니다.

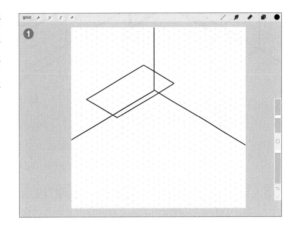

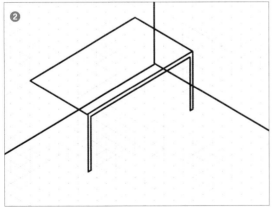

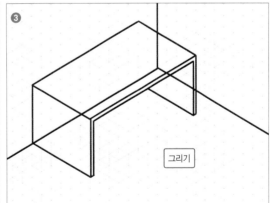

04 오른쪽 하단에 침대를 그려 주세요. 오른쪽 벽면에 붙어 있는 침대 등받이를 비스듬히 그리고, 밑으로 침대 모양을 이어 그립니다. 침대 위에 라인을 그어 이불도 표현해 주세요.

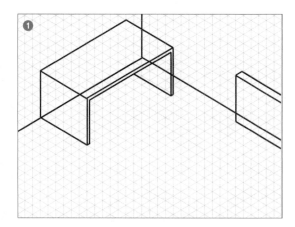

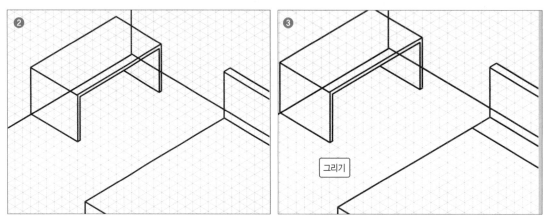

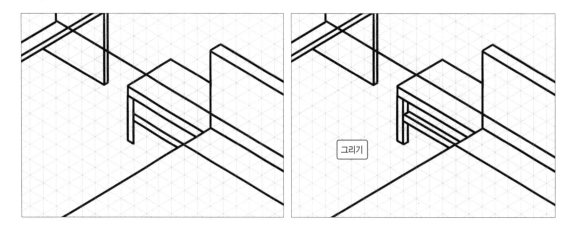

05 등거리 라인을 따라 침대 옆에 붙어 있는 탁자를 하나 그립니다. 탁자 다리는 다음과 같이 뒤쪽에 라인을 추가해 입체적으로 표현해 주세요. '그리기 도움받기'가 활성화되어 있어 라인의 각도를 잡는 건 쉬우나, 라인을 어디에 그어야 입체적으로 표현되는지는 헷갈릴 수 있습니다. 천천히 따라 그려 주세요.

창문 그리기

01 | 오른쪽 벽면에 커다란 창문도 그려 주세요. 등거리 라인을 따라 비스듬한 직사 각형을 그리고 테두리 라인을 한 번 더 긋습 니다.

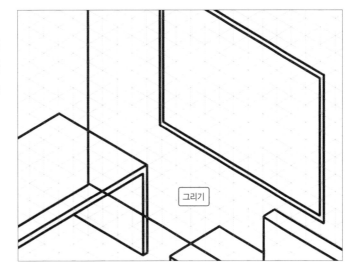

02 | 창을 두 개로 나누는 창살도 하나 그 려 주세요.

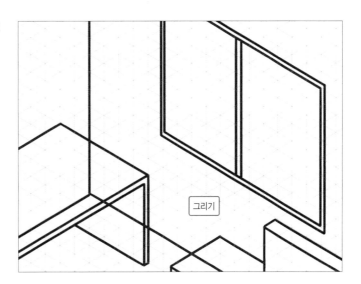

03 | 입체적인 표현을 위해 창살 뒤로 라 인을 그려 창살 두께를 표현합니다.

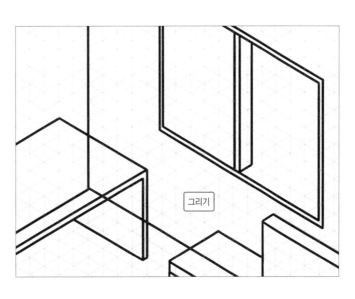

04 | 전체적으로 창문 폭을 만드는 라인을 이어 그려 창문을 입체적으로 표현합니다.

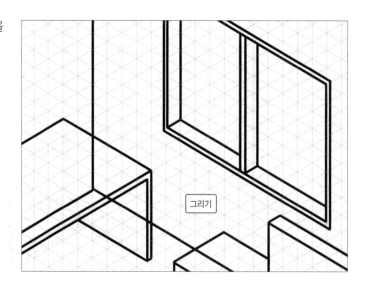

그리기

컴퓨터 그리기

01 | 책상 위에 있는 컴퓨터를 그리기 위해 (레이어(▣))에서 (+) 버튼을 탭해 새 레이어를 추가합니다.

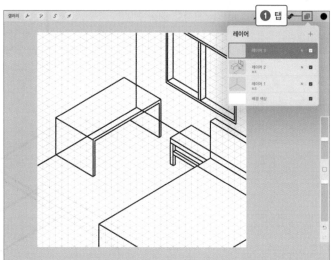

❶ 탭

02 | 새 레이어도 마찬가지로 (동작(🔧) → 캔버스 → 편집 그리기 가이드 → 그리기 도움받기)를 활성화합니다.

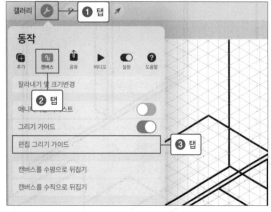

03 [레이어(▣)] 목록에서 공간을 그린 '레이어 1'은 체크 해제해 잠시 보이지 않게 해 주세요. 컴퓨터를 그릴 때 라인이 너무 많이 겹쳐 있으면 헷갈리기 때문입니다.

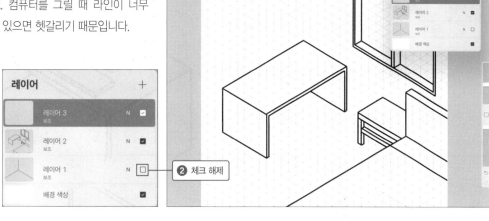

04 책상 위에 있는 컴퓨터의 모니터 위치를 잡아 라인을 그리고, 테두리도 그려 주세요. 모니터 받침대는 납작한 박스 모양으로 그립니다.

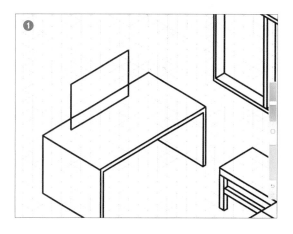

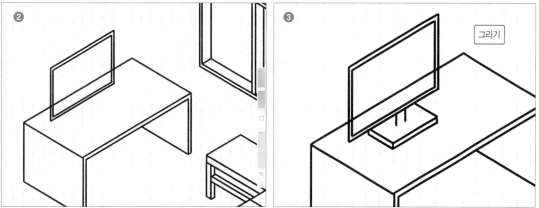

05 컴퓨터 앞쪽에 키보드도 그려 주세요. 납작하면서 긴 박스 모양을 그리고, 그 위에 수평선과 수직선으로 체크 모양을 그려 많은 키보드 자판을 간단하게 표현합니다.

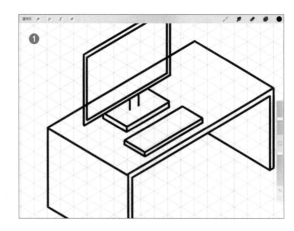

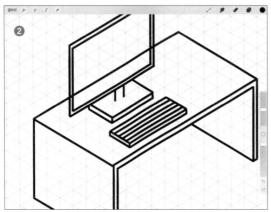

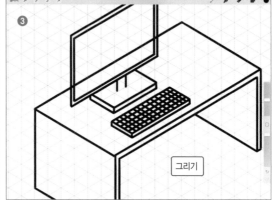

책상 의자 그리기

01 책상 의자를 그리기 위해 [레이어 (⬛)]에서 [+] 버튼을 탭해 새 레이어를 추가합니다.

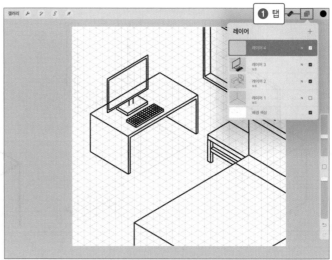

02 │ (동작(🔧) → 캔버스 → 편집 그리기 가이드 → 그리기 도움받기)를 활성화합니다.

03 │ 책상 안쪽에 넣은 의자를 그립니다. 등받이 부분의 위치를 잡아 입체감 있게 그려 주세요.

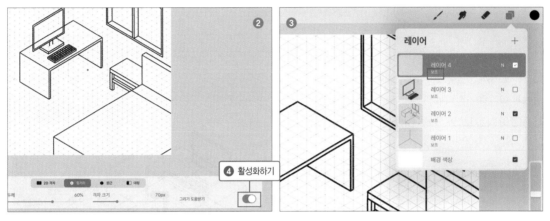

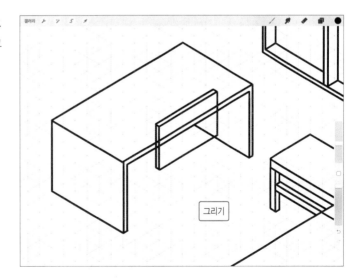

04 책상 안쪽으로 들어간 앉는 부분과 의자 다리도 두께감 있게 그립니다. 의자의 두 다리는 두께와 길이가 동일해야 자연스럽습니다.

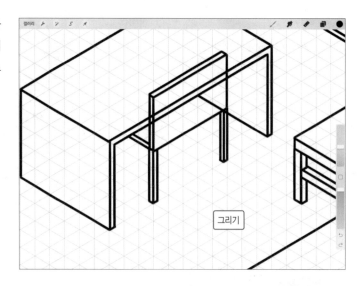

05 의자까지 그렸다면 (레이어(▣)) 목록에서 공간을 그린 '레이어 1'을 체크 표시해 공간이 다시 보이도록 해 주세요.

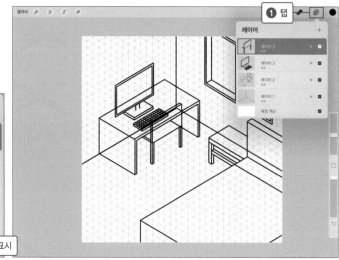

공간을 꾸밀 요소 그리기

01 공간을 꾸밀 요소들을 그리기 위해 (레이어(▣))에서 (+) 버튼을 탭해 새 레이어를 추가합니다. 주로 곡선으로 이루어진 사물들을 그릴 것이기 때문에 '그리기 도움받기'를 활성화하지 않아요.

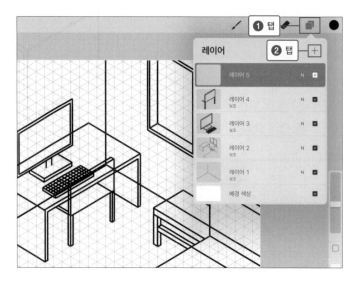

02 | 책상 주변에 소품들을 그립니다. 책상 왼쪽에는 조명과 컴퓨터 선을, 책상 위에는 마우스를, 책상 오른쪽에는 연필꽂이를 그립니다. 컴퓨터 선은 책상을 따라 내려오도록 그리면 자연스럽습니다. 자유롭게 다른 소품들을 추가로 그려도 좋아요.

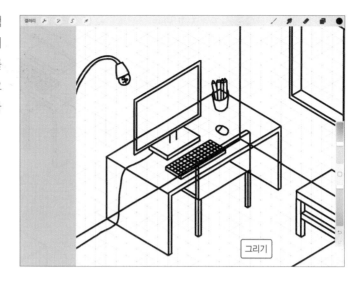

03 | 탁자 위에는 화분을 하나 그립니다. 화분을 그릴 때 창문과 라인이 겹쳐 헷갈린다면 (레이어(■)) 목록에서 창문을 그린 '레이어 2'를 체크 해제해 보이지 않도록 하고 그려도 좋습니다.

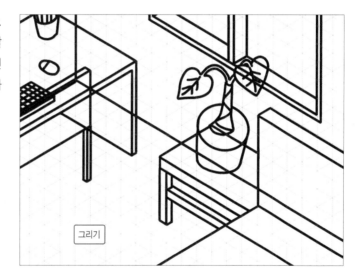

TIP 창문을 그린 '레이어 2'를 체크 해제했을 때 모습입니다.

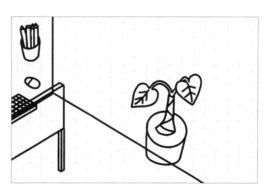

04 | 침대 위에 몸을 웅크리고 자고 있는 강아지와 침대 위쪽에 베개를 그리고, 캔버스 왼쪽 하단에 벗은 슬리퍼를 그립니다.

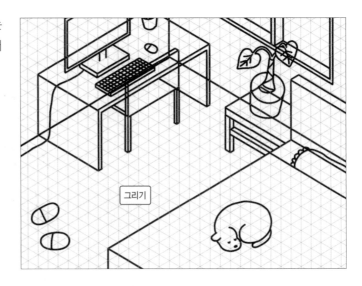

05 | 라인을 모두 그렸으면 (동작(🔧) → 캔버스)에서 (그리기 가이드)를 비활성화해 주세요.

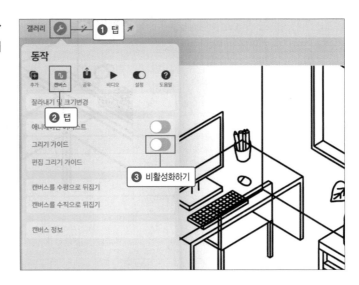

전체 채색하기

01 | 채색을 합니다. 보이는 면적이 가장 넓은 벽과 바닥을 먼저 채색하면 전체적인 색감을 정하기가 편해요. (레이어(▣)) 목록에서 공간을 그린 '레이어 1'을 선택합니다.

02 〔색상 원(●)〕을 끌어와 벽과 바닥을 원하는 색으로 채색합니다. 창문이 오른쪽 벽에 있으니 왼쪽 벽을 조금 더 밝은 색으로 채색합니다.

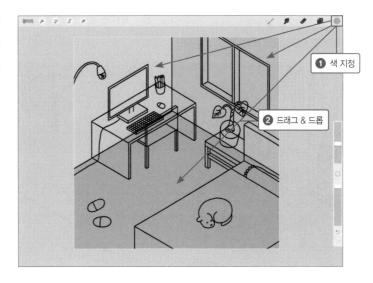

03 가구 위에 그린 요소들부터 채색해 주세요. 〔레이어(■)〕 목록에서 여러 가지 사물을 그린 '레이어 5'를 선택합니다.

04 '레이어 5'에 있는 요소들의 면에 〔색상 원(●)〕을 끌어와 채색합니다. 이때 라인에 끊긴 부분이 있으면 색이 모두 밖으로 빠져나갑니다. '베개'처럼 이불에 가려 라인이 끊겨 있는 면은 남겨 두세요. 다음 과정에서 브러시로 직접 채색합니다.

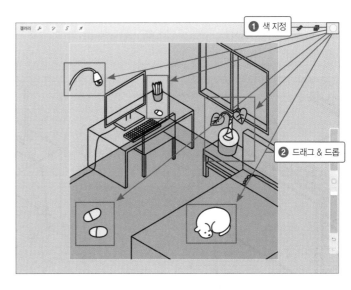

05 〔레이어(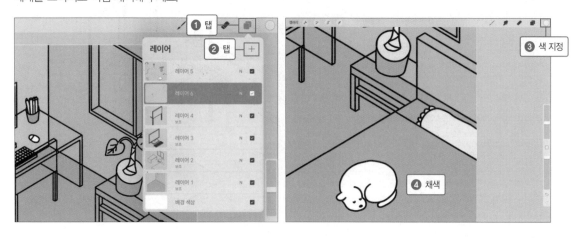)에서 〔+〕 버튼을 탭해 여러 가지 요소들을 그린 '레이어 5' 아래 새 레이어를 추가하고, 채색하지 못한 베개를 브러시로 직접 채색해 주세요.

06 〔레이어(■)〕 목록에서 의자를 그린 '레이어 4'를 선택하고, 의자 면에 〔색상 원(●)〕을 끌어와 채색합니다. 책상에 가려 라인이 끊긴 의자의 앉는 부분은 다음 과정에서 브러시로 직접 채색해 주세요.

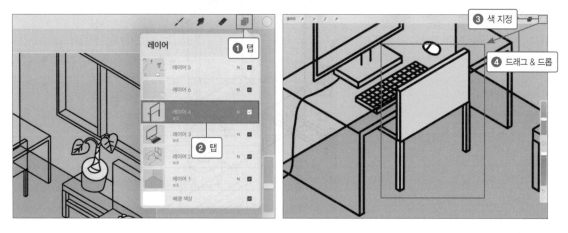

07 〔레이어(■)〕에서 〔+〕 버튼을 탭해 의자를 그린 '레이어 4' 아래 새 레이어를 추가하고, 채색하지 못한 의자의 앉는 부분을 브러시로 직접 채색합니다.

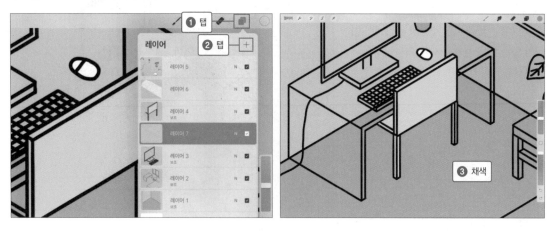

08 │ (레이어(⬛)) 목록에서 컴퓨터를 그린 '레이어 3'을 선택하고 (색상 원(●))을 끌어와 컴퓨터를 채색합니다. 키보드
는 면이 너무 작게 나눠져 있기 때문에 '색상 원'을 끌어와 채색하기가 조금 힘듭니다. 다음 과정에서 브러시로 직접 채색
하도록 해요.

09 │ (레이어(⬛))에서 (+) 버튼을 탭해 컴퓨터를 그린 '레이어 3' 아래 새 레이어를 추가하고, 채색하지 못한 키보드를
브러시로 직접 채색합니다.

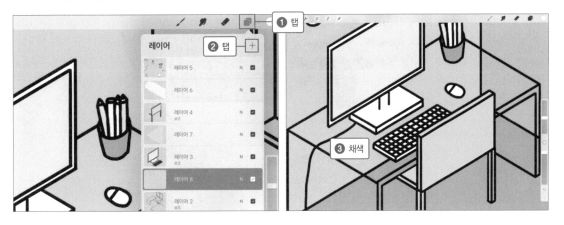

10 │ (레이어(⬛)) 목록에서 창문과 가구들을 그린 '레이어 2'를 선택합니다. (색상 원(●))을 끌어와 가구들과 창문을
채색해 마무리합니다.

 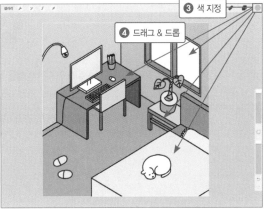

움직이는 스노우볼
일러스트 그리기

- **난이도** : ★★★★
- **브러시** : 나린더 연필, 색연필 1, 리틀 파인, 눈보라
- **준비물** : 01\자토 브러시 세트, 자토 팔레트 3
- **키워드** : # GIF # 움직이는일러스트

iPad Drawing

Drawing
Style

GIF 파일로 움직이는 일러스트를 만드는 방법을 배우면 내리는 눈과 비, 밤하늘에 떨어지는 별똥별 같은
요소들을 생동감 있게 표현할 수 있어요. 프로크리에이트에서 GIF 파일을 만드는 방법은 아주 간단해요.
움직이고 싶은 요소의 레이어를 잘 분리하면 됩니다. 그럼 한번 연습해 볼까요?

TIP GIF 파일 기본 원리

움직이는 일러스트 만들기의 기본은 레이어로 프레임을 나누는 것입니다. 즉 '레이어 1개 = 프레임 1장'이라고 생각하면 됩니다. 레이어를 나눈 그림을 GIF 파일로 저장하면 레이어 순서대로 재생됩니다. 첫 레이어부터 끝 레이어까지 재생된 다음 다시 첫 레이어로 돌아가 재생을 무한 반복합니다.

예시

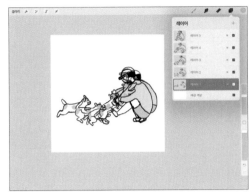
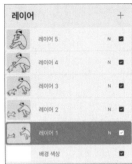

GIF 파일로 재생

▲ 레이어 1   ▲ 레이어 2   ▲ 레이어 3   ▲ 레이어4   ▲ 레이어 5

또한 레이어들을 묶은 하나의 그룹도 프레임 1장이 되며 체크 해제된 레이어나 그룹은 재생에서 제외됩니다. 예를 들어 아래 그림을 GIF로 저장하면 '새로운 그룹 1 → 새로운 그룹 4 → 새로운 그룹 5' 순서로 무한 재생됩니다.

라인으로 스노우볼 그리기

01 너비를 '100mm', 높이를 '100mm', DPI를 '300'으로 설정한 다음 (창작) 버튼을 탭합니다.

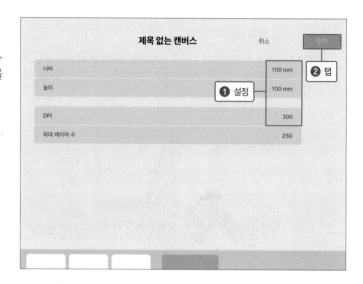

02 (동작(🔧) → 캔버스)에서 (그리기 가이드)를 활성화하고 (편집 그리기 가이드)를 선택합니다.

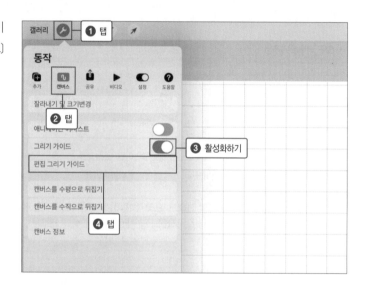

03 스노우볼을 그릴 때 위치와 크기를 참고하기 위해 격자 크기를 '200px'로 설정하고 (완료) 버튼을 탭해 캔버스로 돌아갑니다.

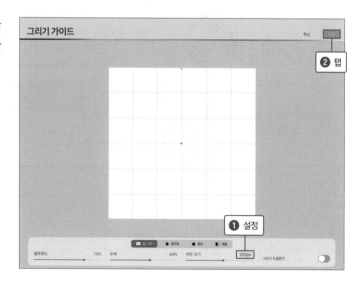

04 중앙 상단에 큰 원을 하나 그립니다. 반듯한 원을 그리기 위해서 원을 그린 다음 화면에서 펜을 떼지 않고 기다립니다. 상단에 (모양 편집) 버튼이 표시되면 탭한 다음, (원)을 선택하면 그린 원이 반듯하게 변경됩니다.

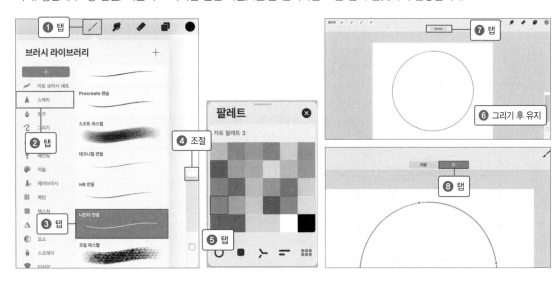

TIP **브러시** : 스케치 → 나린더 연필 **브러시 크기** : 100% **색상** : 자토 팔레트 3 → 19번 색상

05 (변형(↗))을 탭하고 반듯하게 수정된 원의 위치를 중앙 세로선에 맞춥니다.

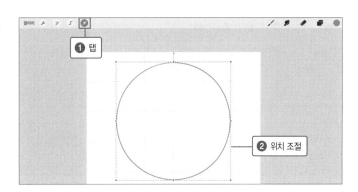

06 스노우볼 아래 받침대를 편리하게 그리기 위해서 (동작(↗)) → 캔버스 → 편집 그리기 가이드 → 대칭)을 선택하고 (완료) 버튼을 탭합니다.

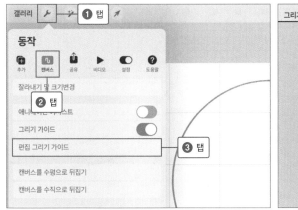

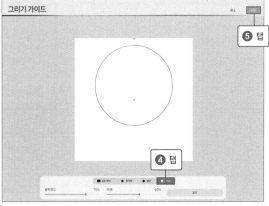

07 스노우볼 받침대를 그립니다. '대칭' 기능을 활성화했기 때문에 왼쪽부터 중앙선까지만 선을 이어 그리면 오른쪽도 자동으로 완성됩니다.

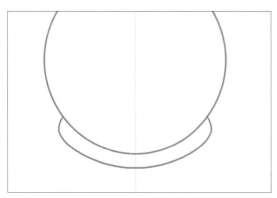 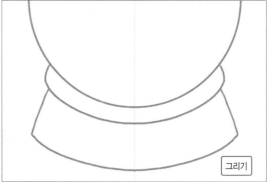

그리기

08 받침대까지 모두 그렸으면 '대칭' 기능을 비활성화해요. '동작'에서 바로 '그리기 가이드'를 비활성화하면 보조선은 사라지지만 '대칭' 기능은 비활성화되지 않아요. 〔동작(🔧) → 캔버스 → 편집 그리기 가이드〕를 선택하고, 하단 메뉴에서 〔2D 격자〕로 선택한 다음 〔그리기 도움받기〕를 비활성화하고 〔완료〕 버튼을 탭하세요.

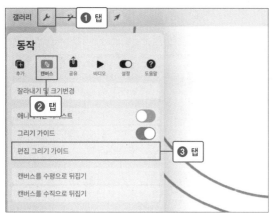 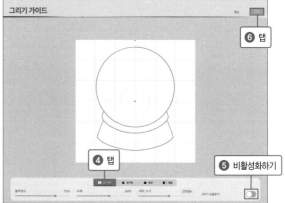

09 〔동작(🔧) → 캔버스〕에서 〔그리기 가이드〕를 비활성화하면 '대칭' 기능과 보조 선이 완전히 사라집니다.

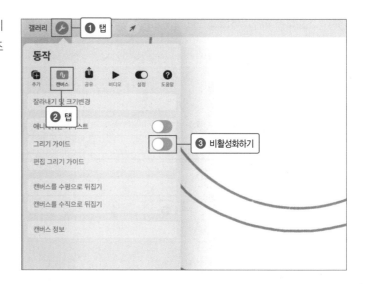

스노우볼 채색하기

01 스노우볼의 아웃 라인을 완성했어요.
스노우볼을 채색하기 위해 〔레이어(■)〕에서
〔+〕 버튼을 탭해 스노우볼 라인을 그린 '레
이어 1' 아래 새 레이어를 추가합니다.

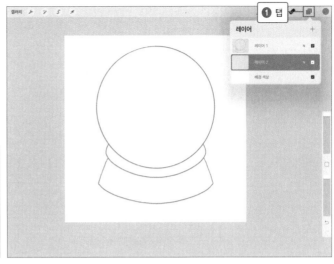

02 채색할 영역을 지정하기 위해 〔레이
어(■)〕 목록에서 스노우볼 라인을 그린 '레
이어 1'을 선택합니다.

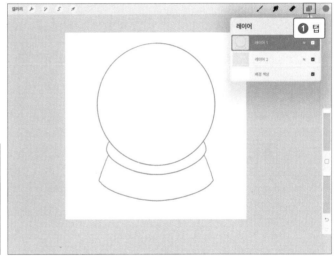

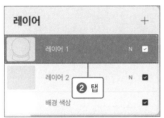

03 〔선택(S) → 자동〕을 선택한 다음
원 안을 탭합니다. 원 안의 영역이 파란색으
로 지정된 것을 확인할 수 있어요.

TIP 원 안의 영역만 지정되지 않는다면
펜을 떼지 말고 왼쪽으로 쓸어 〔선택 한
계값〕을 조절하세요.

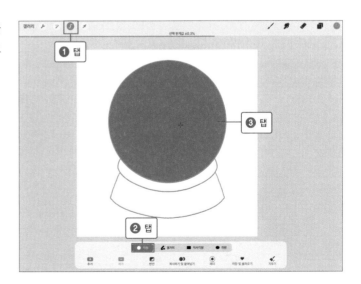

04 | 원 안에 영역을 지정한 상태로 〔레이어(■)〕 목록에서 새로 추가한 '레이어 2'를 선택합니다. 원 안의 영역만 제외하고 나머지 부분에 빗금이 표시됩니다. 원 안의 영역만 활성화되었다는 표시입니다.

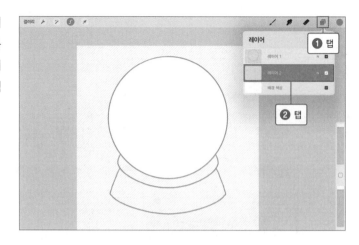

05 | 새로 추가한 '레이어 2'에 〔색상 원(●)〕을 끌어와 원을 채색합니다. 영역을 지정했기 때문에 원 안만 색이 채워집니다.

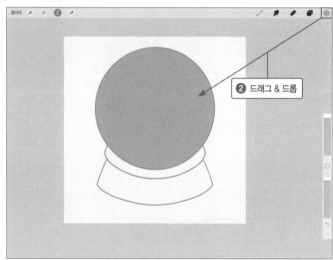

TIP **색상** : 자토 팔레트 3 → 20번 색상

06 | 받침대의 채색 영역을 지정하기 위해 〔레이어(■)〕 목록에서 스노우볼 라인을 그린 '레이어 1'을 선택합니다.

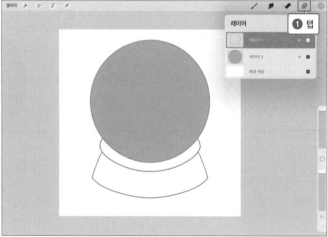

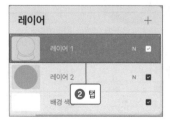

07 [선택(5) → 자동]을 선택해 원 아래에 받침대를 탭합니다. 채색할 면이 2개이기 때문에 두 번 탭해야 합니다.

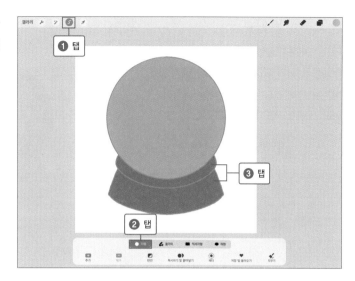

08 받침에 영역이 지정된 상태로 [레이어(📑)] 목록에서 스노우볼을 채색한 '레이어 2'를 선택합니다.

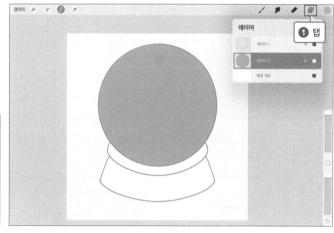

09 받침대에 [색상 원(●)]을 끌어와 채색합니다.

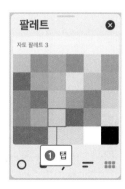

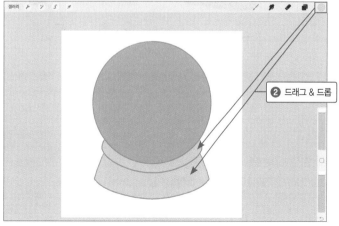

TIP **색상** : 자토 팔레트 3 → 21번 색상

스노우볼 받침대 꾸미기

01 채색이 끝났으면 받침 부분을 꾸밀 무늬를 그리기 위해 (레이어(⬛))에서 (+) 버튼을 탭해 스노우볼을 채색한 '레이어 2' 위에 새 레이어를 추가합니다.

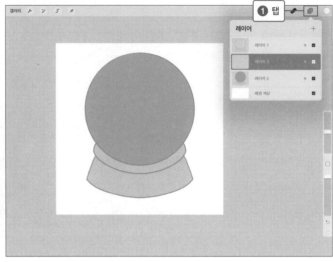

02 받침대의 가장 넓은 부분에 눈 결정체를 그려요. 방향을 받침대의 기울기에 맞게 조금 왼쪽으로 기울게 그려야 자연스럽습니다.

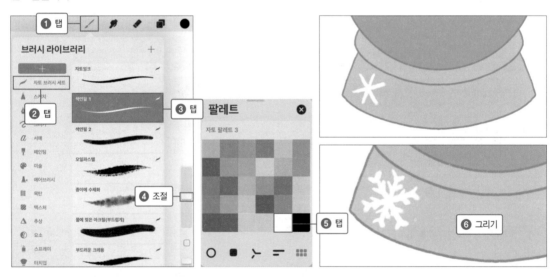

TIP **브러시**: 자토 브러시 세트 → 색연필 1 **브러시 크기**: 25% **색상**: 자토 팔레트 3 → 29번 색상

03 눈 결정체 하나를 완성했으면 화면을 세 손가락으로 쓸어내려 편집 메뉴를 표시하고 (복사하기 및 붙여넣기)를 선택합니다.

04 | 복사한 눈 결정체를 오른쪽으로 이동합니다. 상단 초록색 조절점을 받침대 기울기에 맞춰 조금씩 조절합니다.

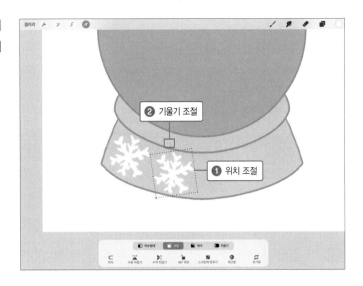

05 | 03∼04와 동일한 방법으로 눈 결정체를 두 번 더 (복사하기 및 붙여넣기)해 4개의 결정체를 만듭니다. 눈 결정체가 적다면 더 많이 붙여 넣어도 좋아요.

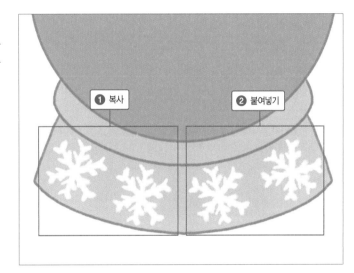

06 | 받침대 윗부분에는 단순하게 물결무늬를 그려 꾸밉니다.

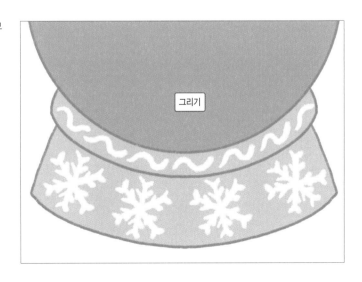

07 〔레이어(▣)〕목록에서 스노우볼 라인을 그린 '레이어 1'을 제외한 모든 레이어를 두 손가락으로 좁혀 하나의 레이어로 합칩니다.

스노우볼 안에 집 그리기

01 스노우볼 안에 그림을 그리기 위해 〔레이어(▣)〕에서 〔+〕버튼을 탭해 스노우볼을 채색한 '레이어 2' 위에 새 레이어를 추가합니다.

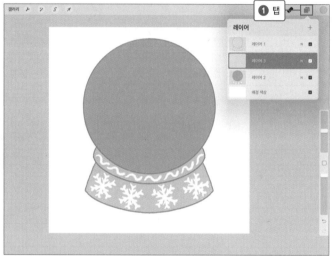

02 '흰색'으로 눈 쌓인 땅이 될 부분의 테두리를 그립니다. 스노우볼 원은 '구'이기 때문에 오른쪽과 같이 위의 라인을 살짝 둥글게 그려야 자연스러워요.

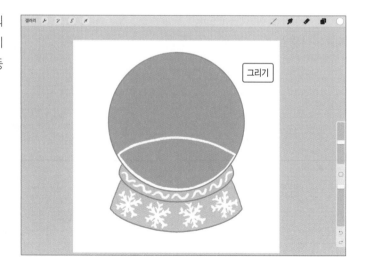

03 '흰색'의 (색상 원(●))을 테두리 안에 끌어와 채색합니다.

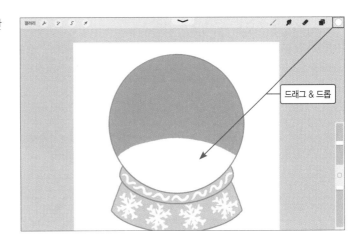

드래그 & 드롭

04 땅 위에 집을 그리기 위해 (레이어(■))에서 (+) 버튼을 탭해 새 레이어를 추가합니다.

① 탭

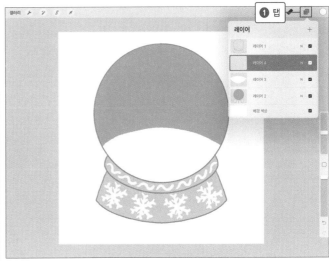

05 크리스마스 느낌이 표현되도록 '붉은색' 집을 그려요. 집의 지붕이 될 사다리꼴을 하나 그립니다.

② 그리기

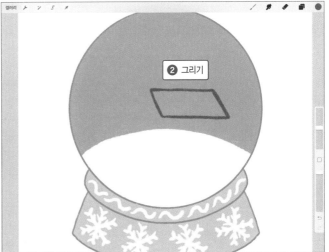

TIP **색상** : 자토 팔레트 3 → 22번 색상

06 사다리꼴 아래로 직사각형을 그려 벽을 만듭니다.

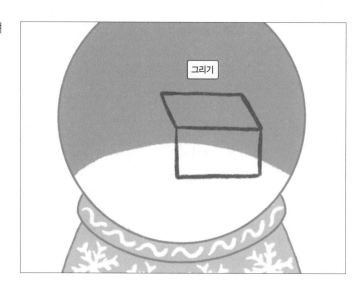

07 반대쪽은 왼쪽 방향으로 사선을 그리고 아래로 벽을 그립니다.

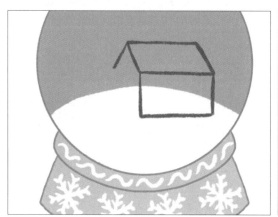
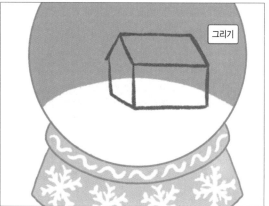

08 지붕 위에는 크리스마스에 빠질 수 없는 굴뚝을 그리고 겹치는 라인은 (지우개(✐))로 지웁니다.

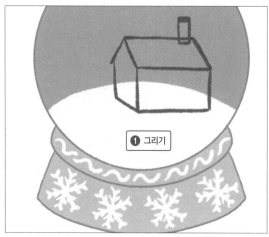
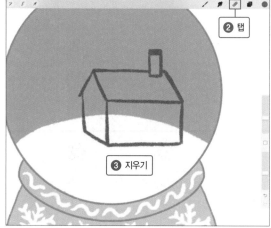

09 │ 집을 완성했으면 창문, 문 등 디테일을 그려 완성해요.

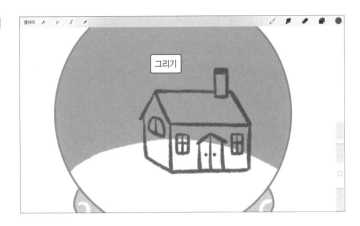

10 │ 지붕부터 (색상 원(●))을 끌어와 채색합니다.

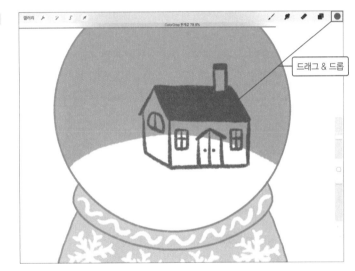

TIP '색상 원'을 끌어왔는데 색이 라인 밖으로 모두 빠져나간다면 펜을 떼지 않고 왼쪽으로 쓸어 (ColorDrop 한계값)을 낮춰 주세요.

11 │ 벽과 창문에도 (색상 원(●))을 끌어와 채색합니다.

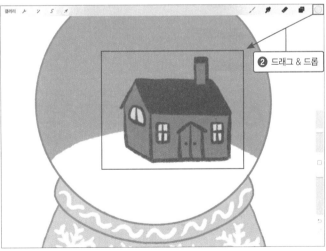

TIP 색상 : 자토 팔레트 3 → 23번 색상, 자토 팔레트 3 → 24번 색상

스노우볼 안에 나무 그리기

01 | 크리스마스 트리 느낌의 나무를 그리기 위해 [레이어(■)]에서 [+] 버튼을 탭해 새 레이어를 추가합니다.

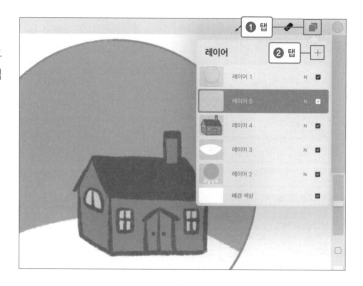

02 | 나무의 거친 느낌을 잘 표현할 수 있는 '리틀 파인' 브러시를 사용해 시옷 모양으로 나무의 윗부분을 그립니다. 아래로 내려갈수록 시옷의 크기를 점점 키우면서 그리면 나무가 완성됩니다.

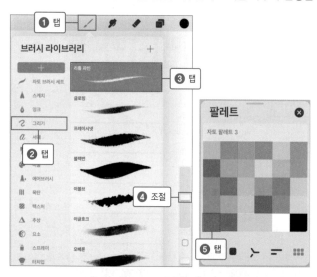

TIP 브러시 : 그리기 → 리틀 파인 **브러시 크기** : 20% **색상** : 자토 팔레트 3 → 25번 색상

03 〔레이어(□)〕에서 〔+〕 버튼을 탭해 나무를 그린 '레이어 5' 아래 새 레이어를 추가합니다.

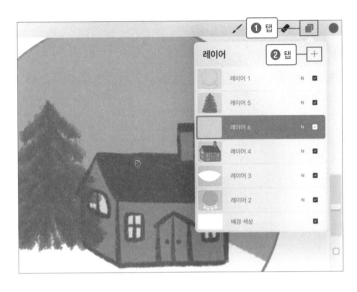

04 '갈색'으로 나무 밑부분을 그리고 채색해 주세요.

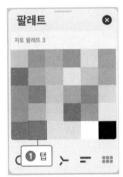

TIP 색상 : 자토 팔레트 3 → 26번 색상

05 〔레이어(□)〕 목록에서 나무를 그린 '레이어 5'와 '레이어 6'은 두 손가락으로 좁혀 하나의 레이어로 합칩니다.

쌓인 눈과 나무 장식 그리기

01 │ 나무와 집에 쌓인 눈을 그리기 위해 (레이어(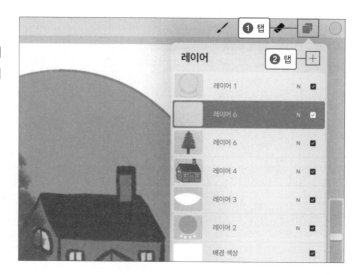))에서 [+] 버튼을 탭해 새 레이어를 추가합니다.

02 │ 먼저 나무 위에 쌓인 눈을 그립니다. '흰색'으로 나무의 시옷 모양을 따라 눈이 쌓인 모습을 두껍게 채색해 표현합니다.

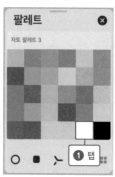

TIP 색상 : 자토 팔레트 3 → 29번 색상

03 │ 집의 지붕과 굴뚝 위로 쌓인 눈을 채색합니다.

04 나무 위에 장식도 자유롭게 그려 주세요. 나무 꼭대기에 별과 주렁주렁 달린 조명만 그려도 크리스마스 느낌이 나요.

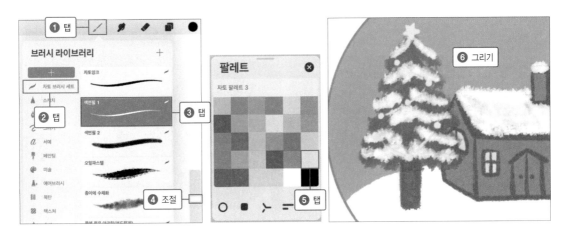

TIP 브러시 : 자토 브러시 세트 → 색연필 1 브러시 크기 : 25% 색상 : 자토 팔레트 3 → 24번 색상

05 (레이어(⬛)) 목록에서 나무와 집, 쌓인 눈을 그린 레이어를 다중 선택하세요.

TIP 하나의 레이어를 선택한 다음 나머지 레이어들을 오른쪽으로 쓸어 다중 선택할 수 있어요.

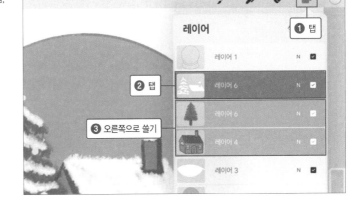

06 다중 선택한 상태로 (변형(↗) → 균등)을 선택해 크기와 위치를 조절해 주세요.

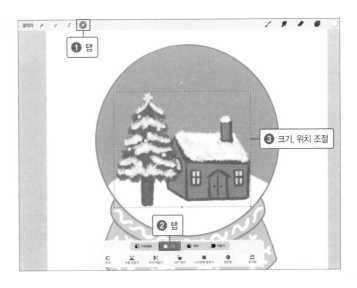

07 〔레이어(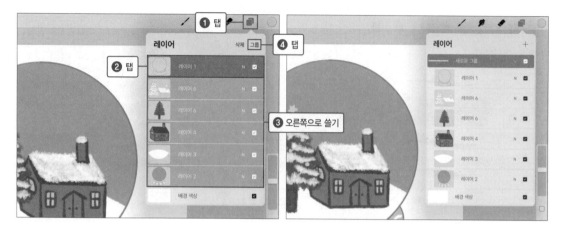)〕 목록에서 모든 레이어를 다중 선택한 다음 그룹으로 지정합니다.

내리는 눈 그리기

01 스노우볼 안에 내리는 눈을 그리기 위해 〔레이어(■)〕에서 〔+〕 버튼을 탭해 스노우볼 라인을 그린 '레이어 1' 바로 아래 새 레이어를 추가합니다.

02 〔레이어(■)〕 목록에서 새 레이어를 추가한 상태로 그룹의 〔∨〕를 탭해 '그룹' 레이어를 닫고, 그룹을 왼쪽으로 쓸어 〔복제〕 버튼을 탭합니다.

03 (레이어(■)) 목록에서 02와 동일한 방법으로 한 번 더 복제해 똑같은 그룹 3개를 만들어 주세요.

04 (레이어(■)) 목록에서 가장 위에 있는 '첫 번째 그룹' 레이어를 열고 스노우볼 라인을 그린 '레이어 1'을 선택합니다.

05 내리는 눈을 그릴 때 원 안에만 그려지도록 원 안에 영역을 지정해 주세요. (선택(S) → 자동)을 선택한 다음 원 안을 탭해요. 원 안의 영역이 파랗게 지정된 것을 확인할 수 있어요.

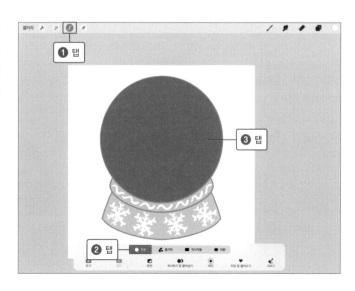

06 지정한 상태로 (레이어()) 목록에서 '레이어 8'을 선택합니다. 선택된 원 안의 영역만 제외하고 빗금이 표시됩니다.

07 '눈보라' 브러시로 캔버스를 문질러 간편하게 흩날리는 눈을 그립니다. 원 안에 영역을 지정했기 때문에 브러시가 원 밖으로 나가도 원 안에만 그려져 편리합니다.

TIP **브러시** : 요소 → 눈보라   **브러시 크기** : 15%   **색상** : 자토 팔레트 3 → 29번 색상

08 (레이어()) 목록에서 '첫 번째 그룹' 레이어를 체크 해제해 보이지 않게 합니다.

09 〔레이어(📄)〕 목록에서 '두 번째 그룹' 레이어를 열고 '레이어 8'을 선택합니다.

10 눈을 그립니다. 아까와는 다른 방향으로 브러시를 문지르면 더욱 좋습니다.

그리기

TIP 같은 브러시로 같은 곳을 문질러도 브러시의 특성상 100% 똑같은 위치, 똑같은 크기로 눈이 그려지지는 않아요. 그래서 나중에 GIF 파일을 만들었을 때 눈의 위치와 크기가 변경되며 움직이는 것처럼 보입니다.

11 〔레이어(📄)〕 목록에서 '두 번째 그룹' 레이어도 체크 해제해 보이지 않게 합니다.

12 〔레이어(▣)〕 목록에서 '세 번째 그룹' 레이어를 열고 '레이어 8'에 내리는 눈을 그려 주세요.

13 〔레이어(▣)〕 목록에서 모든 '그룹' 레이어를 체크 표시해 주세요.

TIP GIF 파일을 만들 때 재생하고 싶은 레이어나 그룹은 모두 체크 표시되어 있 어야 합니다.

14 〔동작(🔧)〕 → 공유〕에서 〔움직이는 GIF〕를 선택해 주세요.

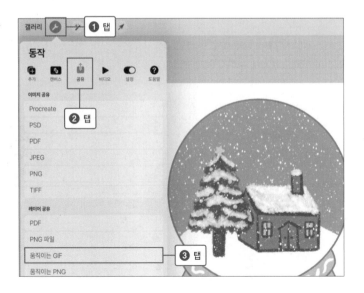

15 │ 움직이는 GIF에서 일러스트가 재생
되는 모습을 미리 볼 수 있어요. 스노우볼
안에서 눈이 흩날리고 있어야 합니다.
〔초당 프레임〕으로 움직임의 속도를 조절하고
〔내보내기〕 버튼을 탭해 저장합니다.

TIP 그림을 그리는 중간에도 '움직이는
GIF'에서 움직임이 제대로 표현되는지
확인하면서 그릴 수 있어요.

TIP GIF 파일은 핸드폰이나 웹상에서 사용할 수 있습니다. GIF 형식을 지원하지 않는 곳이 있다면 〔동작(🔧)〕 → 공유 →
mp4〕를 선택해 동영상으로 저장해 업로드할 수 있어요.

TIP 움직이는 GIF 설정

❶ **저장 형식** : 저장 형식은 두 가지가 있어요. '최대 해상도'는 높은 화질로 저
장할 수 있으나 용량이 크며, '웹 레디'는 낮은 화질이지만 작은 용량으로
저장할 수 있습니다. 보통 핸드폰이나 인터넷에서 보는 용도라면 '웹 레디'
형식으로도 충분해요.

❷ **초당 프레임** : 1초당 보이는 프레임 수입니다. 숫자가 클수록 움직이는 속
도가 빠릅니다.

❸ **디더링** : GIF 파일로 변환되는 과정에서 일어나는 색상의 손실을 보완하
고, 더 자연스럽게 보이기 위해 노이즈를 임의적으로 추가해 색상을 맞추
는 기능입니다.

❹ **프레임당 색상 팔레트** : 장면마다 고유의 팔레트를 저장합니다.

❺ **투명한 배경** : 배경색을 투명하게 그렸을 경우에 투명한 배경을 유지하기
위해 사용합니다.

움직이는 토끼 캐릭터
이모티콘 만들기

- **난이도** : ★★★★
- **브러시** : 모노라인
- **준비물** : 05\애니메이션 가이드.psd
- **키워드** : # 애니메이션어시스트 # 이모티콘

iPad Drawing

Drawing
Style

프로크리에이트에는 간편하고 신속하게 애니메이션을 만들 수 있는 기능이 있어요. 요즘에 많이 사용하는 움직이는 이모티콘을 제작하기에도 좋은 기능입니다. 애니메이션을 만드는 기본 원리와 방법을 알아보고 움직이는 캐릭터를 그리는 연습을 함께해 볼까요?

'애니메이션 어시스트' 배우기

01 움직이는 캐릭터 이모티콘을 만들기에 앞서 간단하게 그림을 그려 '애니메이션 어시스트' 기본 원리와 메뉴 설정에 대해 알아볼게요. 너비를 '1000px', 높이를 '1000px', DPI를 '300'으로 설정한 다음 [창작] 버튼을 탭합니다. 단위가 '픽셀'로 되어 있는지 잘 확인해 주세요.

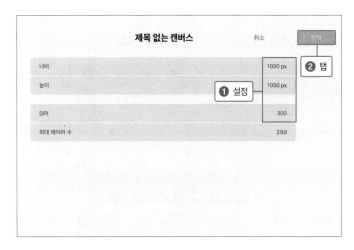

02 [동작(🔧) → 캔버스]에서 [애니메이션 어시스트]를 활성화하면 하단에 애니메이션 어시스트 메뉴가 표시됩니다.

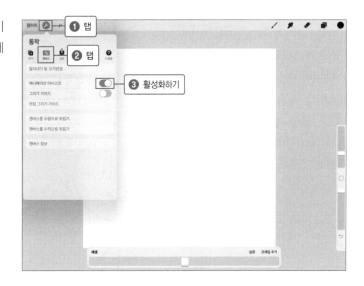

03 레이어 1개가 애니메이션의 프레임 1개가 됩니다. [레이어(▣)] 목록에서 [+] 버튼을 탭해 새 레이어 두 개를 추가합니다. 하단 애니메이션 어시스트 메뉴에도 프레임 2개가 추가되는 것을 확인할 수 있어요.

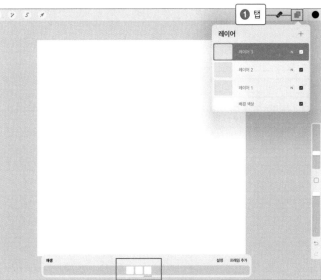

04 | '애니메이션 어시스트' 기능을 테스트할 그림을 그립니다. (레이어(▣)) 목록에서 '레이어 1'을 선택하고 간단한 뼈대만으로 사람을 그립니다. 팔과 다리를 아래로 향하게 그려 주세요.

05 | (레이어(▣)) 목록에서 '레이어 2'를 선택하면 '레이어 1'에 그린 그림이 흐리게 보입니다. 이 기능은 '어니언 스킨 프레임'이에요. 선택한 레이어 이외의 레이어는 흐리게 보여서 전체적인 움직임을 파악하는 데 도움이 됩니다.

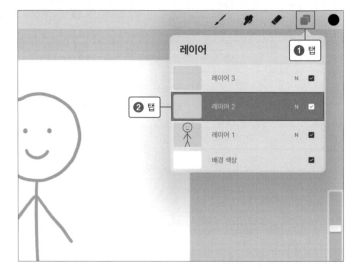

06 | '레이어 2'에도 똑같은 위치에 똑같은 사람을 그려 주세요. 움직임을 주기 위해 '레이어 1'의 그림보다 팔을 조금 위로 올리고, 다리는 조금 더 벌리고 있는 모습으로 그려 주세요.

07 ｜ [레이어( )] 목록에서 '레이어 3'을 선택하고 똑같은 위치에 똑같은 사람을 그립니다. '레이어 2'의 그림보다 팔은
더 위로, 다리는 더 넓게 벌리고 있는 모습으로 그려요. 눈도 감고 있는 모습으로 그려 봅니다.

08 ｜ 애니메이션 어시스트 메뉴에서 [설정]을 탭합니다. 초당 프레임을 '6' 정도로 조절하고, [핑퐁]을 선택한 다음 [재생]
을 탭하세요. 타임라인이 움직이며 그림이 영상으로 재생되는 모습을 확인할 수 있습니다.

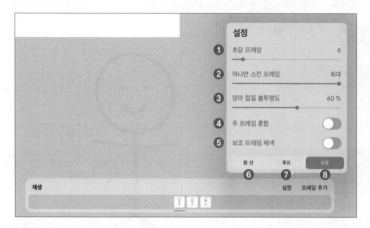

설정

❶ **초당 프레임** : 1초당 설정할 프레임의 수. 초당 프레임 수가 많을수록 애니메이션이 더 빠르게 움직입니다. 초당 60개까지 프레임을 설정할 수 있어요.

❷ **어니언 스킨 프레임** : 현재 프레임의 전, 후 그림을 반투명하게 표시해 움직임을 파악하는 데 도움을 줍니다. 최대 12개까지 설정 가능합니다.

❸ **양파 껍질 불투명도** : 어니언 스킨 프레임의 불투명도를 설정합니다.

❹ **주 프레임 혼합** : 선택한 프레임의 색상을 어니언 프레임의 색상과 혼합해 불투명하게 보여 줍니다.

❺ **보조 프레임 채색** : 선택한 프레임을 잘 보이게 하기 위해 다른 프레임들의 색상을 바꿉니다.

❻ **원 샷** : 첫 프레임부터 끝 프레임까지 한 번 재생된 다음 중지됩니다.

❼ **루프** : 첫 프레임부터 끝 프레임까지 재생된 다음 다시 첫 프레임으로 돌아가 재생 반복합니다.

❽ **핑퐁** : 탁구에서 공이 움직이는 모양처럼, 첫 프레임부터 끝 프레임까지 재생한 다음 반대로 끝 프레임부터 첫 프레임까지 재생 반복합니다.

프레임 옵션

타임라인에서 프레임을 두 번 탭하면 프레임 옵션 메뉴가 표시됩니다. 개별 프레임 설정을 변경합니다.

❶ **유지 지속시간** : 애니메이션 재생 시 해당 프레임의 시간을 늘려 줍니다.

❷ **복제/삭제** : 프레임을 빠르게 복제하거나 삭제할 수 있습니다.

❸ **배경** : 해당 프레임을 모든 프레임의 배경으로 계속 보이도록 고정합니다.

프레임 추가

새 프레임(새 레이어)을 바로 추가할 수 있습니다.

09 완성한 애니메이션은 (동작(🔧) →
공유)에서 (움직이는 GIF), (움직이는 PNG),
(동영상 MP4)로 내보내기해 저장할 수 있
습니다.

TIP 움직이는 캐릭터의 기본 원리

▲ 원화　　　　▲ 동화　　　　▲ 동화　　　　▲ 동화　　　　▲ 원화

　움직이는 캐릭터를 만드는 기본 원리는 먼저 키포인트 동작인 '원화'를 그리고, '원화' 사이에 자연스러운 움직임을 만들어 주는 '동화'를 그리는 것입니다. 예를 들어 손을 들어 인사하는 동작의 경우 손을 내리고 있는 첫 장면과 손을 들고 있는 마지막 장면이 원화가 되고, 그 사이에 들어가는 장면들이 '동화'가 됩니다. 동화가 많아질수록 부드럽고 자연스러운 움직임을 만들 수 있어요.

　레이어 목록에서 가장 아래 있는 레이어가 첫 장면이 되고, 가장 위에 있는 레이어가 마지막 장면이 됩니다. 이 두 레이어에 '원화'를 그리고, 중간에 레이어들을 추가해 '동화'를 그리면 자연스럽게 움직이는 캐릭터를 만들 수 있어요.

가이드 파일로 연습하기

01 | 처음 캐릭터를 그리면 움직이는 동작까지 표현하는 것이 쉽지 않을 거예요. 첫 연습을 위해 '애니메이션 가이드.psd' 파일을 준비했어요. 갤러리 화면에서 [가져오기]를 탭해 05 폴더에서 '애니메이션 가이드.psd' 파일을 불러옵니다.

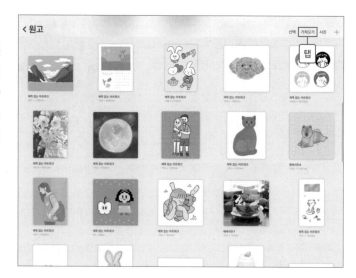

02 | 오른쪽과 같이 밑그림을 겹쳐 그린 파일이 캔버스에 표시됩니다.

03 | [레이어(🔲)] 목록에서 총 5개의 레이어를 확인할 수 있습니다. 춤추는 동작을 원화와 동화로 그려 표현했어요. 움직임을 한번 확인해 볼까요?

04 (동작(🔧) → 캔버스)에서 (애니메이션 어시스트) 활성화합니다.

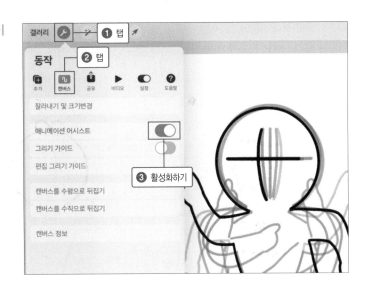

05 애니메이션 어시스트 메뉴에서 (설정)을 탭합니다. 초당 프레임을 '10'으로 조절하고, (핑퐁)을 선택한 다음 (재생)을 탭합니다. 양옆을 손가락으로 찌르며 신나게 춤을 추고 있는 애니메이션을 확인할 수 있어요. 이 밑그림을 참고해 춤추는 캐릭터를 만들겠습니다.

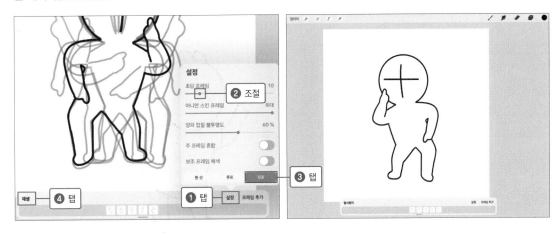

06 (레이어(▣)) 목록에서 '원화 1' 레이어를 제외한 모든 레이어를 체크 해제해 보이지 않게 한 다음, (+) 버튼을 탭하고 바로 위에 새 레이어를 추가합니다.

07 '원화 1' 레이어의 밑그림을 참고해 캐릭터를 만들어요. 짧은 귀가 특징인 토끼 캐릭터를 그려 보세요. 얼굴형은 밑그림을 따라 그대로 둥글게 그리고 머리 위에 짧은 양쪽 귀를 추가로 그립니다. 얼굴 방향이 왼쪽을 향하고 있으므로 귀는 살짝 오른쪽을 향하고 있으면 자연스러워요.

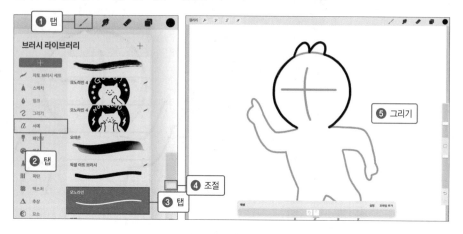

TIP 브러시 : 서예 → 모노라인 **브러시 크기** : 15%

08 몸을 그립니다. 밑그림 위에 옷을 입힌다는 생각으로 반팔 원피스를 그리고, 팔과 다리도 밑그림을 따라서 그립니다. 자유롭게 다른 의상을 그려도 좋습니다. 그러나 팔과 다리의 두께는 동일하게 그려야 해요.

09 얼굴에 있는 기준선 위에 눈, 코, 입을 그립니다. 수평선에 맞추어 눈을 그리고, 수직선에 맞추어 코와 입을 간단하게 그려주세요.

10 첫 번째 동작을 완성했으면 (레이어
(◼)) 목록에서 '원화 1' 레이어를 왼쪽으로
쓸어 (삭제) 버튼을 탭합니다.

11 (레이어(◼)) 목록에서 첫 번째 동작을 그린 '레이어 6'을 선택합니다. (색상 원(●))을 끌어와 캐릭터의 얼굴과 몸은 남기고 옷과 신발만 간단하게 채색해 주세요.

 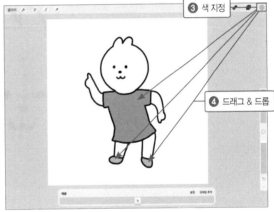

12 (레이어(◼)) 목록에서 '동화 1' 레이
어를 체크 표시하고, (+) 버튼을 탭해 바로
위에 두 번째 동작을 그릴 새 레이어를 추가
합니다.

13 | '동화 1' 레이어의 밑그림을 따라 라인을 그리기 전에 방금 그린 그림을 참고해 귀와 눈, 코, 입을 먼저 그립니다. 보조선에 맞춰 눈, 코, 입의 위치를 그리면서 방금 그린 그림을 참고해 크기와 간격을 동일하게 그리는 게 좋아요. 귀도 마찬가지로 크기를 맞춰 그려 주세요.

TIP 움직이는 캐릭터를 그릴 때 표정 변화가 없는데 눈, 코, 입의 간격이나 크기가 달라지면 어색하게 보일 수 있어요.

14 | 귀와 눈, 코, 입을 그렸으면 (레이어 (■)) 목록에서 첫 번째 동작을 그린 '레이어 6'은 체크 해제해 잠시 보이지 않게 해 주세요.

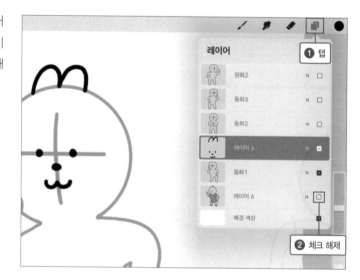

15 | '동화 1' 레이어의 밑그림을 따라 캐릭터의 두 번째 동작을 그립니다. 옷도 똑같이 그려야 합니다.

16 〔레이어(⬛)〕 목록에서 '동화 1' 레이어는 왼쪽으로 쓸어 〔삭제〕 버튼을 탭합니다. 〔색상 원(⬤)〕을 끌어와 캐릭터를 채색합니다. 첫 번째 그림과 동일한 색상으로 채색해 주세요.

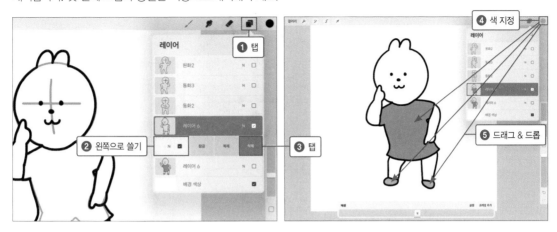

17 12~16과 동일한 방법으로 동작을 3 개 더 그려 주세요. 〔레이어(⬛)〕 목록에서 '동화 2' 레이어를 체크 표시해 보이게 하고, 〔+〕 버튼을 탭해 세 번째 동작을 그릴 새 레이어를 추가합니다.

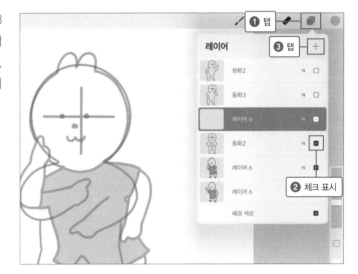

18 눈, 코, 입, 귀의 크기와 간격을 두 번째 동작을 그린 '레이어 6'을 참고해 그려 주세요. 보조선을 따라 정면을 바라보도록 위치를 잡으면서 그립니다. 크기와 간격은 이전 그림과 동일해야 해요.

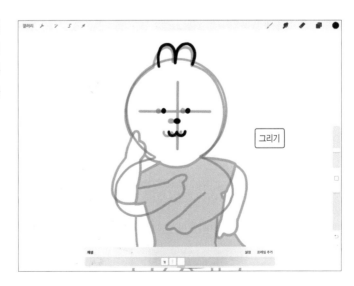

19 〔레이어(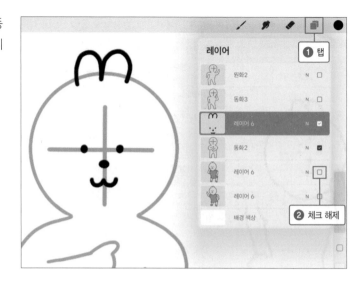)〕 목록에서 두 번째 동작을 그린 '레이어 6'은 체크 해제해 보이지 않게 합니다.

20 '동화 2' 레이어의 밑그림을 따라 캐릭터 동작을 완성해 주세요.

21 〔레이어(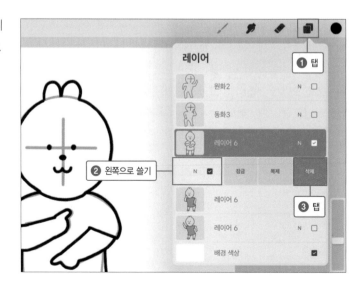)〕 목록에서 '동화 2' 레이어를 왼쪽으로 쓸어 〔삭제〕 버튼을 탭합니다.

22 (색상 원(●))을 끌어와 채색합니다.

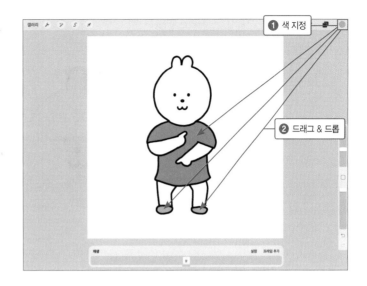

23 (레이어(▣)) 목록에서 '동화 3' 레이어를 체크 표시해 보이게 하고, (+) 버튼을 탭해 네 번째 동작을 그릴 새 레이어를 추가합니다.

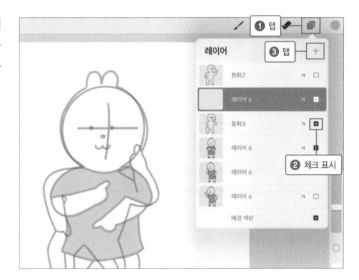

24 세 번째 동작을 그린 '레이어 6'을 참고해 눈, 코, 입, 귀를 그립니다. 보조선을 따라 얼굴 방향이 오른쪽으로 바뀌게 됩니다. 귀 방향은 조금 왼쪽을 향하게 그리면 좋아요.

25 〔레이어(⬛)〕목록에서 세 번째 동작을 그린 '레이어 6'을 체크 해제해 잠시 보이지 않게 합니다.

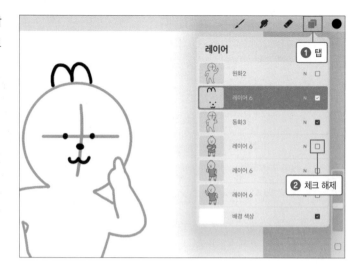

26 '동화 3' 레이어 밑그림을 따라 동작을 완성합니다.

27 〔레이어(⬛)〕목록에서 '동화 3' 레이어를 왼쪽으로 쓸어 〔삭제〕 버튼을 탭합니다.

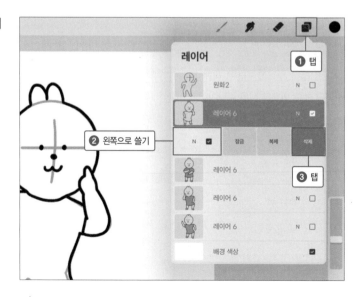

28 (색상 원(●))을 끌어와 채색합니다.

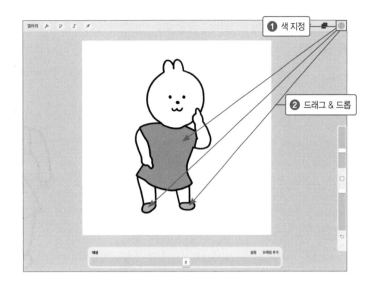

29 (레이어(▤)) 목록에서 '원화 2' 레이어를 체크 표시해 보이게 하고, (+) 버튼을 탭해 마지막 동작을 그릴 새 레이어를 추가합니다.

30 네 번째 동작을 그린 '레이어 6'을 참고해 눈, 코, 입, 귀를 먼저 그립니다. (레이어(▤)) 목록에서 '레이어 6'을 체크 해제해 잠시 보이지 않게 합니다.

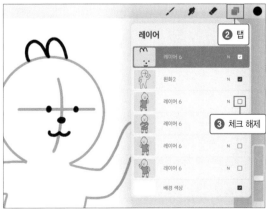

31 │ '원화 2' 레이어 밑그림을 따라 동작을
완성합니다.

그리기

32 │ (레이어(⬛)) 목록에서 '원화 2' 레이
어를 왼쪽으로 쓸어 (삭제) 버튼을 탭합니다.

33 │ (색상 원(⬤))을 끌어와 캐릭터를 채
색합니다.

34 [레이어(▣)] 목록에서 모든 레이어를 체크 표시해 보이도록 해 주세요. 애니메이션 어시스트 메뉴에도 5개의 프레임이 생긴 것을 확인할 수 있어요.

TIP 레이어가 체크 해제되어 있으면 해당 레이어는 애니메이션 프레임으로 생성되지 않습니다.

35 애니메이션 어시스트 메뉴에서 [설정]을 탭해 오른쪽과 같이 설정 값을 설정하고, [재생]을 탭해 움직임을 확인합니다.

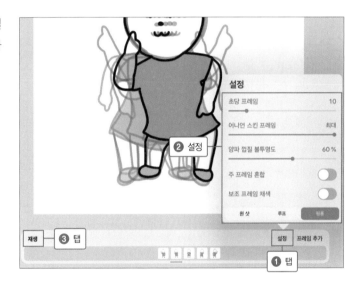

36 춤추는 캐릭터가 잘 완성되었나요? '애니메이션 가이드.psd' 파일 밑그림에 다른 캐릭터를 그려 연습해도 좋아요. 여러 동작들을 연구해서 밑그림부터 직접 완성한다면 움직이는 이모티콘 제작도 충분히 도전할 수 있을 거예요.

6

아이패드로 디자인한 굿즈 만들기

내가 그린 그림이 포스터, 달력, 스티커, 핸드폰 케이스, 티셔츠 등 손으로 만져볼 수
있는 상품이 되는 건 언제나 설레는 일이에요. 아이패드 드로잉의 장점 중 하나는 스
캔 과정 없이 바로 굿즈를 제작할 수 있는 점입니다. 요즘은 굿즈 주문 제작이 얼마
나 편리하게 되어 있는지, 너무 간단해서 깜짝 놀랄지도 몰라요. 나만의 굿즈를 만드
는 방법을 함께 알아볼까요?

시원한 여름
낱장 포스터 달력
만들기

● **난이도** : ★ ★ ★
● **브러시** : 모노라인, 스크립트
● **준비물** : 01\자토 팔레트 3
● **키워드** : # 영역지정 # 텍스트편집

Drawing
Style

내 그림을 출력해 실물로 보는 건 언제나 설레는 일이에요. 그림을 활용할 수 있는 굿즈도 무궁무진합니다.
그중에서도 가장 기본적인 그림 포스터를 제작해 볼까요? 날짜를 넣은 달력 포스터로 만들어서 실용성도
높여 보아요.

TIP 굿즈 제작 과정 알아보기

1. 굿즈 종류 결정
엽서, 카드, 스티커, 떡메모지, 포스터 등 만들고 싶은 굿즈 종류를 선택합니다.

2. 제작 업체 선정
업체에 따라 최소 주문 수량이나 가격 등이 모두 다르기 때문에 비교하며 나에게 맞는 업체를 선정합니다.

굿즈 제작 업체 리스트
- 오프린트미(www.ohprint.me)
- 포스트링(www.postring.co.kr)
- 후니프린팅(www.huniprinting.com)
- 레드프린팅(www.redprinting.co.kr)
- 성원 애드피아(www.swadpia.co.kr)
- 마플(www.marpple.com)
- 위드굿즈(www.withgoods.net)

3. 크기 및 파일 형식 확인
선정한 업체에서 요구하는 크기 및 파일 형식을 확인합니다. 보통 가이드 파일이나 템플릿을 제공하고 있으므로 다운 받아서 사용하면 편리해요.

4. 드로잉
타오르는 창작 욕구를 발휘하여 그림을 그립니다.

5. 그림 파일 업로드
업체에 그림 파일을 업로드하고 주문합니다. 보통 주문 수량이 늘어날수록 개당 가격이 저렴해요. 엽서나 포스터를 만들 때는 업체에서 제공하는 샘플 용지를 받아서 종이 종류별 질감, 두께 등을 미리 확인하는 것도 좋은 방법이에요.

샘플 용지 제공 업체
- 성원 애드피아(www.swadpia.co.kr) : 메뉴 → 기획상품 → 샘플북/칼라차트북
- 오프린트미(www.ohprint.me) : 메인 페이지 하단 → 샘플 팩 알아보기
- 포스트링(www.postring.co.kr) : 우측 배너 → 포스트링 샘플킷
- 비즈하우스(www.bizhows.com) : 상품 전체보기 → 명함/행택 → 용지 무료 샘플

6. 제작 기간
업체나 굿즈 종류마다 제작 기간이 달라요. 2주 이상 걸리는 경우도 있으므로 제작 기간을 확인하고 여유 있게 주문해요.

7. 굿즈 수령
굿즈를 수령하면 파본이나 불량품이 없는지 꼼꼼하게 검사합니다. 문제가 있는 경우 업체 기준을 확인하고 다시 제작을 요청합니다.

푸른 바다 그리기

01 | 이번에 만들 굿즈는 너비가 '150mm', 높이가 '200mm'의 낱장 포스터 달력이에요. 인쇄할 때 잘릴 수 있는 여유 면적(재단 영역)을 4mm씩 추가해, 캔버스의 너비를 '154mm', 높이를 '204mm'로 설정해 주세요. 출력물이기 때문에 DPI(해상도)는 '300' 이상으로 설정하고, 〔색상 프로필〕 메뉴에서 〔CMYK〕 모드로 변경해야 합니다(RGB와 CMYK 차이 p.19 참고). 크기, DPI, 색상 프로필 설정이 끝나면 〔창작〕 버튼을 탭해 캔버스를 만들어 주세요.

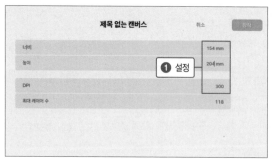
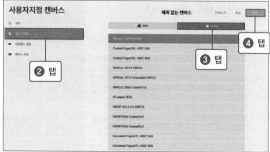

02 | 〔동작( )→ 캔버스〕에서 〔그리기 가이드〕를 활성화하고 〔편집 그리기 가이드〕를 선택합니다.

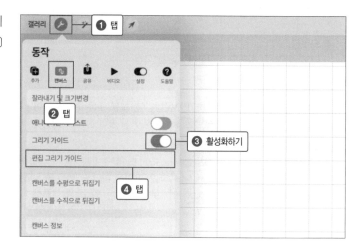

03 | 하단 메뉴에서 격자 크기를 '153px'로 설정합니다. 직선을 편하게 그리기 위해 〔그리기 도움받기〕를 활성화하고 〔완료〕 버튼을 탭해 캔버스로 돌아갑니다.

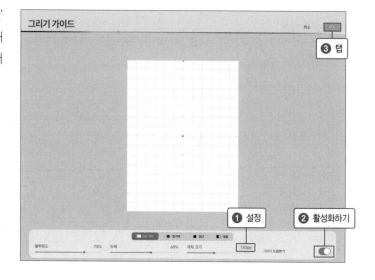

TIP 격자 크기의 숫자 칸을 탭하면 직접 숫자를 입력할 수 있어요.

04 | '그리기 도움받기'를 활성화했기 때문에 [레이어(■)] 목록에서 '레이어 1' 밑에 '보조'라는 단어가 추가된 걸 확인할 수 있어요.

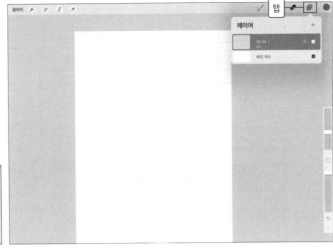

05 | 캔버스 상단에 그림 프레임을 만들기 위해 다음과 같이 보조선을 따라 가로 10칸, 세로 8칸 크기의 직사각형을 그립니다. '그리기 도움받기'가 활성화되어 있기 때문에 쉽게 반듯한 직선을 그릴 수 있어요.

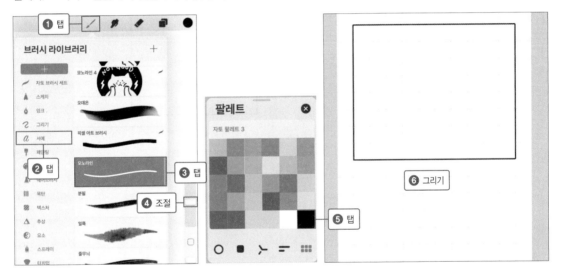

TIP 브러시 : 서예 → 모노라인　**브러시 크기** : 20%　**색상** : 자토 팔레트 3 → 30번 색상

06 | [레이어(■)]에서 [+] 버튼을 탭해 그림을 그릴 새 레이어를 추가하고, 추가한 새 레이어를 직사각형을 그린 '레이어 1' 아래로 이동해 주세요.

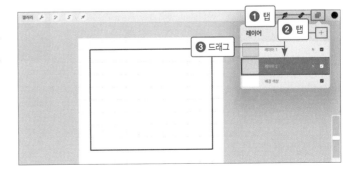

07 〔레이어(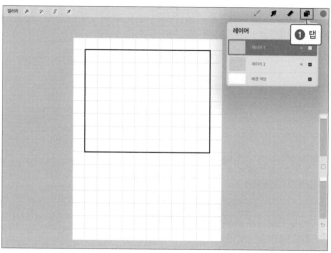)〕 목록에서 그림을 그릴 영역을 지정하기 위해 직사각형을 그린 '레이어 1'을 선택합니다.

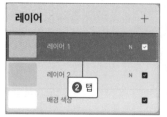

08 〔선택(⑤) → 자동〕을 선택한 다음 직사각형 안을 탭합니다.

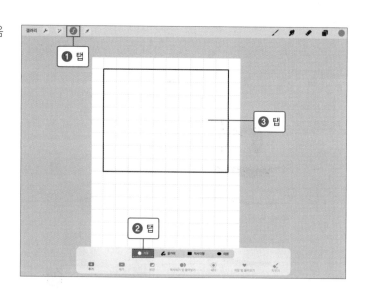

09 직사각형 안의 면적이 파란색으로 지정됩니다. 이 상태에서 펜을 직사각형 안에서 좌우로 쓸면 '선택 한계값'을 조절할 수 있습니다. 직사각형 안의 면적을 꽉 채워 선택하기 위해서 오른쪽으로 쓸어 선택 한계값을 '99%'로 조절합니다.

TIP '100%'가 되면 선택 영역이 직사각형 밖까지 빠져나가므로 주의하세요.

오른쪽으로 쓸기

10 면적이 파랗게 지정된 상태로 (레이어(⬛)) 목록에서 '레이어 2'를 선택하세요. 직사각형 안에 그림을 모두 그릴 때까지 이 상태를 유지합니다.

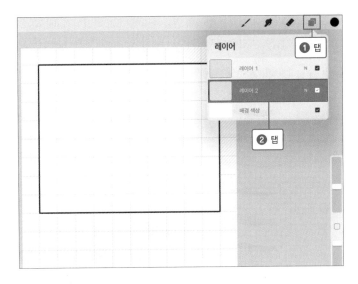

TIP 지정한 직사각형 영역만 제외하고 나머지 영역에 빗금이 표시됩니다. 빗금이 없는 영역만 활성화되어 있는 상태입니다.

11 '하늘색'을 지정한 다음 (색상 원(⬤))을 직사각형 안으로 끌어옵니다. 직사각형을 그린 레이어가 아니지만 면적을 지정한 상태여서 직사각형 모양으로 색이 채워집니다.

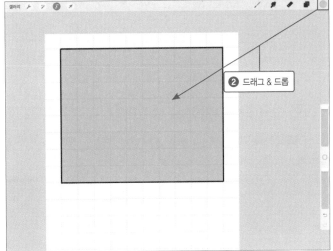

TIP 색상 : 자토 팔레트 3 → 1번 색상

12 (레이어(⬛))에서 (+) 버튼을 탭해 바다를 채색할 새 레이어를 추가합니다. 새 레이어를 추가해도 그대로 직사각형 영역이 지정된 상태예요.

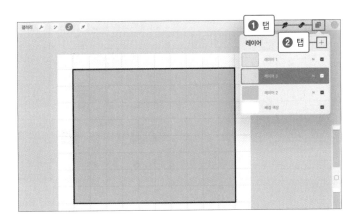

13 | 파란색으로 직사각형 아래쪽 면을 채색합니다. 바다이기 때문에 하늘과 구분되는 선이 반듯하지 않아도 괜찮아요. 브러시가 직사각형 밖으로 빠져나가도, 선택한 직사각형 면적 내에서만 채색되기 때문에 빠르고 쉽게 채색할 수 있습니다.

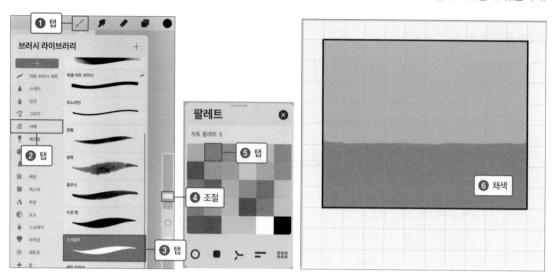

TIP 브러시 : 서예 → 스크립트   브러시 크기 : 100%   색상 : 자토 팔레트 3 → 2번 색상

바다와 어울리는 다양한 요소 그리기

01 | 〔레이어(▣)〕에서 〔+〕 버튼을 탭해 섬을 그릴 새 레이어를 추가합니다.

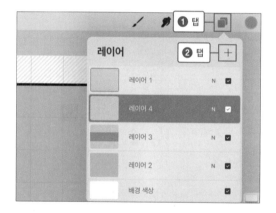

02 | 양쪽 끝에 크기가 서로 다른 섬을 두 개 그리고 채색합니다. 섬이 끝나는 안쪽 부분은 펜에 힘을 빼서 점점 좁아지게 채색해 자연스럽게 마무리해 주세요.

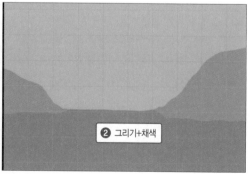

TIP 색상 : 자토 팔레트 3 → 3번 색상

03 야자수를 그리기 위해 [레이어(■)] 에서 [+] 버튼을 탭해 섬을 그린 '레이어 4' 아래 새 레이어를 추가합니다.

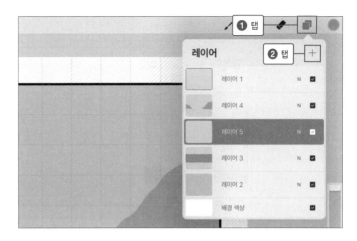

04 브러시 크기를 '20%' 정도로 조절하고, 오른쪽 섬 위로 보이는 야자수 두 그루를 조금 비스듬하게 그려 주세요.

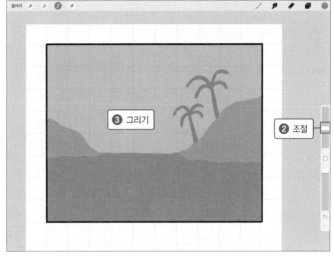

TIP 색상 : 자토 팔레트 3 → 4번 색상

05 하늘에 해와 갈매기를 그리기 위해 [레이어(■)]에서 [+] 버튼을 탭해 새 레이어를 추가합니다.

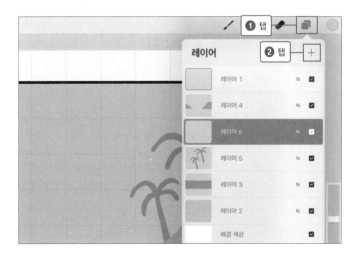

06 왼쪽 상단에 동그랗게 해를 그리고 채색합니다.

TIP **색상** : 자토 팔레트 3 → 5번 색상

07 해 주변에 날아다니는 갈매기도 세 마리 그려 주세요.

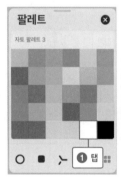

TIP **색상** : 자토 팔레트 3 → 29번 색상

08 바다의 반짝임을 그리기 위해 〔레이어(▣))에서 〔+〕 버튼을 탭해 새 레이어를 추가합니다.

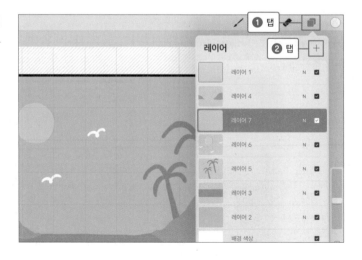

09 | '흰색'으로 짧은 가로선을 듬성듬성 그리고, 점들을 찍어서 바다의 반짝임을 표현합니다.

10 | 직사각형 안에 그림을 모두 그렸으면, (선택(𝑠))을 탭해 선택 영역을 해제합니다. 선택 영역이 해제되면 빗금이 사라집니다.

11 | '검은색' 테두리를 '흰색'으로 변경하기 위해 (레이어(▣)) 목록에서 직사각형 라인을 그린 '레이어 1'을 선택합니다.

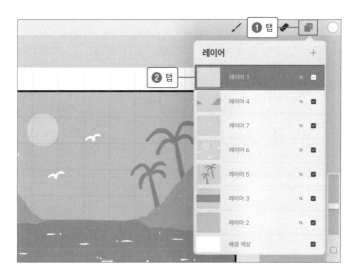

12 〔조정()〕→ 색조, 채도, 밝기〕를 선택합니다.

13 하단 메뉴에서 밝기를 '최대'로 조절하면 '검은색'으로 그렸던 라인이 '흰색'으로 변경되어 보이지 않습니다.

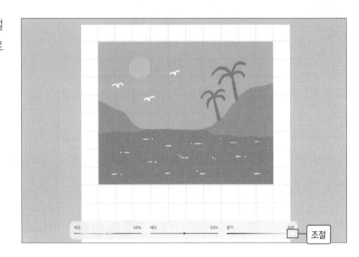

14 〔레이어()〕 목록에서 모든 레이어를 다중 선택해 그룹으로 지정합니다.

TIP 하나의 레이어를 선택한 다음 나머지 레이어들을 오른쪽으로 쓸어 다중 선택할 수 있어요.

달력 날짜 입력하기

01 ┃ 달력에 텍스트를 입력합니다. (동작
(✏️) → 텍스트 추가)를 선택합니다.

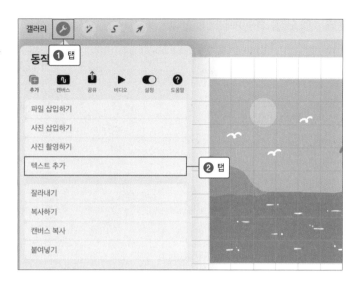

02 ┃ 8월 달력을 만들기 위해 'August'를
입력하고 (스타일 편집) 버튼을 탭합니다.

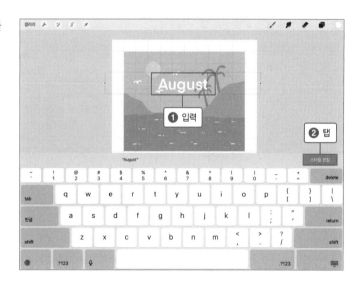

03 ┃ 키보드가 스타일 편집 메뉴로 변경
되면 (색상 원(●))을 탭해 텍스트 색상을
하늘과 같은 색상으로 변경합니다.

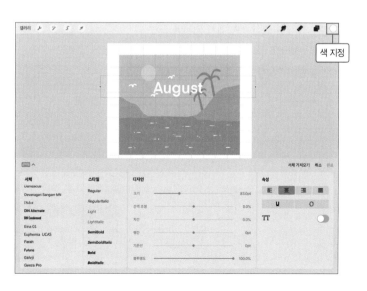

04 | 텍스트를 그림 아래로 이동합니다.

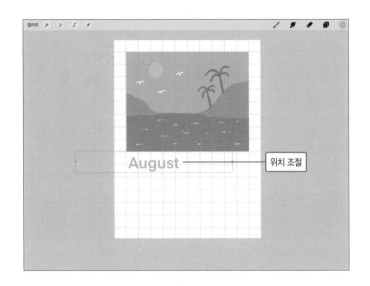

05 | [레이어(■)] 목록에서 'August' 텍스트 레이어를 탭해 메뉴를 표시하고, [텍스트 편집]을 선택하면 스타일 편집 메뉴가 다시 표시됩니다.

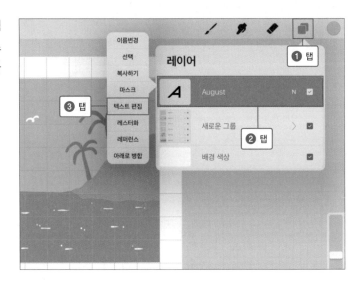

06 | 스타일 편집 메뉴에서 마음에 드는 서체를 선택하고, 크기도 조절합니다. 같은 디자인을 원하면 오른쪽과 같이 선택해 주세요.

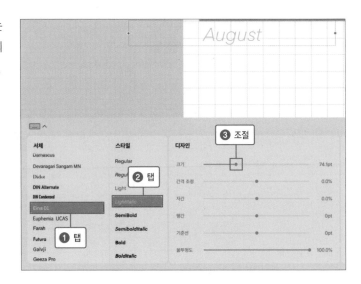

07 달력에 요일을 입력하기 위해 (동작 (🔧) → 텍스트 추가)를 선택합니다.

08 요일의 첫 알파벳을 입력한 다음 (스타일 편집) 버튼을 탭합니다.

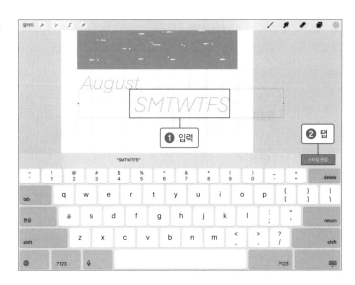

09 서체와 크기를 변경하고, 간격 조정도 조절해 알파벳 사이 간격을 넓히고 위치도 조절합니다.

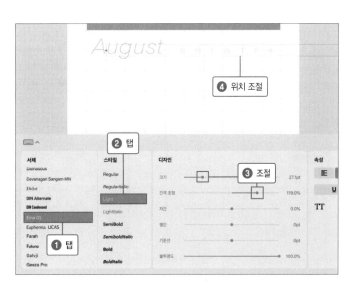

10 [색상 원(●)]을 탭해 텍스트를 '검은색'으로 지정합니다.

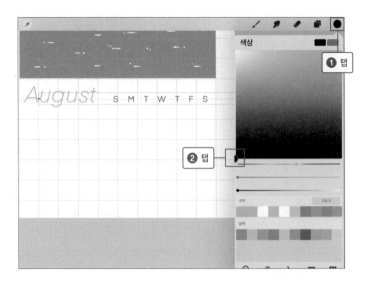

11 'S'의 색상만 변경하기 위해 텍스트를 두 번 탭해 드래그 핀을 표시합니다. 'S'만 지정하고 [색상 원(●)]을 탭해 '빨간색'으로 지정합니다.

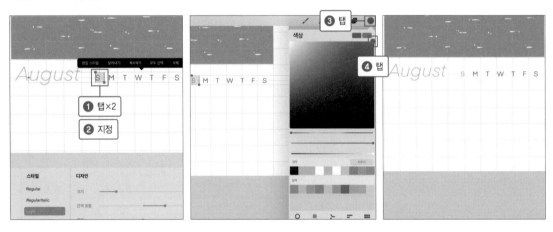

12 날짜를 입력하기 위해 [동작(🔧) → 텍스트 추가]를 선택합니다.

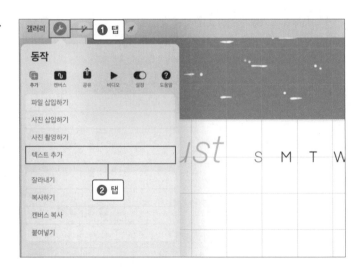

13 텍스트 입력창이 표시되면 창의 위치
와 크기를 요일 밑으로 맞춰 조절합니다. 서
체, 스타일, 크기, 간격, 자간을 오른쪽과 같
이 조절합니다. 속성도 '왼쪽 정렬'로 변경합
니다.

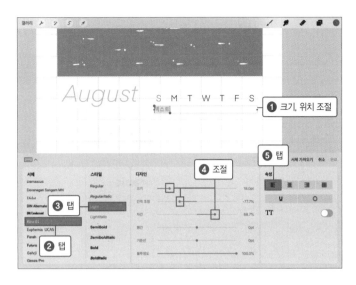

TIP 텍스트의 설정 값이 완벽하게 똑같
지 않아도 괜찮습니다.

14 요일에 맞춰 날짜를 입력합니다. 띄어쓰기를 하며 날짜의 위치가 요일에 맞도록 입력합니다. 위치를 다시 조절할
것이기 때문에 지금은 대충 맞춰 적습니다.

 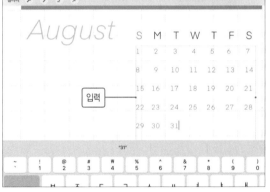

15 텍스트를 두 번 탭해 드래그 핀을 표
시합니다.

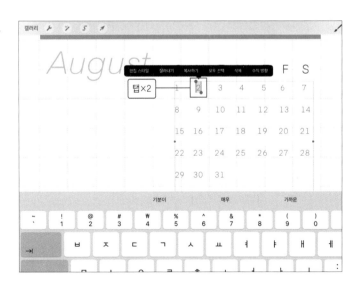

16 | 휴일이 아닌 날짜들을 지정해 텍스트를 '검은색'으로 변경합니다.

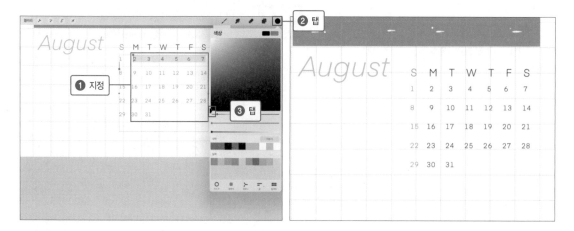

17 | 날짜의 위치와 간격을 세밀하게 조절하기 위해 (레이어(⬛)) 목록에서 '날짜' 텍스트 레이어를 선택해 메뉴를 표시하고 (래스터화)를 선택합니다.

TIP '래스터화'는 텍스트를 이미지화해 편집할 수 있도록 하는 기능입니다. 한 번 설정하면 다시는 텍스트 내용을 수정할 수 없기 때문에 신중하게 설정합니다.

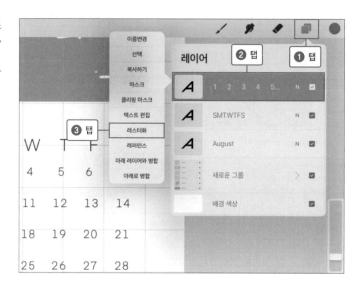

18 | (선택(⑤) → 직사각형)을 선택합니다.

19 │ 위치를 변경하고 싶은 날짜들을 지정한 다음 [변형(⟋)]을 탭해 위치와 간격을 자유롭게 조절합니다.

❶ 지정

❷ 탭

❸ 위치, 간격 조절

❹ 위치, 간격 조절

바다 소품을 그려 달력 꾸미기

01 │ [레이어(▣)]에서 [+] 버튼을 탭해 왼쪽 하단에 그림을 그릴 새 레이어를 추가합니다.

❶ 탭

❷ 탭

레이어

레이어 12　N

1 2 3 4 5...　N

A　SMTWTFS　N

A　August　N

새로운 그룹　N

배경 색상

02 | 바다 그림과 잘 어울리는 소품을 그려 주세요. 브러시로 소라 형태를 그리고 (색상 원(●))을 끌어와 채색합니다.

TIP **색상** : 자토 팔레트 3 → 6번 색상

03 | '진한 보라색'으로 소라 위에
디테일을 그립니다.

TIP **색상** : 자토 팔레트 3 → 7번 색상

04 | (레이어(■))에서 (+) 버튼을 탭해
두 번째 소품을 그릴 새 레이어를 추가합니다.

05 │ 나뭇가지 같은 산호 형태를
그리고 채색합니다.

TIP 색상 : 자토 팔레트 3 → 8번 색상

06 │ 산호 위에는 '흰색'으로 점을
찍어 송송 뚫린 구멍을 표현합니다.

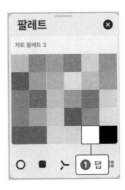

TIP 색상 : 자토 팔레트 3 → 29번 색상

07 │ (레이어(▣))에서 (+) 버튼을 탭해
세 번째 소품을 그릴 새 레이어를 추가합니다.

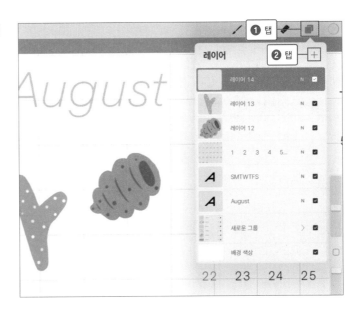

08 | 조개 형태를 그리고 채색합니다.

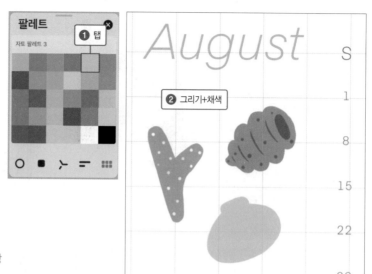

TIP 색상 : 자토 팔레트 3 → 5번 색상

09 | 조개 위에 짧은 선을 그어 디테일을 표현해 주세요.

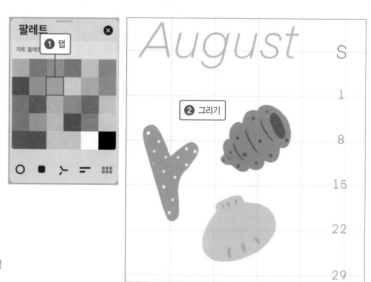

TIP 색상 : 자토 팔레트 3 → 9번 색상

10 | [동작(🔧) → 캔버스]의 [그리기 가이드]를 비활성화합니다.

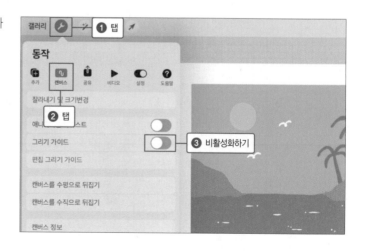

11 | 전체적으로 달력을 보며 조절하고 싶은 텍스트나 그림들의 레이어를 선택하고, (변형(↗))을 탭해 크기와 위치를 조절합니다.

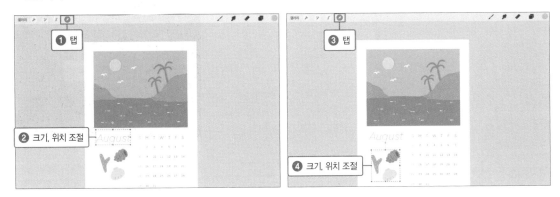

12 | 저장할 때는 출력을 맡기려는 업체에서 원하는 종류의 파일로 저장합니다. 맡길 업체에서 PDF 파일을 원하기 때문에 (동작(🔧) → 공유 → PDF)를 선택합니다.

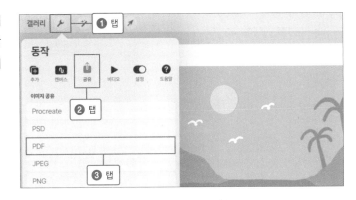

13 | 단순한 그림이기 때문에 품질을 (보통)으로 선택해도 무방합니다.

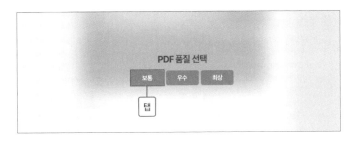

14 | (파일에 저장)을 선택합니다.

15 파일명을 변경하고 (나의 iPad) 혹은 (iCloud Drive)를 선택하고 (저장) 버튼을 탭합니다.

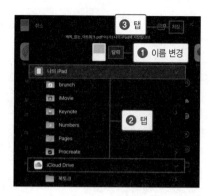

굿즈 주문하기

01 아이패드로 '레드 프린팅(redprinting .co.kr)' 사이트에 접속합니다. (디지털 인쇄 → 일반 카드)를 선택합니다.

02 주문서를 작성한 후 아이패드에 저장한 달력 파일을 업로드하고 주문을 하면 끝입니다. 내가 그린 달력이 멋지게 출력되어 배송 오길 기다려요.

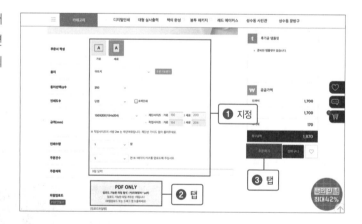

TIP 주문서 설명

❶ **용지** : 다양한 종류의 용지로 출력할 수 있어요. 용지를 미리 확인하고 싶으면 샘플 용지를 받아 확인합니다(샘플 용지 받기 p.347 참고).

❷ **종이선택/g수** : 용지의 무게가 올라갈수록 용지가 두꺼워집니다.

❸ **인쇄도수** : 뒷면도 출력해야 할 때 '양면'을 선택합니다.

❹ **규격** : 출력하고 싶은 '재단사이즈'를 입력하면, 여유 면적 4mm씩이 포함된 '작업사이즈'가 자동으로 계산됩니다.

❺ **인쇄수량** : 보통 수량이 많을수록 개당 가격이 내려갑니다.

❻ **파일업로드** : (PDF ONLY)를 탭하고 아이패드에 저장한 PDF 파일을 업로드합니다.

내가 그린 캐릭터
DIY 스티커 만들기

- 난이도 : ★ ★ ★
- 브러시 : 자토잉크
- 준비물 : 01\자토 브러시 세트
- 키워드 : # 스티커 # 레이어별저장

Drawing
Style

그동안 구매하기만 했던 스티커, 나만의 그림으로 제작해 볼까요? 다이어리나 편지를 꾸밀 때 사용하면
정말 뿌듯할 거예요. 핸드폰이나 아이패드, 어디든 내 그림을 붙일 수 있어요. 마음에 쏙 드는 스티커를
찾아다니지 않아도 됩니다. 우리가 직접 만들면 되니까요.

TIP 스티커 종류

스티커 종류는 통일되어 있지 않지만 대략 다음과 같이 구분합니다.

❶ **사각 재단 스티커** : 칼선 없이 통째로 인쇄하는 스티커. 가위로 잘라 사용합니다.

❷ **사각, 원형, 타원형 등 도형 스티커** : 고정된 도형 모양으로 칼선이 있는 낱장 스티커입니다.

❸ **판 스티커(칼선 고정형 스티커)** : 스티커 한 장에 업체가 제공하는 칼선의 모양과 개수가 고정되어 있고, 그 안에 그림을 넣어 제작하는 스티커입니다.

❹ **반칼 자유형 스티커(DIY 스티커)** : 한 장에 다양한 그림을 넣고 칼선을 자유롭게 배치해 제작하는 스티커입니다. 칼선은 직접 그리거나 업체의 편집 프로그램을 사용해 넣을 수 있습니다.

❺ **완칼 자유형 스티커(조각 스티커, 낱장 스티커)** : 원하는 모양 그대로 하나씩 조각으로 잘라 제작하는 스티커입니다. 판 스티커가 아닌 조각으로 제작됩니다.

우리는 A5 사이즈의 '반칼 자유형 스티커(DIY 스티커)'를 함께 만들 거예요. 프로크리에이트로 그림을 그리고, 제작 업체 편집 프로그램을 이용해 칼선을 넣어 출력하는 방법을 알아봅니다. 칼선을 넣으면 가위로 오리지 않아도 원하는 모양대로 떼어 사용할 수 있어요.

차를 마시는 토끼 그리기

01 | 너비가 '148mm', 높이가 '210mm'인 A5 크기로 설정합니다. 출력물이기 때문에 DPI를 '300'으로 설정하고, (색상 프로필)은 (CMYK)를 선택한 다음 (창작) 버튼을 탭합니다(색상 프로필 설정 p.19 참고).

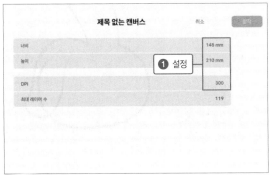

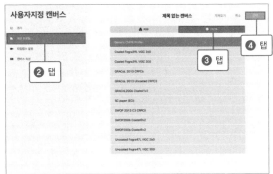

02 | 첫 번째로 그릴 그림은 앉아서 차를 마시는 토끼입니다. 스티커를 제작하는 방법을 배우는 중이므로 꼭 똑같이 그림을 그리지 않아도 괜찮아요. 저는 조금 거칠고 필압에 따라 선의 굵기를 조절할 수 있는 '자토잉크' 브러시를 사용하지만, 더 깔끔한 느낌을 원한다면 '서예 → 모노라인' 브러시를 추천합니다.

TIP 브러시 : 자토 브러시 세트 → 자토잉크   **브러시 크기** : 25%

03 | 캔버스 오른쪽 하단에 찐만두 모양으로 토끼 얼굴을 그립니다. 위치는 언제든지 조절할 수 있으므로 크게 신경 쓰지 않습니다.

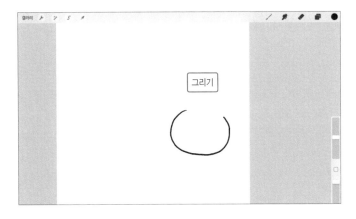

04 | 왼쪽 귀는 위로 길게 뻗은 모양으로, 오른쪽 귀는 아래로 접힌 모양으로 부드럽게 그립니다.

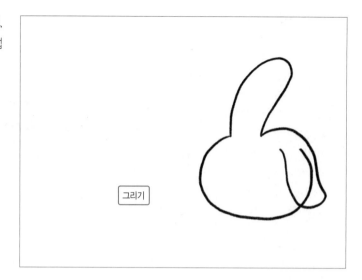

05 | 귀와 겹치는 얼굴 라인은 (지우개 (✐))로 지워 주세요.

06 | 얼굴에 자유롭게 눈, 코, 입을 그리고 수염도 귀엽게 그려 주세요.

07 | 얼굴 아래쪽에 컵을 그리고 안에 담긴 차도 표현합니다.

그리기

08 | 차를 들고 있는 양쪽 팔을 얼굴에 이어서 둥글게 그립니다.

그리기

09 | 손과 겹치는 컵 라인은 (지우개(✏)) 로 지웁니다.

❶ 탭

❷ 지우기

10 브이넥과 소매 부분에 선을 그어 스웨터 느낌으로 디테일을 표현합니다.

11 얼굴과 이어지는 목 라인을 (지우개 (✎))로 지우고, 스웨터 안에 티셔츠를 입은 것처럼 둥근 라인을 그려요.

12 양쪽 팔 아래로 스웨터를 마저 그립니다. 스웨터 아래쪽 라인은 밑으로 살짝 둥글게 그리면 더 귀여워요.

13 │ 바지를 이어 그립니다. 발을 쭉 뻗고 앉아 있는 모습을 생각하며 왼쪽으로 비스듬하게 그리고, 양말을 신은 양쪽 발도 방향에 맞춰 그려 주세요.

14 │ 앉아서 차를 마시는 토끼를 다 그렸습니다. 〔변형(⤢) → 균등〕을 선택해 크기와 위치를 적절하게 조절합니다.

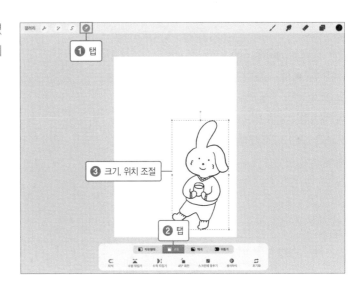

15 │ 〔레이어(▤)〕 목록에서 '배경 색상' 레이어를 탭해 흰색 배경색을 다른 색으로 변경합니다. 스티커에는 배경색을 넣지 않을 것이지만, 배경색을 변경하는 이유는 흰색으로 채색할 부분이 제대로 채색되었나 확인하기 위해서입니다. 임시로 배경색을 넣는 거니까 배경 색상은 아무거나 지정해도 상관없어요. 저는 파란색으로 지정했어요.

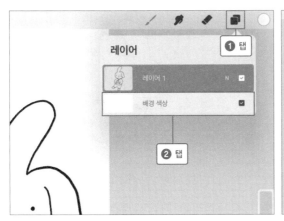
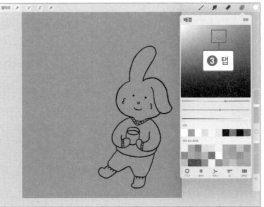

16 〔레이어()〕 목록에서 채색을 하기 위해 토끼를 그린 '레이어 1'을 선택해 주세요.

17 〔색상(●)〕을 '흰색'으로 변경하고 〔색상 원(●)〕을 끌어와 토끼의 얼굴과 티셔츠, 양쪽 손을 흰색으로 채웁니다. 이때 색이 채워지지 않고 밖으로 빠져나가면 검은색으로 그린 라인에 빈틈이 없나 잘 확인해 주세요.

TIP 빈틈이 없는데도 색이 빠져나가면 〔색상 원(●)〕을 끌어온 다음, 펜을 떼지 않고 왼쪽으로 쓸어 'ColorDrop 한계 값'을 조절합니다.

18 옷, 양말, 컵 등 나머지 면에도 자유롭게 색을 지정한 다음 〔색상 원(●)〕을 끌어와 채색합니다.

차 주전자 그리기

01 [레이어(▨)]에서 [+] 버튼을 탭해 차 주전자를 그릴 새 레이어를 추가합니다.

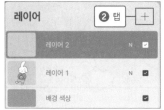

02 차 주전자는 왼쪽 하단에 그립니다. 뚜껑을 먼저 그리고 아래쪽으로 둥글게 주전자 몸을 그려요.

03 주전자 몸 왼쪽에는 손잡이를 붙여 그리고, 오른쪽에는 입구를 위로 길게 그립니다.

04 | 주전자에서 겹치는 라인은 (지우개 ()로 지워 주세요.

05 | 뚜껑에는 구불구불한 선을 반복해서 그리고, 아래에는 짧은 선들로 나무 모양을 그려 차 주전자를 꾸며 주세요.

06 | 차 주전자도 (색상 원(●))을 끌어와 채색합니다. 주전자 손잡이 사이 공간처럼 너무 좁은 면은 보통 칼선을 넣기가 어렵기 때문에 '흰색'으로 채색합니다.

하트 친구들 그리기

01 │ (레이어(■))에서 [+] 버튼을 탭해 하트 친구들을 그릴 새 레이어를 추가합니다.

02 │ 차 주전자 위쪽 공간에 둥글고 납작한 하트를 하나 그립니다.

03 │ 오른쪽 뒤로 겹치게 하트를 하나 더 그립니다.

04 두 하트에 눈, 코, 입도 그려 귀엽게 표현해 주세요.

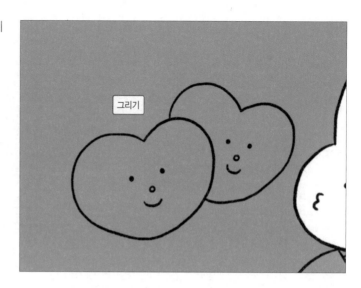

05 하트 친구들도 (색상 원(●))을 끌어와 채색합니다. 단순하지만 귀엽게 완성되었어요.

안경 쓴 토끼 얼굴 그리기

01 (레이어(■))에서 (+) 버튼을 탭해 안경 쓴 토끼 얼굴을 그릴 새 레이어를 추가합니다.

02 │ 이번에는 토끼 귀부터 그려요. 똑같이 그리지 않아도 괜찮아요. 왼쪽으로 살짝 접힌 왼쪽 귀와 오른쪽으로 살짝 접힌 오른쪽 귀를 붙여서 그립니다.

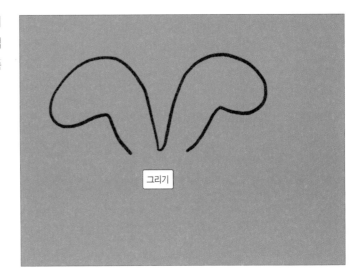

그리기

03 │ 귀 아래로 찐만두 같은 얼굴을 납작하고 둥글게 그립니다.

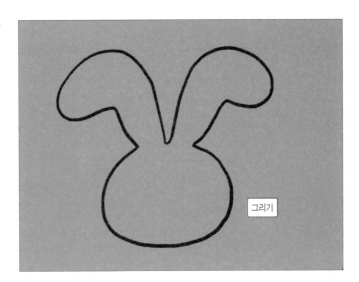

그리기

04 │ 얼굴에 눈, 코, 입을 그리고 똘똘해 보이도록 안경도 그려 주세요.

그리기

05 | 얼굴 아래쪽에 목도리를 그리고, 털 목도리처럼 보이도록 짧은 선들로 디테일을 표현합니다.

06 | (변형(⬈) → 균등)을 선택하면 언제 든지 크기나 위치를 조절할 수 있어요.

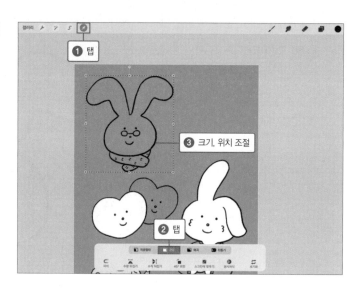

07 | 안경 쓴 토끼에도 (색상 원(●))을 끌어와 원하는 색으로 채색합니다.

Bunny 알파벳 그리기

01 〔레이어(▣)〕에서 〔+〕 버튼을 탭해 알파벳을 그릴 새 레이어를 추가합니다.

02 'Bunny'를 면이 있는 알파벳으로 하나하나 그립니다. 그림과 어울리는 귀여운 단어 스티커를 만들 거예요.

03 알파벳에도 〔색상 원(●)〕을 끌어와 하나씩 채색합니다.

04 칼선을 넣기 힘든 'B'의 작은 구멍 2 개도 '흰색'으로 채색합니다.

05 스티커가 될 5개의 그림을 모두 그 렸습니다. [레이어(▣)] 목록에서 '배경 색 상' 레이어를 체크 해제해 배경색이 보이지 않도록 합니다.

레이어 따로따로 저장하기

01 이번에 이용할 제작 업체의 편집 프 로그램을 사용해 칼선을 넣기 위해서, 우리 가 그린 그림 5개를 따로따로 저장해야 합 니다. [레이어(▣)] 목록에서 앉아 있는 토 끼를 그린 '레이어 1'을 제외한 모든 레이어 를 체크 해제해 앉아서 차 마시는 토끼만 보 이도록 해 주세요.

02 [동작(🔧) → 공유 → PNG]를 선택한 다음 [파일에 저장]을 선택합니다. 'PNG' 파일은 지금처럼 투명 배경을 저장할 때 사용하는 파일 형식이에요.

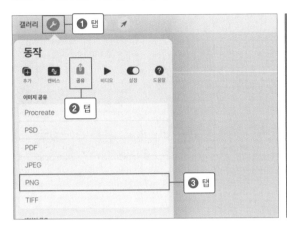 

03 파일명을 '1'로 변경하고 [완료] 버튼을 탭합니다.

04 파일은 [나의 ipad]를 선택하고 [저장] 버튼을 탭합니다.

05 01~04와 동일한 방법으로 차 주전
자 그림을 저장해요. (레이어(■)) 목록에서
차 주전자를 그린 '레이어 2'를 제외한 모든
레이어를 체크 해제해 차 주전자 그림만 보
이도록 합니다.

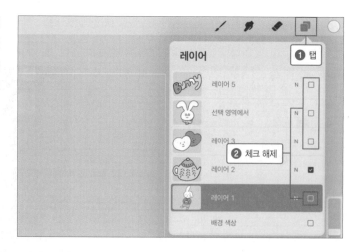

06 (동작(🔧) → 공유 → PNG → 파일에 저장)을 선택합니다.

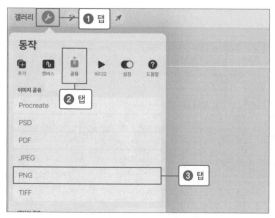

07 파일명을 '2'로 변경하고 (완료) 버튼을 탭합니다.
(나의 ipad)를 선택하고 (저장) 버튼을 탭합니다.

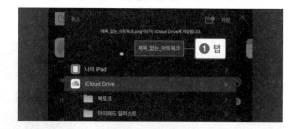

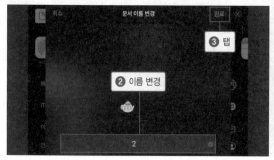

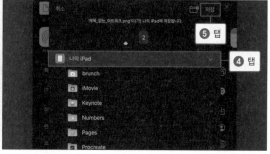

08 | 나머지 그림 3개도 01~04와 동일한 방법으로 따로 저장해 주세요.

굿즈 주문하기

01 | 제작 업체의 편집 프로그램을 사용하기 위해 앱을 다운받습니다. 'App Store' 앱에서 스티커 제작 업체인 '오프린트미' 앱을 다운받아요.

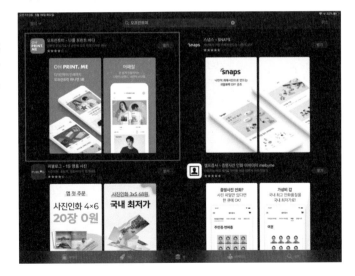

02 | 오프린트미 앱을 실행하고 '메뉴' 아
이콘을 탭한 다음 (스티커 → DIY)를 선택합
니다.

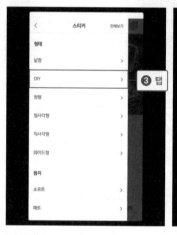

03 | 사이즈는 처음에 설정한 'A5'를 지정하고, 칼선은 '칼선 넣기'로 지정합
니다. 용지와 코팅 유무, 수량은 자유롭게 지정해 주세요.

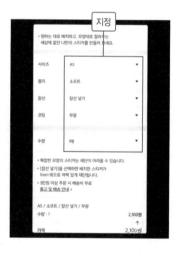

04 | 모든 항목을 지정했으면 하단의 [시작하기] 버튼을 탭합니다.

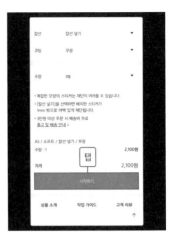

05 | [직접 디자인 하기]를 선택하면 오른쪽과 같은 편집 프로그램이 표시됩니다.

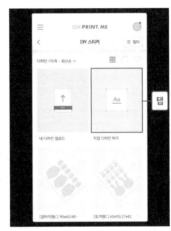

06 | 상단의 '연필과 자' 모양 아이콘을 탭하고 [클립아트]를 선택합니다.

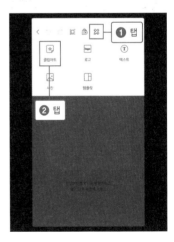

07 | 하단의 (내 클립아트 업로드) 버튼을 탭합니다.

08 | (탐색)을 선택하고 (나의 ipad)를 선택해 저장한 그림 '1'을 불러옵니다.

09 | 내 클립아트 업로드에서 (완료) 버튼을 탭합니다.

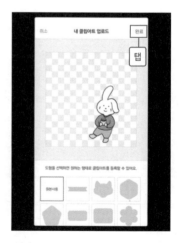

10 | 클립아트에서 그림 '1'을 선택한 다음 (완료) 버튼을 탭합니다.

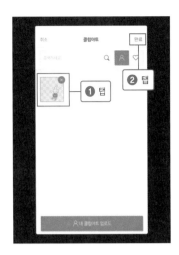

11 | 선택한 그림이 A5 크기 용지에 표시되고, 그림의 테두리를 따라 분홍색 칼선이 자동으로 표시된 모습을 확인할 수 있습니다.

12 | 원하는 만큼 그림 크기를 키우고 위치도 조절할 수 있어요.

13 06~12와 동일한 방법으로 나머지 그림들도 불러온 다음 크기와 위치를 적절하게 조절합니다. 원한다면 그림 크기를 줄여 같은 그림을 여러 개 배치해도 좋아요.

14 스티커를 저장하고 장바구니에 담은 다음 주문하면 끝입니다.

15 나만의 그림으로 스티커를 마음껏 제작해 보세요.

폴더형
축하 카드 만들기

- **난이도** : ★ ★ ★
- **브러시** : 틴더박스, 모노라인
- **준비물** : 01\자토 팔레트 3
- **키워드** : # 가이드파일 # 폴더형카드

Drawing
Style

크리스마스카드, 신년 카드, 축하 카드, 감사 카드 등 폴더형 카드는 우리가 평소에 자주 사용하는 상품입니다. 만드는 방법을 배우면 중요한 순간에 유용하게 사용할 수 있을 거예요. 저와 함께 정성을 담은 축하 카드를 직접 만들어 볼까요?

TIP **가이드 파일**

폴더 카드나 엽서 같은 경우에는 업체별로 제작하는 크기가 다를 수 있기 때문에, 먼저 업체를 선정하고 업체에서 제공하는 가이드 파일을 참고해 그림을 그립니다.

가이드 파일 예시

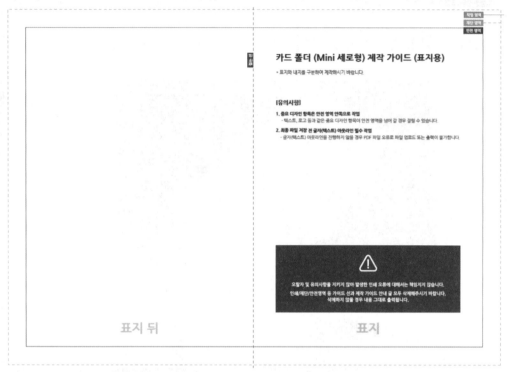

▲ 출처 : 오프린트미(www.ohprint.me)

❶ **작업 영역** : 재단 오차에 의해 재단선 바깥쪽으로 재단되었을 때를 대비해 업체에서 요구하는 재단 여유를 포함한 문서 크기입니다.
❷ **재단 영역** : 최종적으로 사용할 인쇄물의 크기입니다.
❸ **안전 영역** : 재단 오차에 의해 재단선 안쪽으로 재단되었을 때 중요한 데이터가 잘리는 것에 대비해 중요한 그림이나 텍스트는 안전 영역 안으로 작업합니다.

분홍색 튤립 그리기

01 펼침면으로 너비가 '140mm', 높이가 '98mm'의 세로형 폴더 카드를 만들 거예요. 제작 업체에서 '재단 오차 영역' 2mm씩을 포함한 크기를 권장하고 있어서, 캔버스의 너비를 '142mm', 높이를 '100mm'로 설정합니다. 출력물이기 때문에 DPI는 '300'으로 설정하고, [색상 프로필]은 [CMYK]를 선택한 다음 [창작] 버튼을 탭합니다.

02 | 카드가 접히는 중앙선을 표시하기 위해 [동작(🔧)] → 캔버스]에서 [그리기 가이드]를 활성화하고, [편집 그리기 가이드]를 선택합니다.

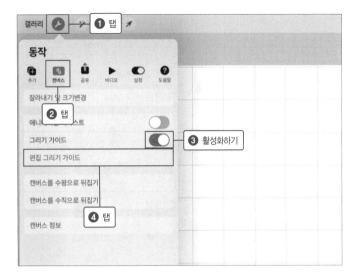

03 | 하단 메뉴에서 격자 크기를 '900px'로 설정하고 [완료] 버튼을 탭해 캔버스로 돌아갑니다.

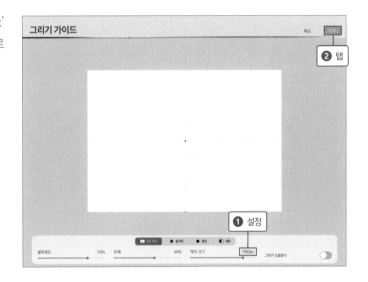

04 | 캔버스에 십자 모양으로 수직선과 수평선이 한 줄씩 표시되었습니다. 수직선이 카드가 접히는 부분입니다. 수직선 오른쪽이 카드 앞면, 왼쪽이 카드 뒷면이에요.

05 수직선 오른쪽인 카드 앞면부터 그립니다. 수평선 바로 아래에 꽃을 묶을 리본 하나를 크게 그립니다. 사용한 브러시는 선을 긋고 나면 종이에 잉크가 살짝 번지는 것과 같은 시간차 번짐 효과가 있는 잉크 펜 느낌의 '틴더박스'입니다. 색상은 '자토 팔레트 3'을 참고해 주세요.

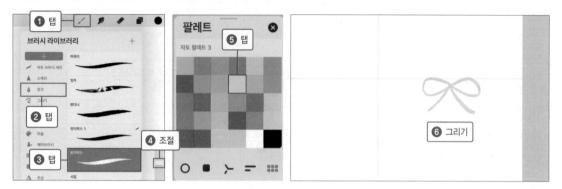

TIP **브러시** : 잉크 → 틴더박스 **브러시 크기** : 15% **색상** : 자토 팔레트 3 → 10번 색상

06 〔레이어(▣)〕에서 〔+〕 버튼을 탭해 꽃을 그릴 새 레이어를 추가하고, 리본을 그린 '레이어 1' 아래로 이동합니다.

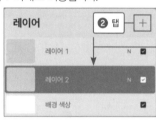

07 '분홍색'으로 길쭉한 꽃송이 형태를 3개 그립니다. 꽃송이들의 크기, 모양, 방향을 모두 다르게 그려야 조금 더 자연스러운 느낌의 꽃다발이 됩니다.

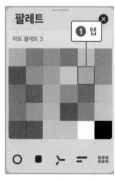
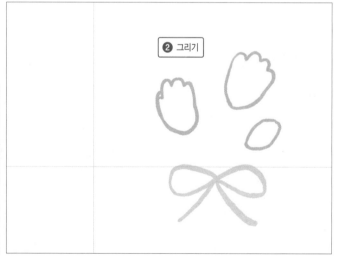

TIP **색상** : 자토 팔레트 3 → 11번 색상

08 | '틴더박스' 브러시의 질감이 표현되도록 브러시로 직접 채색해 주세요.

채색

09 | 진한 색으로 겹쳐 있는 꽃잎 모양을 상상하며 꽃송이에 라인을 그어 주세요.

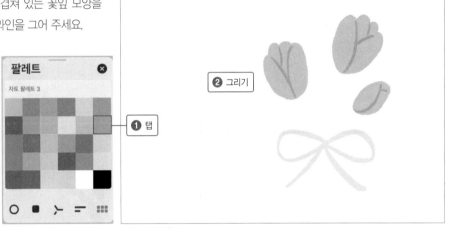

❶ 탭

❷ 그리기

TIP **색상** : 자토 팔레트 3 → 12번 색상

10 | 꽃송이들 아래 뒤집어진 삼각형 모양으로 꽃받침을 그리고, 그 밑으로 줄기를 하나씩 이어 그립니다. 줄기는 각각 다른 방향으로 뻗도록 그리고, 모두 리본 가운데를 통과해 묶인 것처럼 표현합니다.

❶ 탭

❷ 그리기

TIP **색상** : 자토 팔레트 3 → 13번 색상

11 같은 색으로 줄기에 붙어 있는 잎을 길쭉하고 멋스럽게 그립니다. 레이어가 리본을 그린 레이어 아래에 있기 때문에 일부분은 자연스럽게 가려집니다.

그리기

빨간색 카네이션 그리기

01 〔레이어(■)〕에서 〔+〕 버튼을 탭해 다른 종류의 꽃을 그릴 새 레이어를 추가합니다. 새 레이어는 리본을 그린 '레이어 1'과 분홍색 꽃을 그린 '레이어 2' 사이에 있어야 합니다.

02 '빨간색'으로 다른 모양의 꽃을 그립니다. 분홍색 꽃들 사이에 다음과 같이 납작하게 꽃모양 형태를 그리고, 브러시로 직접 채색합니다.

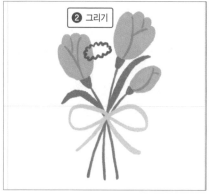

TIP 색상 : 자토 팔레트 3 → 14번 색상

03 │ '흰색'으로 점을 여러 개 찍어 꽃 속의 꽃밥도 표현합니다.

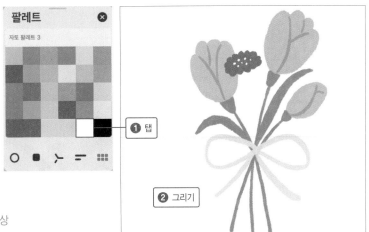

❶ 탭

❷ 그리기

TIP 색상 : 자토 팔레트 3 → 29번 색상

04 │ 꽃송이 아래 '연두색'으로 꽃받침을 그리고 줄기를 이어 그려 주세요. 리본 가운데 부분을 통과하도록 선을 긋습니다.

❶ 탭

❷ 그리기

TIP 색상 : 자토 팔레트 3 → 15번 색상

05 │ 같은 색으로 줄기에 붙어 있는 잎도 두 장 정도 그립니다.

그리기

06 | 빨간색 꽃을 한 송이 더 그리기 위해 (레이어(▣))에서 (+) 버튼을 탭해 새 레이어를 추가합니다. 이번에 그릴 꽃은 꽃다발 가장 뒤쪽에 있는 것처럼 표현하기 위해 추가한 새 레이어를 가장 아래로 이동합니다.

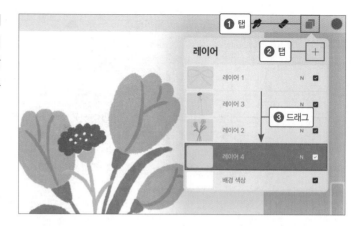

07 | 오른쪽 분홍색 꽃들 뒤로 '빨간색' 꽃을 하나 더 그리고 채색합니다.

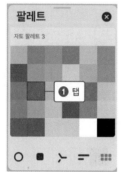

TIP 색상 : 자토 팔레트 3 → 14번 색상

08 | '흰색'으로 점을 여러 개 찍어 꽃 속의 꽃밥도 표현합니다.

TIP 색상 : 자토 팔레트 3 → 29번 색상

09 | 꽃받침과 줄기, 잎을 이어
그립니다. 현재 레이어가 레이어
목록에서 가장 아래 있기 때문에
앞에 있는 꽃들로 자연스럽게 가려
집니다.

TIP 색상 : 자토 팔레트 3 → 15번 색상

보라색 안개꽃 그리기

01 | 다른 모양의 꽃을 그리기 위해 〔레이어(■))에서 〔+〕 버튼을 탭해 새 레이어를 추가합니다. 새 레이어는 리본을 그린 '레이어 1' 바로 아래 위치합니다.

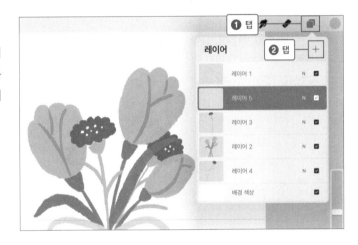

02 | '보라색'으로 아주 작은 꽃들을 여러 송이 그려 주세요. 전체 꽃다발 모양을 생각하며 위치를 잡아 그립니다.

TIP 색상 : 자토 팔레트 3 → 16번 색상

03 보라색 꽃들 중앙에 '흰색'으로 작은 점을 찍어 디테일도 표현합니다.

TIP 색상 : 자토 팔레트 3 → 29번 색상

04 보라색 꽃의 줄기를 그려주세요. 꽃에 꼭 붙여서 그리지 않아도 괜찮아요. 줄기 방향이 리본 가운데를 향하도록 선을 긋습니다.

TIP 색상 : 자토 팔레트 3 → 17번 색상

05 리본 아래쪽으로 나온 줄기들도 여러 방향으로 그립니다.

06 꽃다발 전체의 크기나 위치를 조절하기 편하도록 모든 레이어를 다중 선택해 하나의 그룹으로 지정합니다.

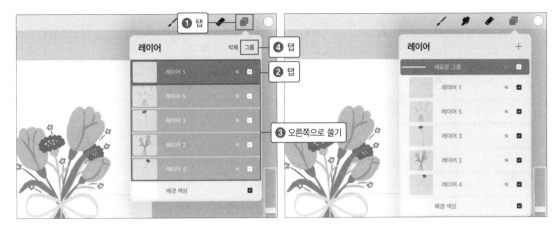

TIP 하나의 레이어를 선택한 다음 나머지 레이어들을 오른쪽으로 쓸어 다중 선택할 수 있어요.

축하 문구 입력하기

01 꽃다발 아래 텍스트를 입력하기 위해 (동작(🔧) → 추가 → 텍스트 추가)를 선택합니다.

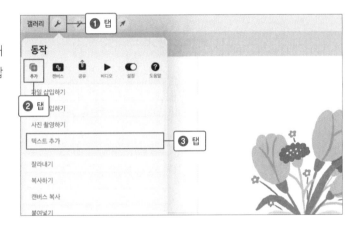

02 원하는 문구를 입력하고 서체, 스타일, 디자인 등을 자유롭게 설정한 다음 꽃다발 아래로 위치를 이동합니다.

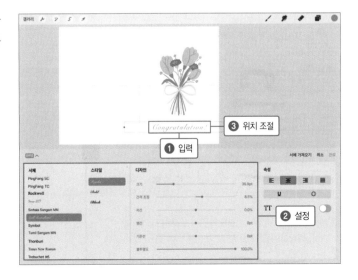

03 | (레이어(⬛)) 목록에서 꽃다발을 그린 그룹을 선택하고, (변형(↗))을 탭해 크기와 위치를 조절합니다.

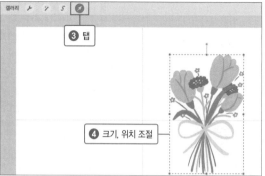

04 | 카드 앞면이 완성되었어요. 카드 뒷면을 꾸미기 위해 (레이어(⬛))에서 (+) 버튼을 탭해 새 레이어를 추가합니다.

카드 뒷면 채색하기

01 | 카드 뒷면은 '분홍색'으로 전체 채색합니다. 필압에 영향을 받지 않는 '모노라인' 브러시로 변경하고, 수직선을 따라 세로로 직선을 길게 긋습니다. 선을 긋고 화면에서 펜을 떼지 않은 상태로 기다리면 선이 반듯한 직선으로 변경됩니다.

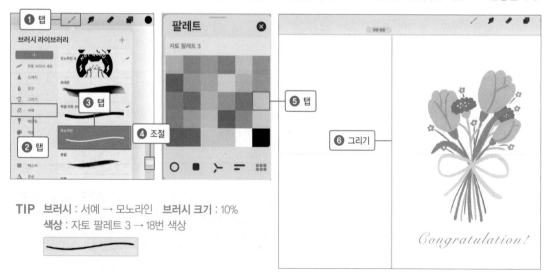

TIP 브러시 : 서예 → 모노라인 **브러시 크기** : 10%
색상 : 자토 팔레트 3 → 18번 색상

02 │ [색상 원(◉)]을 직선 왼쪽으로 끌어와 채색합니다.

03 │ [레이어(▣)]에서 [+] 버튼을 탭해 새 레이어를 추가한 다음, 카드 뒷면에 서명이나 저작권 표시 등을 넣어도 좋습니다. 저는 '흰색'으로 다음과 같은 문구를 넣었어요.

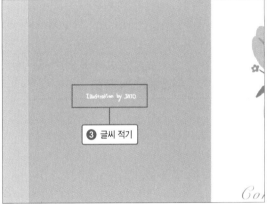

04 │ 카드 표지 디자인을 완성했습니다. 이제 저장을 해야 합니다.

05 제작 업체에서 PDF 파일 업로드를 권장했기 때문에 (동작[🔧] → 공유 → PDF) 를 선택합니다.

06 PDF 품질을 (우수)로 선택하고 (파일에 저장)을 선택합니다.

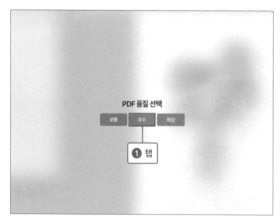

07 파일명을 '카드 표지'로 변경하고 (나의 iPad)를 선택한 다음 (저장) 버튼을 탭합니다.

08 저장이 끝나면 카드 내지를 같은 캔버스에 그릴 거예요. (레이어(◼)) 목록에서 카드 표지를 그린 모든 레이어를
다중 선택해 하나의 그룹으로 지정합니다.

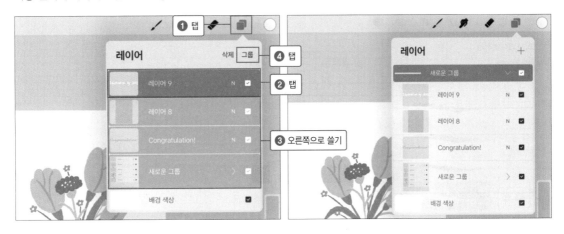

TIP 하나의 레이어를 선택한 다음 나머지 레이어들을 오른쪽으로 쓸어 다중 선택할 수 있어요.

09 (레이어(◼)) 목록에서 카드 표지를
그린 그룹을 체크 해제해 캔버스에서 보이
지 않도록 합니다.

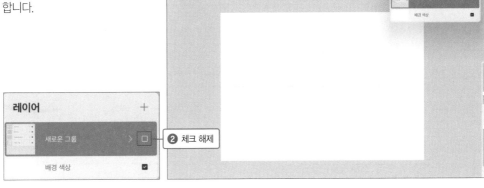

카드 내지에 꽃잎 그리기

01 (레이어(◼))에서 (+) 버튼을 탭해 내
지 일러스트를 그릴 새 레이어를 추가합니다.

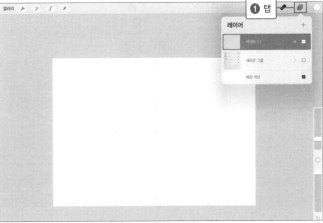

02 카드를 출력했을 때 내지 오른쪽 면에 글을 쓴다고 생각하고 꾸밉니다. 오른쪽 면 하단에 각각 다른 모양의 분홍색 꽃송이들을 일렬로 그리고 브러시로 직접 채색합니다.

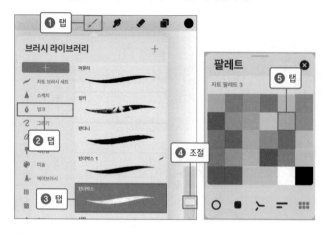

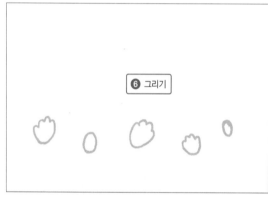

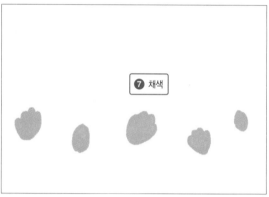

TIP **브러시** : 잉크 → 틴더박스　**브러시 크기** : 15%　**색상** : 자토 팔레트 3 → 11번 색상

03 '진한 분홍색'으로 겹쳐 있는 꽃잎 모양을 상상하며 라인을 그립니다.

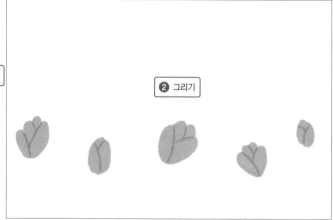

TIP **색상** : 자토 팔레트 3 → 12번 색상

04 〔레이어(□)〕 목록에서 꽃송이들을 그린 '레이어 11'을 왼쪽으로 쓸어 〔복제〕 버튼을 탭합니다.

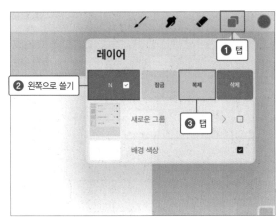

05 〔변형(↗)〕을 탭해 복제한 꽃들을 위로 이동하고, 〔수평 뒤집기〕를 선택해 가로로 그림을 뒤집습니다. 심플한 내지 디자인을 완성했어요.

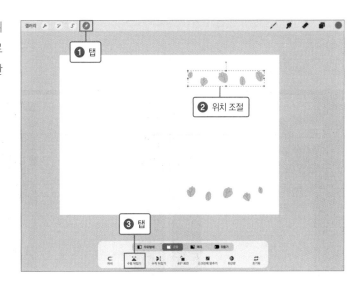

06 카드 내지도 표지와 마찬가지로 〔동작(✦)〕 → 공유 → PDF〕를 선택합니다. PDF 품질을 〔우수〕로 선택하세요.

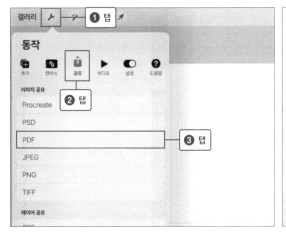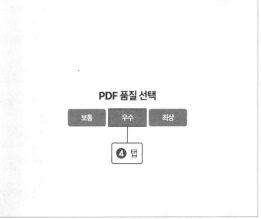

07 | (파일에 저장)을 선택하고 파일명을 '카드 내지'로 변경합니다. (나의 iPad)를 선택하고 (저장) 버튼을 탭합니다.

굿즈 주문하기

01 | 스티커를 제작할 때 다운받은 '오프린트미' 앱을 실행합니다. '메뉴' 아이콘을 탭한 다음 (카드 → 폴더)를 선택합니다.

02 | 폴더 카드 주문 화면에서 사이즈를 (미니)로 지정하고, 원하는 용지와 수량을 지정한 다음 (시작하기) 버튼을 탭합니다.

03 〔내 디자인 업로드〕를 선택한 다음
화면 형태는 〔세로선택〕을 선택합니다.

04 하단에서 〔표지〕를 선택하고 중앙에 있는 'PDF' 아이콘을 탭합니다.

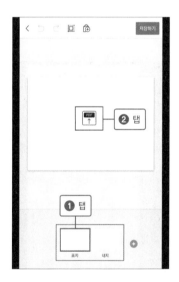

05 〔탐색〕을 선택하고 〔나의 iPad〕에 저
장한 '카드 표지' 파일을 불러오세요.

06 표지 파일을 제대로 불러왔는지 확인하고, 하단에서 (내지)를 선택해 04~05와 동일한 방법으로 저장한 '카드 내지' 파일을 불러옵니다.

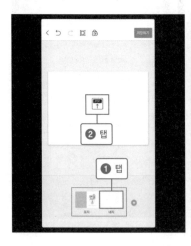
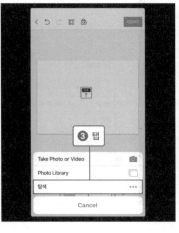

07 내지 파일까지 제대로 불러온 것을 확인하고 저장한 다음 주문하면 끝입니다.

레트로 감성의
종이 인형 만들기

- 난이도 : ★★★★
- 브러시 : 자토잉크, 소프트 에어브러시, 보케, 뉴스프린트
- 준비물 : 06\A5 종이인형 가이드.psd, 01\자토 브러시 세트
- 키워드 : # 3등신캐릭터 # 레트로감성표현

레이어를 잘 활용하면 그 시절 종이 인형도 뚝딱뚝딱 쉽게 제작할 수 있습니다. 좋아하는 영화 캐릭터의
코스튬으로 종이 인형을 만들면 재미있을 거예요. 직접 그리고 출력한 종이 인형을 가위로 오리고 입히며
새록새록 레트로 감성을 느껴 보세요.

3등신 기본 캐릭터 그리기

01 | 갤러리 화면에서 〔가져오기〕를 탭해 06 폴더에서 'A5 종이인형 가이드.psd' 파일을 불러옵니다.

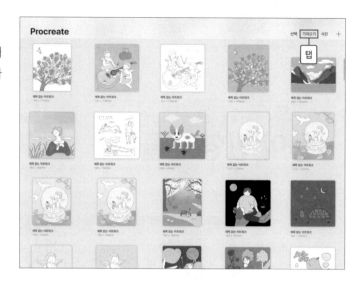

TIP 'A5 종이인형 가이드.psd' 파일을 불러오면 캔버스 배경이 오류로 인해 검은색으로 변경됩니다. 레이어 목록에서 '배경 색상' 레이어를 탭해 색상을 흰색으로 지정합니다.

02 | 가이드 파일에는 세 개의 레이어가 미리 준비되어 있습니다. 〔레이어(■)〕 목록에서 아래 두 레이어는 각각 재단선과 안전영역이 표시되어 있어 인쇄를 염두에 두고 그림을 그릴 수 있습니다(가이드 파일 p.394 참고).

캐릭터를 처음 그리는 분들을 위한 '3등신 캐릭터' 레이어도 있어요. 이 레이어에 있는 원을 참고해 3등신 캐릭터를 그립니다.

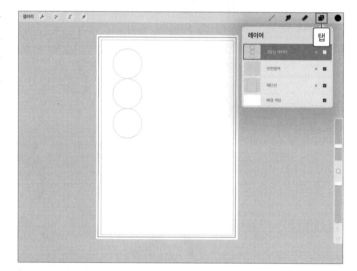

03 | 기본 캐릭터를 그리기 위해 〔레이어(■)〕에서 〔+〕 버튼을 탭해 새 레이어를 추가합니다.

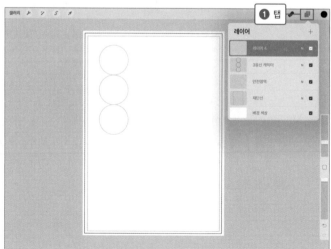

04 | 간단한 3등신 캐릭터를 그려 볼게요. 가장 위에 있는 원이 캐릭터 얼굴 크기가 됩니다. '검은색' 브러시로 원 크기에 맞춰 자유롭게 얼굴형을 그립니다. 저는 이마와 볼의 라인을 볼록볼록 귀엽게 그렸어요. '자토잉크' 브러시를 사용해 그렸지만 깔끔한 라인을 원한다면 '서예 → 모노라인' 브러시를 사용해도 좋습니다.

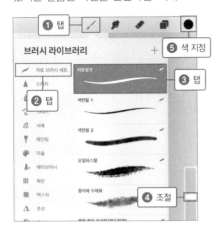

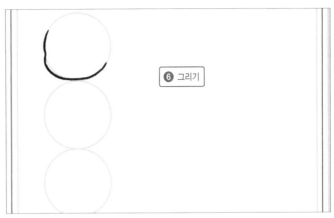

TIP 브러시 : 자토 브러시 세트 → 자토잉크 **브러시 크기** : 25%

05 | 오른쪽에는 단순한 모양으로 귀도 그려 주세요.

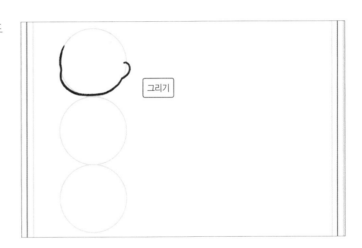

06 | 헤어는 가발을 그릴 때를 대비해 최대한 짧고 단순하게 그리는 것이 좋습니다. 앞머리도 짧게 그려야 나중에 다양한 헤어스타일의 가발을 그릴 수 있어요.

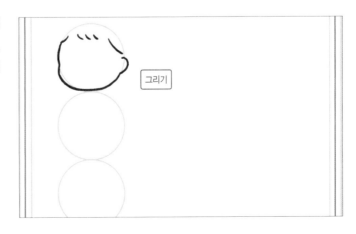

07 | 볼륨감 있는 헤어를 표현하기 위해 머리 윗부분은 원보다 살짝 위에 그려야 자연스럽습니다.

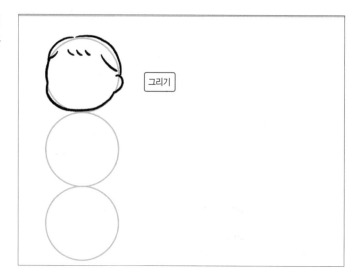

그리기

08 | 얼굴에 원하는 스타일로 자유롭게 눈, 코, 입을 그립니다. 다른 표정을 시도해도 좋습니다.

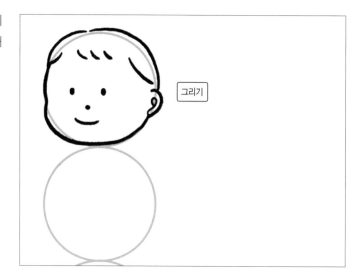

그리기

09 | 얼굴 아래로 3등신 캐릭터에 어울리도록 목 라인을 짧게 그립니다.

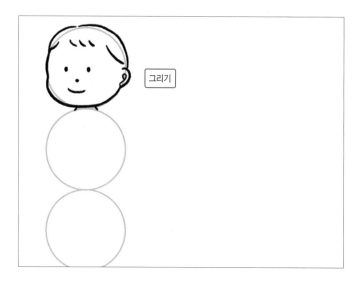

그리기

10 ┃ 얼굴과 목이 겹치는 부분은 (지우개
()로 지우면 자연스럽습니다.

1 탭

2 지우기

11 ┃ 두 번째 원을 따라 양쪽에 어깨 라인
을 내려 그립니다.

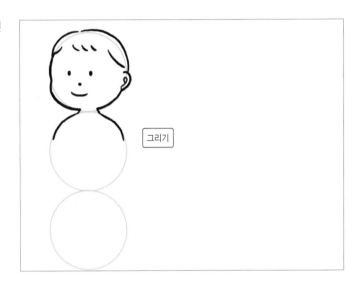

그리기

12 ┃ 기본 캐릭터의 옷은 다른 의상을 입
힐 때 방해가 되지 않게 최대한 단순하게 그
리는 것이 좋습니다. 상의는 비율에 맞도록
두 번째 원 아래로 넘어가지 않게 그려요.

그리기

13 | 양쪽 팔은 뒷짐 지고 있는 모습으로
간단하게 이어 그립니다.

그리기

14 | 하의도 최대한 짧게 그려야 다양한
의상을 입힐 때 좋습니다.

그리기

15 | 짧은 반바지 아래로 양쪽 다리를 세
번째 원의 길이에 맞추어 그립니다.

그리기

16 │ 캐릭터를 다 그렸으면 [레이어( )]
목록에서 '3등신 캐릭터' 레이어를 체크 해
제해 더 이상 보이지 않도록 합니다.

3등신 기본 캐릭터 채색하기

01 │ 캐릭터를 채색하기 전에 배경을 먼
저 채색하겠습니다. [레이어( )]에서 [+]
버튼을 탭해 배경을 채색할 새 레이어를 추
가하고, 목록 가장 아래로 이동해 주세요.

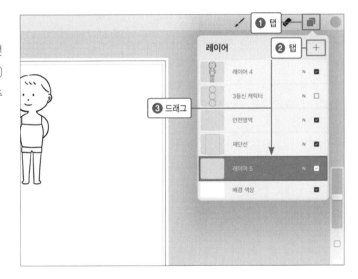

02 │ 원하는 색을 지정한 다음 [색상 원
( )]을 캔버스로 끌어와 배경을 채색해 주
세요. 저는 '연한 보라색'으로 채색했습니다.

TIP 배경을 먼저 채색하는 이유는 흰색
으로 채색할 부분도 빠짐없이 채색하기
위해서입니다. 캔버스가 흰색이면 구분
하기 힘드니까요.

03 〔레이어(▣)〕 목록에서 캐릭터를 그린 '레이어 4'를 선택해 채색합니다.

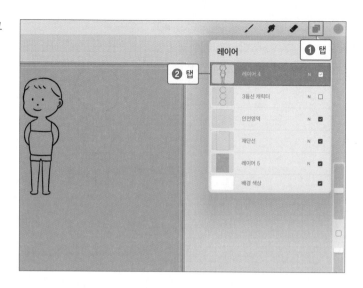

04 캐릭터의 옷과 다리는 원하는 색의 〔색상 원(●)〕을 끌어와 채색합니다. 그 외의 영역은 라인이 끊긴 부분이 있기 때문에 색상 원을 끌어온다면 색이 밖으로 빠져나갑니다. 브러시로 직접 채색해 주세요.

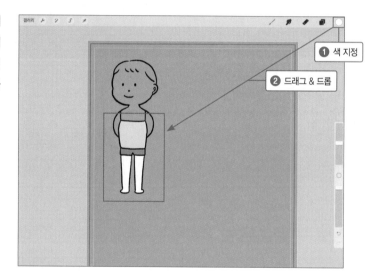

05 브러시로 남은 부분을 채색하기 위해 〔레이어(▣)〕에서 〔+〕 버튼을 탭해 캐릭터를 그린 '레이어 4' 아래 새 레이어를 추가합니다.

06 | 브러시로 얼굴과 몸을 먼저 채색하고 헤어도 채색합니다.

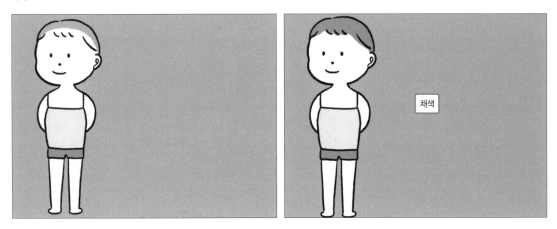

07 | 〔레이어(📑)〕 목록에서 캐릭터를 그린 '레이어 4'와 캐릭터를 채색한 '레이어 6'을 두 손가락으로 좁혀 하나의 레이어로 합칩니다.

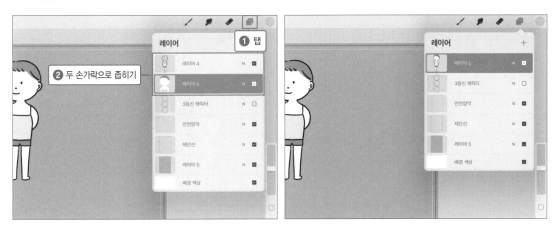

08 | 다양한 의상을 그릴 때 참고하기 위해 캐릭터를 복사해요. 세 손가락으로 화면을 위에서 아래로 쓸어 편집 메뉴를 표시합니다. 〔복사하기 및 붙여넣기〕를 선택해 캐릭터를 하나 복사합니다.

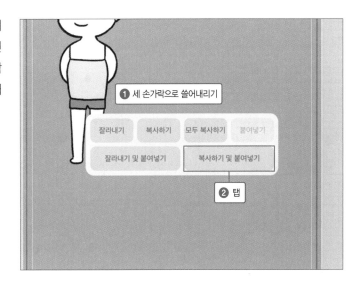

09 복사한 캐릭터의 위치를 오른쪽 아래로 이동합니다.

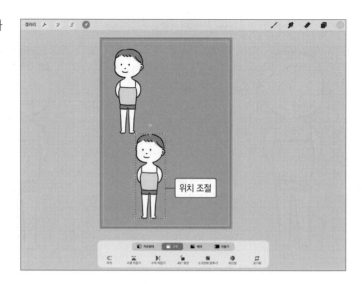

10 08~09와 동일한 방법으로 캐릭터를 2개 더 복사합니다. 캐릭터 4개가 겹치지 않도록 캔버스에 적절하게 배치합니다.

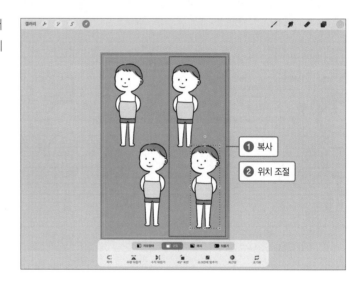

11 (레이어(▣)) 목록에서 복사한 3개의 레이어들만 두 손가락으로 좁혀 하나의 레이어로 합칩니다.

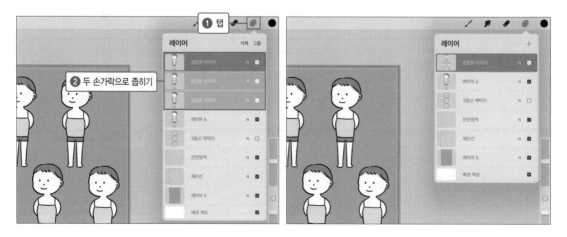

12 합친 레이어를 두 손가락으로 탭하고 화면을 왼쪽으로 쓸어 불투명도를 '30%' 정도로 조절합니다. 반투명해진 캐릭터들 위에 편하게 여러 가지 가발과 의상을 그릴 거예요.

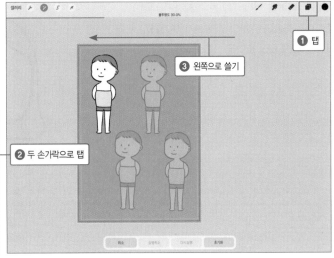

라라랜드 미아 코스튬 그리기

01 〔레이어(■)〕에서 〔+〕 버튼을 탭해 첫 번째 코스튬을 그릴 새 레이어를 목록 가장 위에 추가합니다.

02 불투명한 캐릭터 위에 첫 번째 코스튬을 그립니다. 제일 먼저 그릴 코스튬은 영화 '라라랜드'의 주인공 '미아'입니다. 미아의 가르마는 살짝 왼쪽에 있어요. 가르마 선을 긋고 양 옆으로 옆머리를 그립니다.

TIP 인터넷에서 '라라랜드' 사진을 검색하고 '멀티 태스킹' 기능으로 사진을 보면서 그리면 더욱 쉬울 거예요(멀티 태스킹 p.172~174 참고).

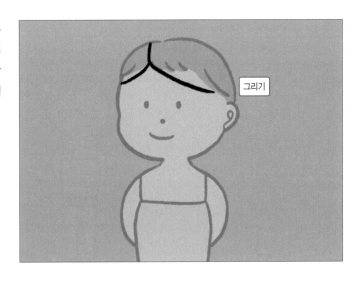

03 | 미아의 머리 길이는 어깨까지 내려 옵니다. 가르마 위부터 시작해서 어깨까지 자연스럽게 헤어 모양을 그려 주세요.

04 | 가발 위쪽에 종이 인형의 필수 요소인 '걸이'도 양쪽으로 그립니다. 생각보다 조금 크게 그려야 나중에 가위로 오리기가 편해요.

05 | 라라랜드에서 미아는 금발이에요. 가발에 (색상 원(●))을 끌어와 채색합니다. 걸이 부분도 잊지 말고 '흰색'으로 채색해 주세요.

06 〔레이어(■)〕에서 〔+〕 버튼을 탭해 '미아'의 트레이드마크인 노란색 원피스를 그릴 새 레이어를 추가합니다.

07 기본 캐릭터 체형에 맞춰 단순하게 원피스를 그립니다. 기본 캐릭터의 의상이 모두 가려질 수 있도록 여유 있게 그려 주세요.

08 양쪽 팔도 기본 캐릭터와 다르게 그립니다. 미아가 춤출 때 했던 팔 동작으로 그려요. 새로 그린 팔에 기본 캐릭터의 팔이 모두 가려져야 합니다.

09 원피스에도 걸이를 그리기 위해 [레이어( )] 목록에서 가발을 그린 '레이어 7'을 체크 해제해 보이지 않도록 합니다.

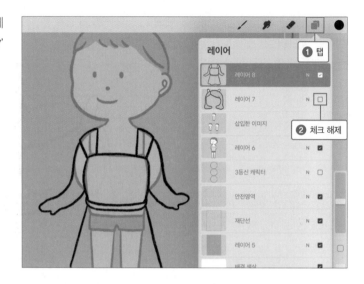

10 원피스 양쪽 어깨끈 위에 걸이를 그립니다. 걸이는 나중에 접히는 부분이기 때문에 얼굴이나 가발 그림과 겹치는 부분이 있어도 괜찮아요.

11 '노란색' [색상 원( )]을 끌어와 원피스를, '흰색' [색상 원( )]을 끌어와 팔과 걸이를 채색합니다.

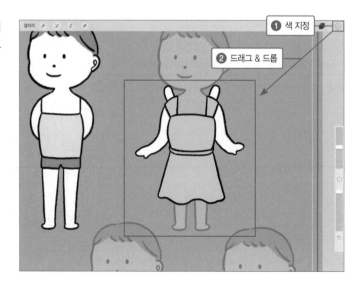

12 │ 미아의 원피스를 자세히 보면 연두색 꽃무늬가 그려져 있어요. '연두색'으로 꽃과 잎들을 그려 비슷한 느낌을 표현해 주세요.

13 │ 〔레이어(⬛)〕 목록에서 가발을 그린 '레이어 7'을 체크 표시해 보이도록 해 주세요.

14 │ 〔레이어(⬛)〕에서 〔+〕 버튼을 탭해 새 레이어를 추가하고, 라라랜드가 떠오를 수 있는 요소들도 그립니다.

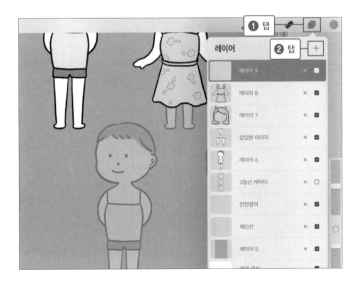

15 | 인물 오른편에 영화 속에 등장하는 가로등을 그립니다. 가로등 윗부분부터 차례차례 천천히 그려 보세요.

그리기

16 | (색상 원(⦿))을 끌어와 가로등을 채 색합니다.

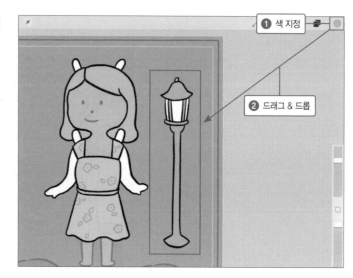

17 | 가로등에서 노란 불빛이 번지는 디 테일을 표현하기 위해 (레이어(⦿))에서 (+) 버튼을 탭해 새 레이어를 추가합니다.

18 │ 번지는 빛의 느낌을 표현할 때는 '소프트 에어브러시'가 잘 어울립니다. (브러시(✐))에서 '소프트 에어브러시'를 선택하고 (색상(●))은 '노란색'으로 지정하세요.

TIP 브러시 : 에어브러시 → 소프트 에어브러시
브러시 크기 : 35%

19 │ 브러시로 가로등이 빛나는 부분을 동그랗게 채색합니다.

20 │ (레이어(▥)) 목록에서 가로등의 빛을 그린 '레이어 10'을 두 손가락으로 탭한 다음, 왼쪽으로 화면을 쓸어 불투명도를 '50%' 정도로 조절합니다. 노란색으로 채색한 부분이 불투명해지면서 자연스럽게 빛이 퍼지는 느낌을 표현할 수 있어요.

21 〔레이어(⬛)〕 목록에서 가로등을 그린 '레이어 9'와 가로등의 빛을 그린 '레이어 10'을 두 손가락으로 좁혀 하나의
레이어로 합칩니다.

22 영화 속 밤하늘을 떠올릴 수 있게 별
도 그려 볼게요. 〔레이어(⬛)〕에서 〔+〕 버튼
을 탭해 새 레이어를 추가합니다.

23 인물 주변에 별을 추가로 그리고 채
색합니다. 라라랜드 분위기가 느껴지나요?

보헤미안 랩소디 프레디 머큐리 코스튬 그리기

01 〔레이어(■)〕에서 〔+〕 버튼을 탭해 두 번째 코스튬을 그릴 새 레이어를 추가합니다. 영화 '보헤미안 랩소디' 속 '프레디 머큐리' 코스튬을 그릴 거예요.

TIP '멀티 태스킹' 기능으로 사진을 검색해 보면서 그리면 더 쉬울 거예요.

02 캐릭터 위에 가발을 먼저 그립니다. 프레디 머큐리는 뒤로 넘긴 짧은 머리를 하고 있고 구레나룻이 특징입니다. 기본 캐릭터의 헤어를 다 가릴 수 있도록 그리고, 머리 위에 걸이도 잊지 않고 그려 주세요.

TIP 브러시 : 자토 브러시 세트 → 자토잉크   브러시 크기 : 25%

03 머리는 아주 '진한 회색'으로, 걸이는 '흰색'으로 〔색상 원(●)〕을 끌어와 채색합니다.

04 | 프레디 머큐리의 의상을 그리기 위해 (레이어(■))에서 (+) 버튼을 탭해 새 레이어를 추가합니다.

05 | 보헤미안 랩소디 속 프레디 머큐리 하면 떠오르는 슬리브리스 티셔츠와 청바지를 그립니다. 슬리브리스 티셔츠는 기본 캐릭터 체형에 맞춰 그려요.

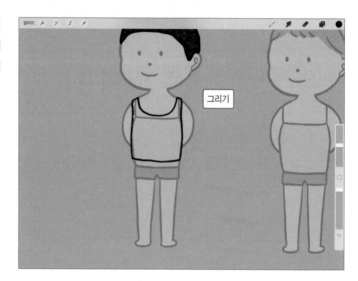

06 | 티셔츠 옆으로 두 팔을 그립니다. 왼쪽 팔은 살짝 올려 스탠딩 마이크를 들고 있는 모습으로 그려요. 기본 캐릭터의 팔이 모두 가려지도록 그립니다.

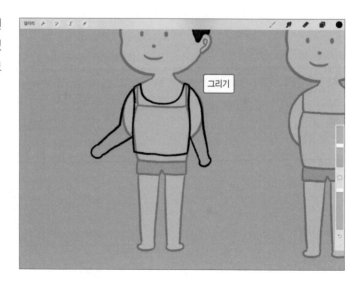

07 │ 왼쪽 팔뚝에 가죽띠, 허리에 가죽 벨트도 그립니다.

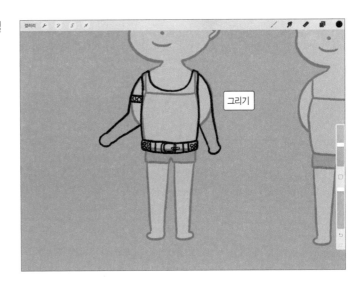

08 │ 벨트 아래로 청바지를 그립니다. 진짜 바지처럼 다리보다 살짝 여유롭게 그리는 것이 좋습니다. 바지 끝에 신발도 붙여 그려요.

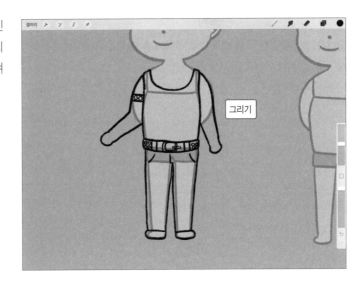

09 │ 왼쪽 손에 들고 있는 스탠딩 마이크를 그립니다. 마이크 거치대가 너무 얇고 길면 나중에 오리기가 힘들기 때문에 짧고 단순하게 그려요.

10 어깨 부분에 걸이도 잊지 않고 그립니다.

그리기

11 (색상 원(●))을 끌어와 의상을 채색합니다. 팔뚝의 가죽띠와 벨트는 디테일이 많아서 색상 원을 끌어와 채색하기가 어렵기 때문에 남겨둡니다.

❶ 색 지정

❷ 드래그 & 드롭

12 디테일을 채색하기 위해 (레이어(■))에서 (+) 버튼을 탭해 의상을 그린 '레이어 12' 아래 새 레이어를 추가합니다.

❶ 탭

레이어

❷ 탭 +

레이어 12 N ☑

레이어 13 N ☑

레이어 11 N ☑

레이어 10 N ☑

레이어 9 N ☑

레이어 8 N ☑

레이어 7 N ☑

삽입한 이미지 N ☑

13 가죽띠와 가죽 벨트를 브러시로 직접 채색합니다. (레이어(⬛)) 목록에서 프레디 머큐리의 의상을 그린 '레이어 12'와 디테일을 채색한 '레이어 13'을 두 손가락으로 좁혀 하나의 레이어로 합쳐 주세요.

조커 코스튬 그리기

01 세 번째 코스튬을 그리기 위해 (레이어(⬛))에서 (+) 버튼을 탭해 새 레이어를 추가합니다.

02 항상 사랑받는 캐릭터인 '조커'의 코스튬을 그립니다. 조커의 헤어스타일은 정리되지 않은 초록색 단발머리예요. 조커를 떠올리며 최대한 단순하게 표현합니다.

03 | 머리 위에 걸이를 그리고, (색상 원 (●))을 끌어와 머리와 걸이를 채색합니다. '초록색' 단발이 되면 조커가 쉽게 연상될 거예요.

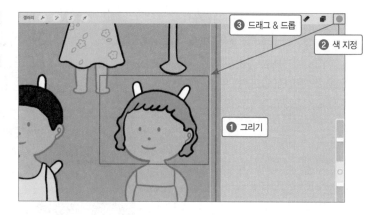

04 | (레이어(■))에서 (+) 버튼을 탭해 조커 의상을 그릴 새 레이어를 추가합니다.

05 | 조커의 트레이드마크는 강렬한 원색 정장이에요. 셔츠의 깃부터 시작해서 재킷과 베스트, 바지까지 천천히 따라 그려 보세요. 기본 캐릭터의 몸이 보이지 않도록 여유 있게 그립니다.

06 의상에 (색상 원(●))을 끌어와 채색합니다. 영화 속 조커의 정장 재킷과 바지는 '붉은색', 베스트는 '주황색', 셔츠는 '초록색'이에요.

07 3개의 코스튬을 모두 완성했어요. (레이어(■)) 목록에서 '기본 캐릭터를 복사한 레이어'를 두 손가락으로 탭하고 화면을 오른쪽으로 쓸어 불투명도를 '100%'로 조절합니다.

08 종이 인형을 완성했을 때 이런 모습이 될 거예요(걸이는 접어서 보이지 않아요). 기본 캐릭터의 헤어나 옷이 보이지 않는지 잘 확인해 주세요.

09 │ 〔레이어(🖼)〕목록에서 '기본 캐릭터를 복사한 레이어'는 체크 해제해 보이지 않도록 합니다.

10 │ 코스튬의 방향과 위치를 자유롭게 조절합니다. 〔레이어(🖼)〕목록에서 조절하고 싶은 레이어를 선택한 다음 〔변형(↗)〕을 탭합니다.

11 │ 하단 메뉴에서 〔균등〕을 선택하고 자유롭게 조절합니다. 사각형 점선 위에 초록색 조절점을 탭하면 방향도 조절할 수 있어요. 각각의 코스튬이 겹치지 않으면서 안전영역 밖으로 빠져나가지 않도록 배치합니다.

TIP 방향과 위치를 조절할 때 코스튬 크기가 변경되지 않도록 주의하세요.

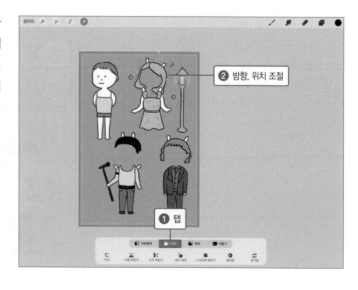

12 코스튬을 자유롭게 배치하니 진짜 종이 인형 느낌이 납니다.

레트로 느낌으로 배경 꾸미기

01 레트로 느낌이 나도록 배경을 꾸밉니다. 〔레이어(■)〕에서 〔+〕 버튼을 탭해 배경을 채색한 '레이어 5' 위에 새 레이어를 추가합니다.

02 '보케' 브러시로 변경하고 〔색상(●)〕은 '흰색'으로 지정합니다. 브러시로 캔버스 전체를 문질러 반짝이는 레트로 느낌의 무늬를 만들어요.

TIP 브러시 : 빛 → 보케
브러시 크기 : 50%

03 ｜ '안전 영역' 라인을 참고해 캔버스의 테두리도 꾸밉니다. (레이어(▣)) 목록에서 '안전 영역' 레이어를 왼쪽으로 쓸어 (복제) 버튼을 탭합니다.

04 ｜ (변형(↗) → 자유형태)를 선택해 복제한 안전 영역 라인의 크기를 조절합니다. 원래의 안전 영역 라인 크기보다 작게 캐릭터와 코스튬 그림을 침범하지 않는 정도까지만 줄여 주세요.

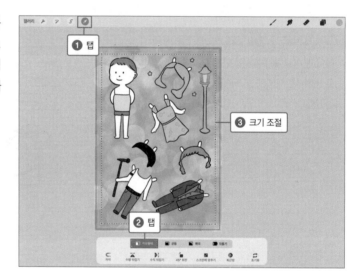

05 ｜ (선택(S) → 자동)을 선택해 복제한 라인의 바깥 부분을 탭합니다. 라인의 바깥 영역 전체가 파랗게 지정됩니다.

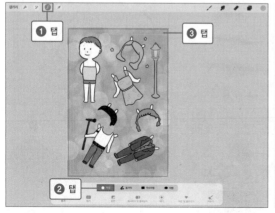

06 영역이 파랗게 지정된 상태로 [레이어(⬛)]에서 [+] 버튼을 탭해 새 레이어를 추가합니다. 지정된 영역을 제외한 면은 빗금이 표시되며 비활성화됩니다.

07 이 상태에서 브러시를 사용하면 선택된 테두리 영역에만 그려집니다. [브러시(✏)]에서 '뉴스프린트' 브러시를 선택하고, 원하는 색을 지정한 다음 테두리에 물방울 무늬를 그립니다. 브러시를 떼지 않고 테두리를 한 번에 그려야 물방울무늬가 겹치지 않아요.

TIP 브러시 : 레트로 → 뉴스프린트
브러시 크기 : 60%

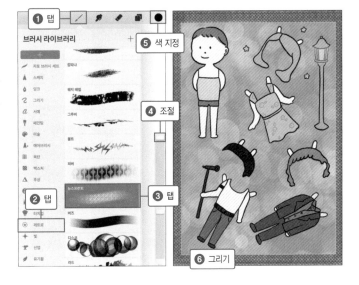

08 모든 드로잉이 끝났습니다. 마지막으로 [레이어(⬛)] 목록에서 '안전 영역' 레이어와 '재단선' 레이어를 체크 해제해 보이지 않도록 해요.

09 제작 업체에 맡기기 위해 파일로 저장합니다. (동작(🔧) → 공유 → PDF)를 선택해요.

10 PDF 품질을 (보통)으로 선택하고 (파일에 저장)을 선택합니다.

11 파일명을 '종이인형'으로 변경하고 (나의 ipad) 혹은 (iCloud Drive)를 선택합니다. 그리고 (저장) 버튼을 탭해요.

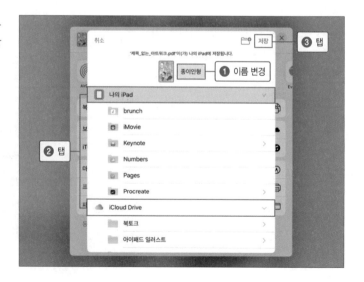

굿즈 주문하기

01 | 제작 업체 '레드프린팅(redprinting. co.kr)'에 접속하고 [카테고리]를 탭한 다음 [포스터 → 종이 포스터]를 선택합니다.

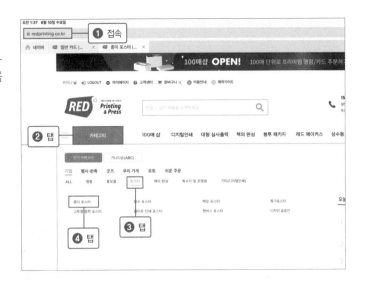

02 | 규격에서 [사이즈직접입력]을 지정하고 재단사이즈를 설정한 가로 '148', 세로 '210'으로 수정합니다. 종이 인형은 종이가 어느 정도 도톰해야 하니 종이 무게는 '200g' 이상으로 하는 것이 좋아요. 인쇄 수량은 한 장부터 제작 가능합니다. 저장한 PDF 파일을 업로드하고 주문하면 끝입니다.

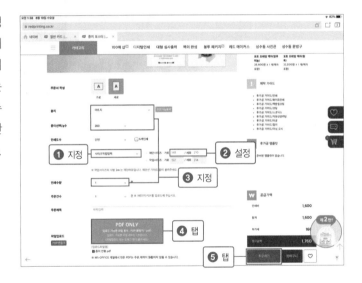

03 | 배송 받은 종이 인형을 실제로 오린 모습입니다. 레트로 감성을 느끼며 즐거운 시간을 보내세요.

핸드폰 케이스부터
다양한 굿즈 만들기

- 난이도 : ★★★
- 브러시 : 더웬트, 페퍼민트, 스크립트
- 준비물 : 06\예제 사진 6.jpg
- 키워드 : # 브러시최대크기조절 # 상품제작

iPad Drawing

연인, 가족, 친구들의 모습을 직접 그려 디자인한 세상에 단 하나밖에 없는 핸드폰 케이스 만들기. 이제 눈치 채셨을 거예요. 정말 쉽다는 걸요. 아이패드로 그린 그림 한 장으로 핸드폰 케이스부터 티셔츠까지, 만들 수 없는 상품이 없는 편리한 세상입니다.

라인으로 연인 그리기

01 | 너비를 '140mm', 높이를 '200mm', DPI를 '300'로 설정하고 [색상 프로필]을 [CMYK]로 선택한 다음 [창작] 버튼을 탭합니다.

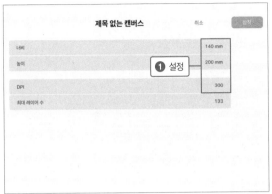
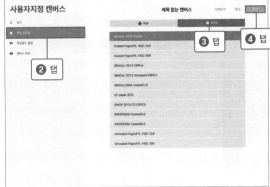

02 | [동작(🔧) → 추가]에서 [파일 삽입하기] 혹은 [사진 삽입하기]를 선택해 06 폴더에서 '예제 사진 6.jpg' 파일을 불러옵니다.

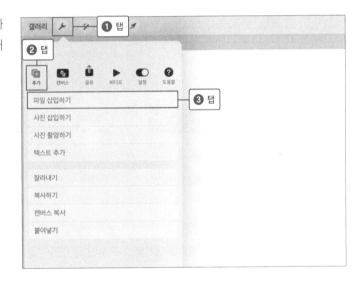

03 | 사진을 불러오면 하단 메뉴에서 [스크린에 맞추기]를 선택해 사진이 캔버스에 꽉 차도록 크기를 조절합니다.

04 │ 사진을 트레이싱하기 위해서 (레이어(■)) 목록에서 사진 '레이어 1'을 두 손가락으로 탭하고 화면을 왼쪽으로 쓸어 불투명도를 '30%' 정도까지 조절합니다.

05 │ (레이어(■))에서 (+) 버튼을 탭해 반투명해진 사진 위에 트레이싱할 새 레이어를 추가합니다.

06 │ '더웬트' 브러시를 사용해 천천히 사진 속 인물의 라인을 따라 그립니다. '더웬트' 브러시는 연필의 질감으로 스케치할 수 있는 브러시예요. 여자 얼굴부터 라인을 그려요. 얼굴 라인의 굴곡을 그대로 따라 그리지 않고, 일러스트 느낌이 표현되도록 매끄럽고 단순하게 그려 보세요.

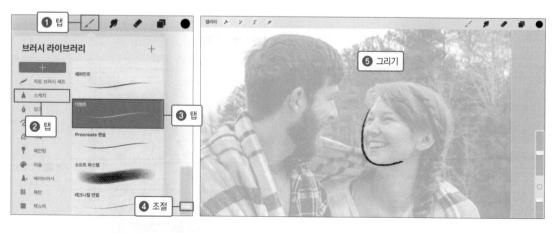

TIP 브러시 : 스케치 → 더웬트   브러시 크기 : 25%

07 눈, 코, 입, 귀의 위치를 맞춰 자유롭게 원하는 모양으로 그립니다. 저는 최대한 단순하게 그렸습니다.

08 앞머리를 짧은 선으로 표현하고 뒤로 이어지는 머리를 그립니다. 땋아서 내린 머리는 꽈배기 모양으로 표현했습니다.

09 머리 옆쪽에 땋은 머리도 그려 주세요.

10 │ 여자의 몸을 그립니다. 사진에는 두 인물이 담요를 나누어 덮고 있지만 담요를 빼고 그려요. 사진을 그대로 트레이싱하는 것보다 더 자유롭게 그림 그리는 연습을 조금씩 하는 것이 좋습니다. 사진 속 담요가 없다고 생각하고 보이지 않는 부분은 상상력을 발휘해 이어 그릴 거예요. 여자의 목과 옷의 목 라인을 먼저 그려 주세요.

11 │ 여자의 몸보다 앞에 있는 커피와 손을 먼저 따라 그려 주세요. 앞쪽에 있는 요소를 먼저 그려야 뒤쪽을 이어 그리기가 쉽습니다.

12 │ 왼쪽 어깨와 오른쪽 어깨에서 내려와 팔까지 이어 그려 주세요. 담요가 없다면 이런 모습일 거예요.

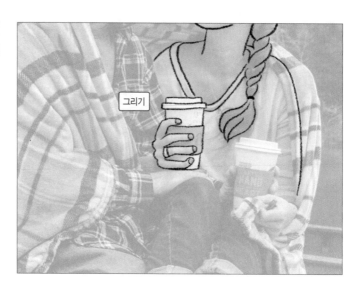

13 | 오른쪽 팔에 이어진 여자의 손을 그리고 남자가 들고 있는 커피 잔도 그립니다. 손가락을 그리는 건 아직 어려울 수도 있어요. 사진 속 라인을 최대한 따라 그리며 연습해 주세요. 여기까지 그리고 잠시 남자를 그립니다.

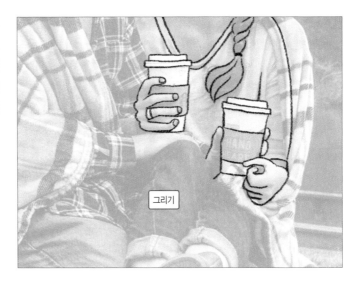

14 | 남자의 얼굴 라인과 귀를 그려 주세요. 완전한 옆모습이기 때문에 높은 코를 강조해서 그리면 좋습니다.

15 | 남자의 헤어와 이어지는 수염까지 그립니다. 아웃 라인만 그린다고 생각하며 단순하게 그려 주세요. 미소 짓는 눈과 내려오는 목 라인도 그려 주세요.

16 남자의 몸을 그릴 차례입니다. 담요 속 몸이 어떻게 되어 있을지 상상력을 발휘할 시간이에요. 셔츠는 단추를 풀어 입은 것 같고, 왼쪽 팔은 안쪽으로 구부러져 있는 것 같아요.

17 남자 다리에 올린 여자 다리를 먼저 따라 그리고, 그 밑의 남자 다리를 그려 주세요.

18 〔레이어(▣)〕 목록에서 사진 '레이어 1'을 체크 해제해 보이지 않도록 해볼까요? 사진이 있을 때는 미처 그리지 못한 라인들을 발견할 수도 있어요. 그림을 전체적으로 보면서 이상한 곳이 없는지 확인해 라인을 추가하고 수정합니다.

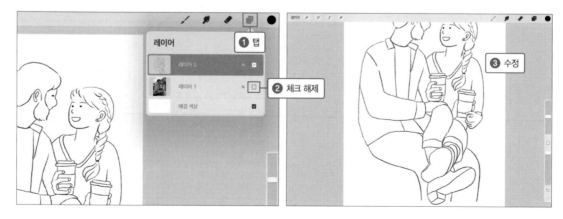

19 스케치를 완료하면 (변형(⬈))을 탭해 그림 위치를 중앙으로 이동해 주세요.

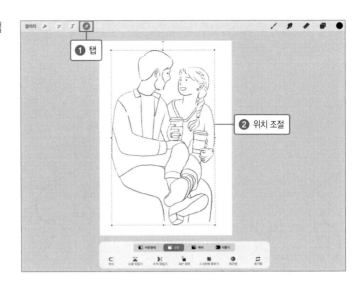

연인 채색하기

01 채색을 하기 위해 (레이어(▥))에서 (+) 버튼을 탭해 연인을 그린 '레이어 2' 아래 새 레이어를 추가합니다.

02 부드러운 질감을 표현하는 '페퍼민트' 브러시로 채색합니다. '페퍼민트' 브러시를 캔버스에 사용해 보면 브러시 크기를 '100%'로 조절해도 굵기가 너무 얇아요. 이 굵기로 모두 채색하면 손목이 많이 아플 것 같아요.

03 '페퍼민트' 브러시의 최대 크기를 변경하기 위해 '페퍼민트' 브러시를 왼쪽으로 쓸어 (복제) 버튼을 탭합니다. 복제한 '페퍼민트 1' 브러시를 탭합니다.

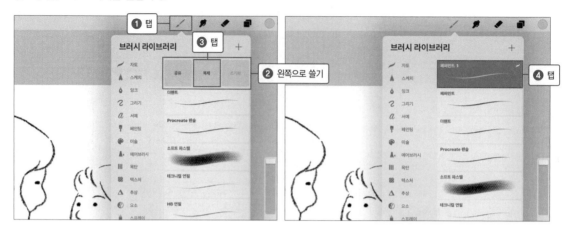

04 브러시 스튜디오의 (속성) 메뉴에서 브러시 특성의 '최대 크기'를 '30%'까지 설정합니다.

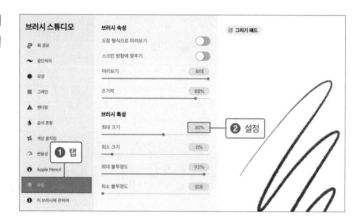

05 브러시를 테스트하면 전보다 굵기가 훨씬 두꺼워진 걸 확인할 수 있어요. 크기가 변경된 '페퍼민트' 브러시로 채색합니다.

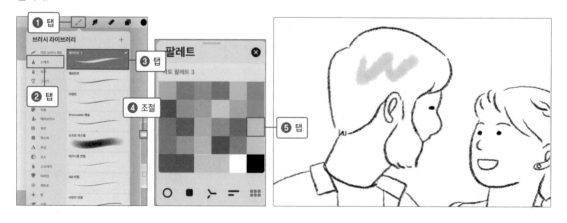

TIP **브러시** : 스케치 → 페퍼민트 1 **브러시 크기** : 50% **색상** : 자토 팔레트 3 → 18번 색상

06 이번 그림은 사진과 같아야 한다는 틀에서 벗어나 '연한 분홍색' 하나로만 로맨틱하고 사랑스럽게 채색해 주세요. 색상 조합이 서툴 때 한 가지 색으로만 채색하면 심플한 느낌으로 멋지게 완성할 수 있습니다. 두 사람의 헤어와 여자의 볼을 채색했어요.

07 남자의 셔츠도 같은 색으로 체크무늬를 그려 주세요. 옷의 방향에 따라 세로선을 긋고, 가로선도 그어 간단하게 체크무늬를 표현합니다.

08 여자의 바지도 같은 색으로 채색합니다. 나머지 부분은 '흰색'으로 남겨 주세요.

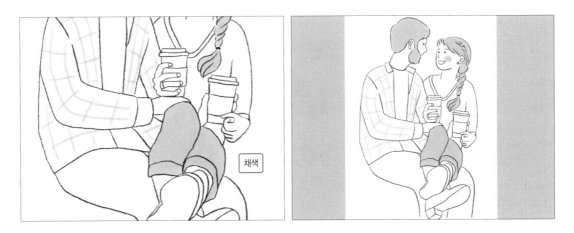

아이패드로 디자인한 굿즈 만들기

09 〔레이어(▦)〕 목록에서 '배경 색상' 레이어를 체크 해제해 배경색을 보이지 않도록 해볼까요? 우리가 흰색으로 남기고 싶었던 부분들이 채색하지 않았기 때문에 투명해진 것을 확인할 수 있어요. 이 부분도 흰색으로 채워야 굿즈를 만들 때 흰색으로 출력할 수 있어요.

10 흰색으로 채색하기 위해 〔레이어(▦)〕에서 〔+〕 버튼을 탭해 인물을 채색한 '레이어 3' 아래 새 레이어를 추가합니다.

11 매끈한 '스크립트' 브러시를 사용해서 모든 면을 '흰색'으로 채색합니다. 연한 분홍색으로 채색한 부분도 한 번 더 채색해 색이 뚜렷하게 보이도록 합니다.

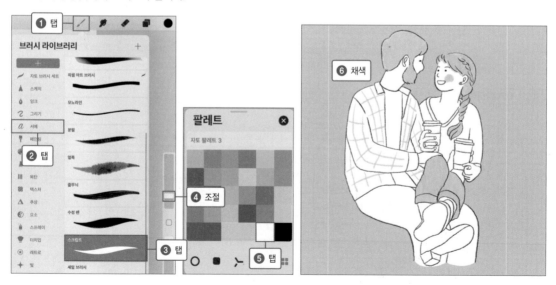

TIP 브러시 : 서예 → 스크립트   브러시 크기 : 30%   색상 : 자토 팔레트 3 → 29번 색상

12 | 출력을 맡기기 위해 저장해요. (동작
(🔧) → 공유 → PNG)를 선택합니다.

TIP 'PNG' 파일은 지금과 같은 투명한
배경을 지원하기 때문에 굿즈 만들기에
적합해요.

13 | (파일에 저장)을 선택하고 파일명을 변경해 (나의 iPad) 또는 (iCloud Drive)를 선택합니다. 그리고 (저장) 버튼을 탭
합니다.

굿즈 주문하기

01 | 굿즈 제작 업체들이 많아서 편리하게
굿즈를 제작할 수 있어요. 그중에서 제작 업
체 '마플'의 앱을 다운받아 주문해 볼게요.

02 │ '마플' 앱을 실행해 메뉴에서 원하는
상품을 골라요. 핸드폰 케이스를 함께 만들어
볼까요? 상단 메뉴에서 (폰케이스)를 선택한
다음 원하는 기종과 종류를 선택합니다.

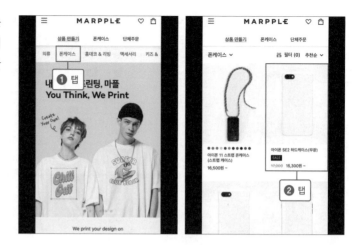

03 │ 핸드폰 배경색을 지정하고 (상품 만들기) 버튼을 탭합니다.

04 │ (이미지 업로드 → 이미지 올리기)를 선택합니다. (탐색)을 선택해 저장한 '커플' 일러스트 파일을 불러옵니다.

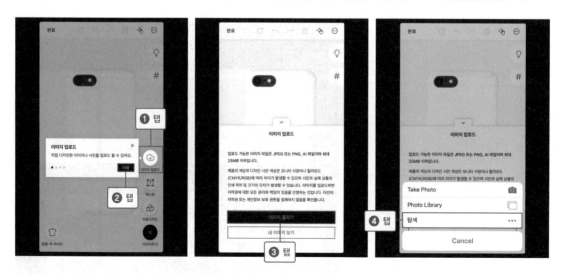

05 일러스트가 표시되면 크기와 위치를 조절하고 (완료) 버튼을 탭합니다.

06 일러스트를 넣은 상품 모습을 확인하고 (장바구니 담기) 버튼을 탭해 주문하면 끝입니다. 아주 간단해요.

07 다른 상품들도 같은 일러스트를 넣어 손쉽게 제작할 수 있어요.

7

프로크리에이트 기능 더 알아보기

그림을 그리다가 더 알고 싶은 기능이 생기면 이번 파트를 참고해 주세요. 모든 기능을 낱낱이 파헤쳐 설명해 줄게요. 이번 파트까지 배우면 아이패드 드로잉의 전문가라고 불러도 손색없을 거예요. 한 분야에서 전문가가 되는 건 참 뿌듯한 일입니다. 함께 공부해 볼까요?

작업한 그림을 한눈에! 갤러리

프로크리에이트의 첫 화면인 갤러리에서 작업한 그림들을 한눈에 확인할 수 있게 원하는 방식으로
구성해 볼까요?

그림 제목 변경

그림 아래 제목을 탭하면 해당 그림의 제목을 변경할 수 있습니다.

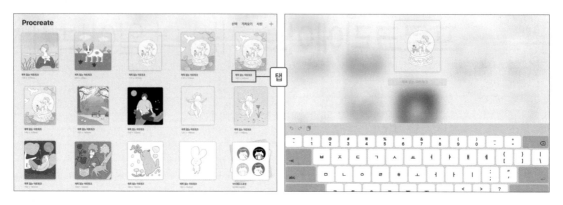

그림 이동/회전

갤러리에 있는 그림들은 드래그해 자유롭게 순
서를 변경할 수 있습니다. 다수의 그림을 한꺼번
에 이동하고 싶으면 오른쪽 상단에 있는 [선택] 버
튼을 탭한 다음 옮기고 싶은 그림들을 선택하고,
드래그해 이동할 수도 있어요.

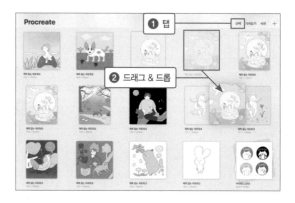

갤러리에 있는 그림을 두 손가락으로 탭한 채
로 둥글게 움직여 90도씩 회전할 수 있습니다. 회
전한 그림을 탭해 캔버스 화면을 표시하면 회전한
모양이 유지된 것을 확인할 수 있어요.

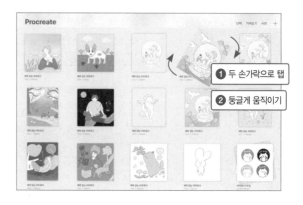

미리보기

그림을 두 손가락으로 벌리면 전체 화면으로 미리 확인할 수 있습니다. 그 상태에서 화면을 좌우로 쓸면 이전 그림, 다음 그림도 계속 전체 화면으로 확인할 수 있습니다.

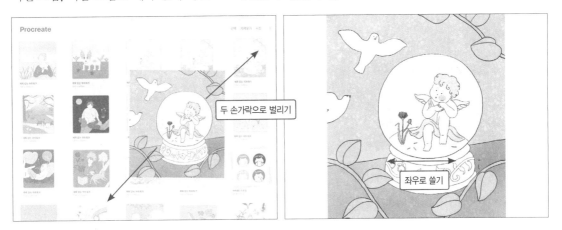

다시 갤러리 화면에 돌아가고 싶으면 그림을 탭하고 오른쪽 상단에 표시되는 [×] 버튼을 탭합니다. 전체 화면에서 그림을 두 번 탭하면 빠르게 해당 그림의 캔버스를 표시할 수도 있습니다.

오른쪽 상단에 있는 [선택] 버튼을 탭해 원하는 그림들을 선택한 다음 [미리보기] 버튼을 탭해 선택한 그림들만 미리 볼 수도 있습니다.

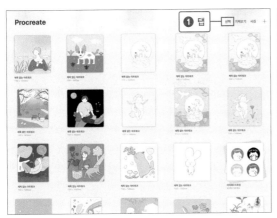

스택(그룹 폴더)

'스택'은 그룹 폴더를 뜻하며 여러 장의 그림이 겹쳐 있는 이미지로 표시됩니다. 스택을 만들면 갤러리의 그림들을 쉽게 정리할 수 있습니다. 스택을 만들기 위한 방법은 두 가지가 있어요.

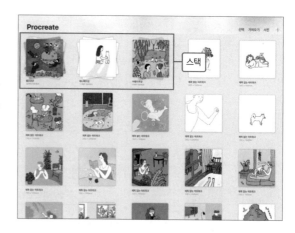

첫 번째는 오른쪽 상단에 있는 [선택] 버튼을 탭해 그림들을 선택한 다음 [스택] 버튼을 탭하면 해당 사진들이 포함된 스택이 만들어집니다.

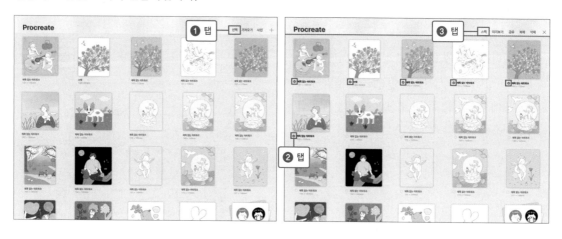

그림을 다른 그림에 드래그&드롭해 스택을 만들 수 있습니다. 선택한 그림을 원하는 그림 위에 드래그한 상태로 기다리면 아래 있는 그림이 파란색으로 표시됩니다. 이때 선택한 그림을 놓으면 두 그림을 포함한 스택이 만들어집니다.

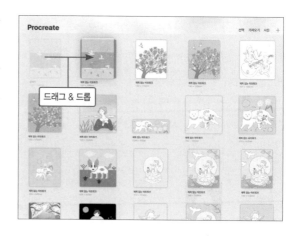

기존 스택에 그림을 추가하려면 그림을 기존 스택 위에 드래그한 상태로 기다립니다. 아래 있는 스택이 파란색으로 두 번 깜박인 다음 해당 스택이 표시됩니다. 그림을 스택 안 원하는 위치에 놓습니다.

스택에 있는 그림을 다시 갤러리 화면에 표시하고 싶으면 그림을 왼쪽 상단 스택 이름에 드래그한 상태로 기다립니다. 이름이 파란색으로 표시되며 스택 밖으로 빠져나갑니다. 이때 그림을 원하는 위치에 놓습니다.

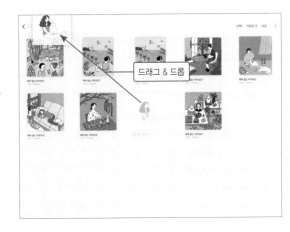

공유/복제/삭제

그림이나 스택을 왼쪽으로 쓸어 공유(저장), 복제, 삭제할 수 있습니다.

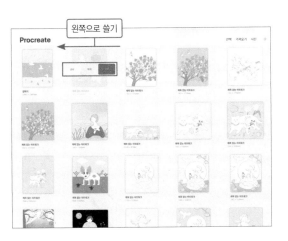

오른쪽 상단에 있는 [선택] 버튼을 탭해 다수의 그림과 스택을 선택한 다음 한꺼번에 공유, 복제, 삭제할 수도 있습니다.

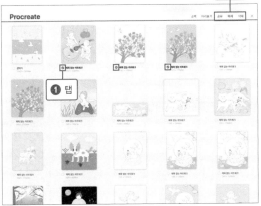

그림 표현력 UP! 브러시 스튜디오

수백 가지의 매력적인 브러시가 내장되어 있는 프로크리에이트. 브러시뿐만 아니라 스머지와 지우개로도 사용할 수 있어서 표현력을 높여 줍니다. 한 단계 더 나아가 기존 브러시를 변형하거나 새로운 커스텀 브러시를 만들 수 있는 '브러시 스튜디오'에 대해 함께 알아봅니다.

브러시 스튜디오를 표시하는 방법은 두 가지 입니다. 기존에 있는 브러시를 선택한 다음 한 번 더 탭하거나, 브러시 라이브러리 오른쪽 상단에 있는 〔+〕 버튼을 탭해 새 브러시를 만드는 브러시 스튜디오를 표시할 수도 있어요.

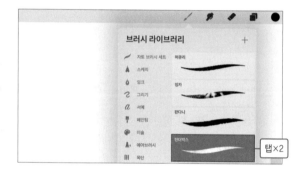

기존 브러시를 변형할 때는 기존 브러시도 유지하기 위해 브러시를 하나 복제한 다음 변형하는 것이 좋습니다. 브러시를 왼쪽으로 쓸어 〔복제〕 버튼을 탭한 다음 복제한 브러시를 탭해 브러시 스튜디오를 표시해 볼까요?

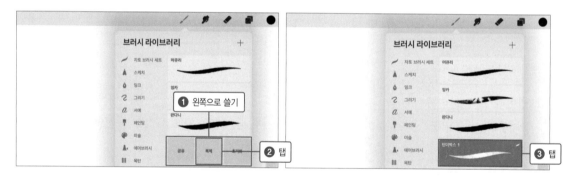

브러시 스튜디오 기본 구성

브러시 스튜디오는 다음과 같이 구성되어 있습니다.

브러시 스튜디오 메뉴

브러시를 수정할 수 있는 11개의 속성이 있습니다.

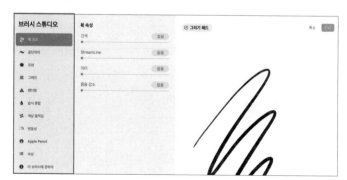

속성 설정

각 속성에 따른 설정 값을 설정할 수 있는 항목들이 표시됩니다. 슬라이더 바에서 조절할 수도 있고 숫자 칸을 탭해 직접 숫자를 입력할 수도 있습니다.

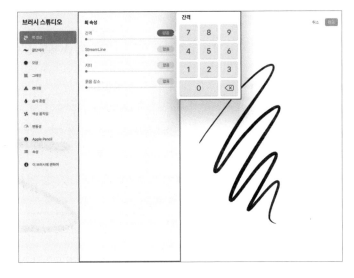

그리기 패드

브러시를 미리 테스트하고 변경 사항을 확인할 수 있는 그리기 패드입니다. (그리기 패드) 버튼을 탭하면 그리기 패드와 브러시 설정을 초기화하거나 테스트할 브러시의 크기와 색상을 설정할 수 있습니다. 오른쪽 상단에 있는 (완료) 버튼을 탭하면 브러시 스튜디오에서 설정한 모든 값이 저장됩니다. (취소) 버튼을 탭하면 설정한 모든 값이 취소되고 원래 브러시 설정 값으로 초기화됩니다.

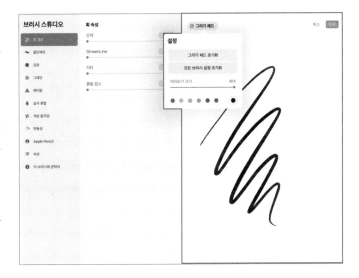

브러시의 기본 원리

질감을 담은 모양을 반복적으로 찍어서 획을 만드는 것이 브러시의 기본 원리입니다. 기본 원리를 기억하고 브러시 스튜디오의 11가지 속성 메뉴들을 알아봅니다.

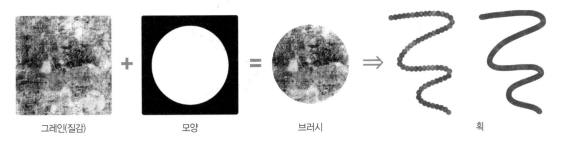

그레인(질감)   모양   브러시   획

획 경로

브러시의 모양이 반복적으로 찍혀서 만들어지는 획 속성을 설정할 수 있어요.

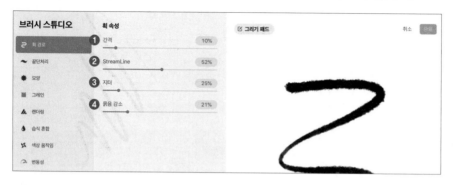

❶ **간격** : 브러시 모양이 찍히는 간격을 설정합니다. 간격 없이 모양이 찍혀야 획이 매끄럽게 이어집니다. 간격이 넓으면 브러시가 획으로 이어지지 않고 스탬프처럼 찍히게 됩니다.
❷ **StreamLine** : 수치가 높을수록 사용자가 그은 획의 흔들림이 매끄럽고 부드럽게 수정됩니다. 캘리그래피나 서예 작업을 할 때는 값을 높이는 편이 좋습니다.
❸ **지터** : 브러시 모양을 사방으로 퍼트리는 옵션입니다. 깔끔한 획으로 브러시 모양을 설정하려면 수치를 '없음'으로 설정하고, 획의 가장자리를 거칠게 하려면 수치를 높입니다.
❹ **묽음 감소** : 획의 끝을 점점 투명하게 만듭니다. 수치가 높을수록 끝이 빠르게 흐려져 획의 길이가 짧아집니다.

끝단처리

획의 처음과 끝 부분의 두께와 불투명도 등을 설정합니다. 끝으로 갈수록 점점 투명하고 가늘어지도록 수치를 설정해 자연스럽게 획을 그을 수 있는 브러시를 만들 수 있어요.

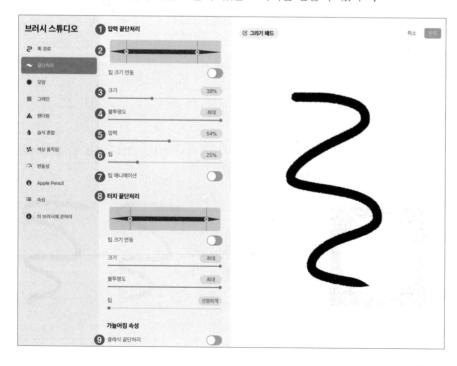

❶ 압력 끝단처리 : 애플펜슬을 사용할 때 조절하는 옵션입니다.

❷ 끝단처리 슬라이더 바 : 파란색 점을 움직여 끝단 길이를 쉽게 조절할 수 있습니다. [팁 크기 연동]을 활성화하면 한 쪽만 조절해도 다른 한 쪽이 함께 조절됩니다.

❸ 크기 : 끝단처리가 적용되는 크기를 설정합니다.

❹ 불투명도 : 수치가 높을수록 획 끝이 희미해집니다.

❺ 압력 : 수치가 높을수록 반응성이 높아져 더 빠르게 얇아집니다.

❻ 팁 : 수치가 낮을수록 아주 미세한 브러시를 사용한 것처럼 끝단이 얇아집니다. 반대로 수치가 높을수록 두꺼운 브러시를 사용한 것처럼 획의 끝단이 뭉툭해집니다.

❼ 팁 애니메이션 : [팁 애니메이션]을 활성화하면 그리는 동시에 끝단처리 효과를 볼 수 있으며, [팁 애니메이션]을 비활성화하면 펜을 떼고 난 후 끝단처리 효과가 적용됩니다.

❽ 터치 끝단처리 : 손가락을 사용할 때 조절하는 옵션입니다.

❾ 클래식 끝단처리 : 이전 버전 프로크리에이트의 끝단처리 설정으로 되돌립니다.

모양

다양한 이미지 소스를 불러와서 브러시 모양을 변경하고 모양의 크기, 빈도, 각도 등 기타 속성을 설정할 수 있습니다.

모양 편집기

모양 소스의 [편집] 버튼을 탭해 '모양 편집기'를 표시하고 기본 모양을 변경할 수 있어요. 모양을 변경한 다음 오른쪽 상단에 있는 [완료] 버튼을 탭해야 변경한 모양으로 저장됩니다.

❶ 사진 가져오기 : 사진 앱에 저장한 이미지를 불러옵니다.

❷ 파일 가져오기 : 아이패드 파일 앱에 저장한 이미지를 불러옵니다.

❸ 라이브러리 검색 : 프로크리에이트에서 제공하는 150가지 이상의 모양에서 원하는 모양을 선택합니다.

❹ 붙여넣기 : 캔버스에서 복사한 이미지를 붙여 넣습니다.

모양 특성

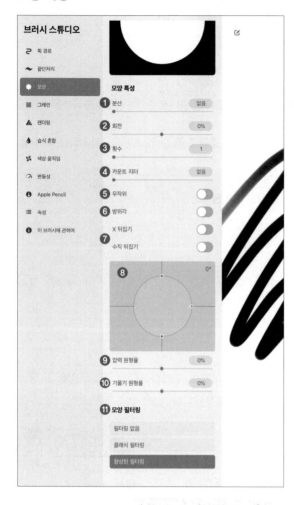

❶ **분산** : 브러시 모양이 무작위로 회전하며 찍힙니다.

❷ **회전** : 획 방향을 기준으로 모양의 회전을 조정합니다. 조절점을 중간에 두면 획 방향에 상관없이 브러시 모양이 움직이지 않고 유지됩니다.

❸ **횟수** : 한 지점에 해당 모양이 찍히는 수를 설정합니다. 수치가 높을수록 밀도가 높아집니다. 최대 16개까지 가능하며 무작위로 회전하며 찍힙니다.

❹ **카운트 지터** : 설정한 횟수 내에서 모양이 무작위 횟수로 찍힙니다.

❺ **무작위** : 브러시를 사용할 때 첫 모양의 각도가 무작위로 찍힙니다.

❻ **방위각** : 펜슬의 각도에 따라 일정한 모양이 그려집니다. 애플펜슬을 사용할 때만 적용됩니다.

❼ **뒤집기** : 모양을 가로 또는 세로로 뒤집어 다양한 효과를 만듭니다.

❽ **원형 그래프** : 파란색 점을 움직여 모양을 납작하게 만들거나 뒤집을 수 있고, 초록색 점을 움직여 모양을 회전할 수 있습니다.

❾ **압력 원형율** : 펜슬 필압에 따라 모양을 찌그러뜨립니다.

❿ **기울기 원형율** : 펜슬 기울기에 따라 모양을 찌그러뜨립니다.

⓫ **모양 필터링** : 모양의 가장자리를 처리하는 방법을 설정합니다. '클래식 필터링'은 프로크리에이트 이전 방식으로 모양의 가장자리를 부드럽게 하며, '향상된 필터링'은 프로크리에이트 최신 방식으로 모양의 가장자리를 부드럽게 합니다.

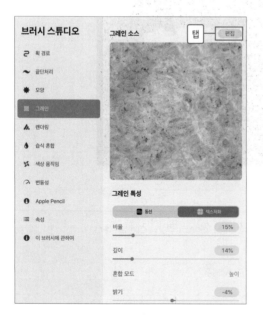

그레인

다양한 소스를 적용해 브러시의 질감을 설정하고 질감의 비율, 깊이, 대비 등 기타 속성을 설정합니다.

그레인 편집기

그레인 소스의 〔편집〕 버튼을 탭하면 '그레인 편집기'를 표시해 기본 질감을 변경할 수 있어요.

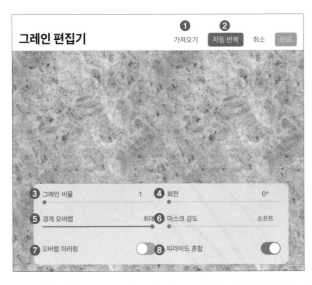

①가져오기 : 모양 편집기와 마찬가지로 사진, 파일, 이미지 소스를 불러올 수 있어요.

②자동 반복 : 하나의 모양 안에 질감이 여러 번 반복되도록 여러 항목을 설정할 수 있어요.

③그레인 비율 : 질감의 크기를 조절합니다.

④회전 : 질감의 각도를 조절합니다.

⑤경계 오버랩 : 질감 사이의 경계가 겹치는 정도를 조절합니다.

⑥마스크 강도 : 질감을 혼합하는 데 사용하는 흐림 정도를 조절합니다.

⑦오버랩 미러링 : 질감의 가장자리 패턴을 뒤집어 주변 질감과 정렬되도록 합니다.

⑧피라미드 혼합 : 질감의 가장자리에 블렌딩한 패턴을 넣어서 매끄럽게 이어지도록 합니다.

변경한 다음 오른쪽 상단에 있는 (완료) 버튼을 탭해야 변경한 질감이 저장됩니다.

그레인 특성

①동선 : 쉽게 말해 롤러를 굴려 페인팅하는 것처럼 브러시를 따라 그레인이 움직여 희미하게 표현되도록 합니다.

②텍스처화 : 도장처럼 모양 안에 그레인을 고정해 질감이 선명하고 명확하게 찍히도록 표현합니다.

③움직임 : 모양 안에서 그레인을 얼마나 움직이게 할 것인지 설정합니다. 수치가 낮을수록 그레인이 고정되어 '텍스처화'와 비슷한 효과를 표현합니다.

④비율 : 모양 안에서 그레인 크기를 설정합니다.

⑤확대/축소 : 브러시 크기 조절에 따른 그레인 크기 변동 값을 설정합니다. 수치가 높을수록 그레인 크기가 고정됩니다.

⑥회전 : 획 방향에 따라 그레인을 회전합니다. 100%로 설정하면 질감이 획 방향과 반대 방향으로 회전합니다.

⑦깊이 : 그레인이 진한 정도를 설정합니다. '없음'으로 설정하면 질감이 전혀 표현되지 않습니다.

⑧최소 깊이 : 최소 깊이를 설정해 필압이 가장 약할 때의 그레인을 설정할 수 있습니다.

⑨깊이 지터 : 그레인의 진한 정도를 무작위로 설정합니다.

⑩오프셋 지터 : 획을 그을 때마다 그레인이 배치되는 위치를 변경합니다. '격자무늬'처럼 패턴의 일관성이 유지되어야 하는 브러시의 경우 비활성화합니다.

⑪혼합 모드 : 그레인이 브러시의 기본 색상과 혼합되는 방법을 설정합니다.

⑫밝기 : 그레인의 밝기를 설정합니다.

⑬대비 : 그레인의 대비를 설정합니다.

⑭그레인 필터링 : 그레인의 가장자리를 처리하는 방법을 설정합니다. '클래식 필터링'은 프로크리에이트 이전 방식으로 그레인의 가장자리를 부드럽게 하며, '향상된 필터링'은 프로크리에이트 최신 방식으로 그레인의 가장자리를 부드럽게 합니다.

렌더링

브러시가 캔버스, 색상, 다른 브러시와 어떻게 작용할 것인지 설정할 수 있습니다.

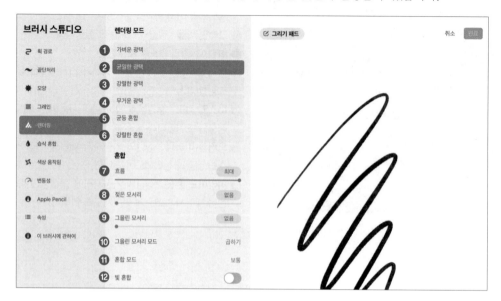

❶ **가벼운 광택** : 프로크리에이트 표준 모드입니다.
❷ **균일한 광택** : 포토샵에서 사용하는 렌더링과 유사합니다.
❸ **강렬한 광택** : 강한 혼합 모드로 색상을 표현합니다.
❹ **무거운 광택** : 가장 강력한 혼합 모드입니다.
❺ **균등 혼합** : 습식 브러시에 적합한 혼합 모드입니다.
❻ **강렬한 혼합** : 강렬하게 색상을 분쇄하고 혼합합니다. 습식 혼합 효과를 극대화할 수 있어요.
❼ **흐름** : 캔버스에 색상과 질감이 혼합되는 정도를 설정합니다.
❽ **젖은 모서리** : 브러시 가장자리를 젖은 듯이 흐리게 하여 실제 종이에 사용하는 것 같은 효과를 표현합니다.
❾ **그을린 모서리** : 브러시 가장자리를 '컬러 번' 효과로 진하게 그을림 효과를 표현합니다.
❿ **그을린 모서리 모드** : 그을린 모서리 효과의 혼합 모드를 설정합니다.
⓫ **혼합 모드** : 브러시 전체의 혼합 모드를 설정합니다.
⓬ **빛 혼합** : 밝은 빛의 느낌을 혼합해 브러시 색상에 영향을 줍니다.

습식 혼합

브러시에 물과 물감 느낌이 나도록 설정해 실제로 사용하는 붓처럼 자연스럽게 표현할 수 있습니다.

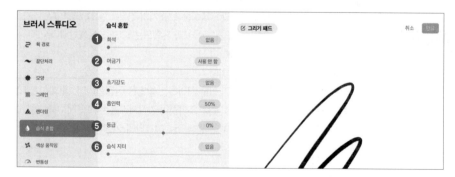

❶ 희석 : 브러시가 머금은 물의 양을 설정합니다. 수치가 높을수록 브러시에 물기가 많은 것처럼 색상이 투명해집니다.

❷ 머금기 : 브러시가 머금은 물감의 양을 설정합니다. 수치가 높을수록 물감을 많이 머금고 있는 것처럼 더 오래 획을 그을 수 있어요. 획을 긋고 브러시를 화면에서 떼면 물감의 양이 재충전됩니다. '희석' 기능과 사용할 때 효과가 극대화됩니다.

❸ 초기강도 : 캔버스에 묻는 물감의 양을 설정합니다. 수치가 높을수록 더 많이 묻어납니다.

❹ 흡인력 : 캔버스에 있는 다른 라인과 색을 끌어당기는 정도를 설정합니다. 자연스럽게 색이 어우러지며 번지는 느낌을 주고 싶을 때 사용하면 좋은 옵션입니다.

❺ 등급 : 습식 혼합에 따른 질감의 대비를 설정합니다.

❻ 습식 지터 : 획을 긋는 중에 물과 물감이 섞이는 정도를 무작위로 변경해 현실적인 효과를 표현합니다.

색상 움직임

애플펜슬의 필압과 기울기에 따른 색상, 채도, 밝기 등을 설정합니다. 하나의 획에서 여러 가지 색상이 나오도록 설정할 수 있습니다.

❶ 도장 색상 지터 : 브러시 모양 개별 색상 값을 설정합니다.

❷ 색조 : 무작위로 색조를 변화시킵니다. 값이 클수록 색의 변화가 다양해집니다.

❸ 채도 : 무작위로 채도를 변화시킵니다. 값이 클수록 채도의 편차가 큽니다.

❹ 밝기 : 무작위로 밝아집니다.

❺ 암흑 : 무작위로 어두워집니다.

❻ 보조 색상 : 기본 색상과 보조 색상이 무작위로 표시됩니다. 보조 색상은 (색상) 메뉴의 오른쪽 상단 두 번째 네모 칸을 탭해 설정할 수 있습니다.

❼ 획 색상 지터 : 전체적으로 획의 색상 값을 설정합니다.

❽ 색상 압력 : 필압에 따른 색상 값을 설정합니다.

❾ 색상 기울기 : 펜슬의 기울기에 따른 색상 값을 설정합니다.

변동성

획을 긋는 속도에 따라 혹은 무작위로 브러시에 변화를 주어 조금 더 역동적인 획을 만듭니다.

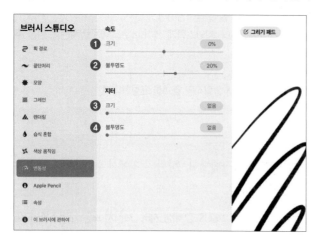

❶ **크기** : 수치를 높이면 빠르게 그릴수록 선이 얇아지고, 천천히 그릴수록 선이 두꺼워집니다. 수치를 낮추면 반대가 됩니다.

❷ **불투명도** : 수치를 높이면 빠르게 그릴수록 투명해지고, 천천히 그릴수록 진해집니다. 수치를 낮추면 반대가 됩니다.

❸ **크기** : 무작위로 획의 굵기가 달라집니다.

❹ **불투명도** : 무작위로 획의 불투명도가 달라집니다.

Apple Pencil

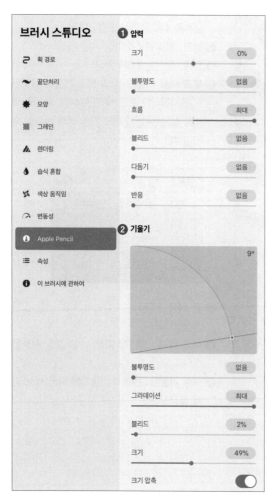

　　브러시 크기, 불투명도, 번짐과 같은 기본 동작에 영향을 주는 애플펜슬의 필압과 기울기를 미세하게 설정할 수 있어요. 이 메뉴의 설정 값은 다른 메뉴들의 설정 값보다 우선적으로 적용됩니다.

❶ **압력** : 애플펜슬 필압에 따른 브러시 크기, 불투명도, 흐름(농도), 블리드(번짐), 다듬기, 반응의 범위를 설정합니다.

❷ **기울기** : 각도 조절 그래프의 파란색 점을 움직여 펜슬의 각도를 어느 정도로 기울여야 선이 조절될 것인지 설정합니다. 90도는 펜슬을 똑바로 세운 상태이며, 0도는 펜슬을 캔버스에 평평하게 눕힌 상태입니다. 그 다음 하단에서 기울기에 따른 불투명도, 그라데이션, 블리드(번짐), 크기의 범위를 설정합니다. '크기 압축'을 활성화하면 브러시 크기에 맞춰 질감이 함께 커지지 않습니다.

속성

캔버스와 브러시 라이브러리에서 브러시가 표시되는 모습을 설정하고, 브러시 크기와 불투명도를 조절하는 사이드 바의 최소/최대 크기를 변경할 수 있습니다.

❶ **도장 형식으로 미리보기** : 브러시 라이브러리에서 브러시 미리보기를 획이 아닌 모양으로 변경합니다.

❷ **스크린 방향에 맞추기** : 캔버스를 회전하면 브러시도 같이 회전되도록 합니다.

❸ **미리보기** : 브러시 라이브러리에서 브러시 미리보기의 획 혹은 모양 크기를 설정합니다.

❹ **손가락** : 브러시를 스머지 툴로 사용할 때 번짐 정도를 설정합니다.

❺ **브러시 특성** : 캔버스 사이드 바에서 조절할 수 있는 크기와 불투명도의 최댓값과 최솟값을 설정합니다.

이 브러시에 관하여

브러시 스튜디오의 메뉴들을 설정해 커스텀 브러시를 만들었을 때 이름을 변경하고 사진과 서명을 넣어 저장할 수 있습니다.

❶ **브러시 이름** : 브러시 이름을 탭해 변경할 수 있습니다.

❷ **제작자** : 제작자의 이름, 사진, 서명을 넣을 수 있어요. 이 정보는 브러시 파일에 저장되어 다른 사용자의 프로크리에이트에서 확인할 수 있습니다.

❸ **새로운 초기화 포인트 생성** : 현재 변경 값을 초기화 포인트로 저장합니다.

❹ **브러시 초기화** : 위에서 저장한 초기화 포인트 지점으로 모든 값을 되돌립니다.

듀얼 브러시

특성이 다른 두 개의 브러시를
결합해 하나의 새로운 브러시를 만
들 수도 있어요. 예를 들어 '미술
→ 와일드 라이트' 브러시를 탭해
브러시 스튜디오를 표시하면 두 브
러시가 결합되어 만들어진 듀얼 브
러시인 것을 확인할 수 있습니다.

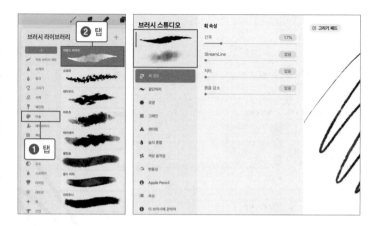

듀얼 브러시 만들기

[브러시 라이브러리]에서 합치고 싶은 두 개의 브러시를 선택합니다. 하나의
브러시를 탭한 다음 다른 하나의 브러시를 오른쪽으로 쓸어 다중 선택합니다.
오른쪽 상단에 표시된 [병합] 버튼을 탭하면 두 브러시가 하나로 합쳐집니다.
기본 브러시들은 복제한 다음에 병합할 수 있으며 이미 듀얼 브러시인 브러시
들은 병합되지 않습니다.

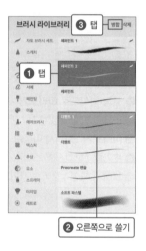

듀얼 브러시 편집하기

브러시 스튜디오 왼쪽 상단에 두 브러시가 미리보기로 표시됩니다. 각 브러시를 선택해 독립적으로 메
뉴들을 설정할 수 있어요. 브러시 미리보기를 한 번 더 탭해 패널을 확대하고 혼합 모드의 옵션도 선택할
수 있습니다.

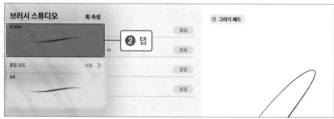

듀얼 브러시 해제하기

확대한 패널에서 보조 브러시를 한 번 더 탭하면 표시되는 [병합
해제] 버튼을 탭해 다시 두 개의 브러시로 분리할 수 있습니다.

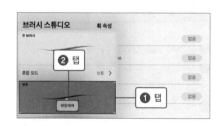

자유로운 편집을 위한 레이어

그림을 그리면서 앞서 배운 레이어의 기본 원리는 완벽하게 이해했을 거예요. 이제 그 밖에 다루지 못한 레이어 메뉴의 기능들을 알아보겠습니다.

레이어 목록

❶ **레이어 추가** : (+) 버튼을 탭해 새 레이어를 추가합니다.

❷ **레이어 선택** : 선택한 레이어는 파란색으로 표시됩니다. 하나의 레이어를 선택한 상태에서 다른 레이어를 오른쪽으로 쓸어 다중 선택할 수 있습니다. 레이어를 왼쪽으로 쓸어 해당 레이어를 잠금, 복제, 삭제할 수도 있습니다.

❸ **썸네일** : 작은 크기로 미리보기를 제공합니다.

❹ **체크 박스** : 체크 박스를 탭해 레이어를 숨기거나 보이게 합니다. 체크 박스를 길게 탭하면 나머지 레이어가 모두 체크 해제되어 해당 레이어만 볼 수도 있어요. 다시 한 번 길게 탭하면 모든 레이어가 보입니다.

❺ **배경 색상** : '배경 색상' 레이어를 탭해 배경색을 빠르게 지정할 수 있어요. 체크 해제해 배경 색상을 보이지 않게 하고 PNG 파일로 저장하면 투명한 배경의 파일을 만들 수 있습니다.

❻ **혼합 모드** : 레이어 오른쪽에 있는 (N)을 탭해 혼합 모드 옵션을 표시합니다. 해당 레이어를 바로 아래 레이어와 여러 가지 방식으로 혼합해 다양한 시각적 효과를 표현할 수 있습니다.

❼ **레이어 그룹** : 레이어를 다중 선택한 다음 오른쪽 상단 (그룹) 버튼을 탭해 하나의 그룹으로 지정합니다. 그룹으로 레이어들을 보기 쉽게 정리하고 한꺼번에 수정할 수도 있습니다.

❽ **레이어 순서 변경** : 레이어를 길게 탭해 선택한 다음 상하로 드래그해 자유롭게 순서를 변경할 수 있습니다.

❾ **레이어 합치기** : 합치고 싶은 레이어들을 두 손가락으로 좁혀 하나의 레이어로 만들 수 있습니다.

레이어 옵션

선택한 레이어를 한 번 더 탭하면 레이어 옵션 메뉴가 표시됩니다.

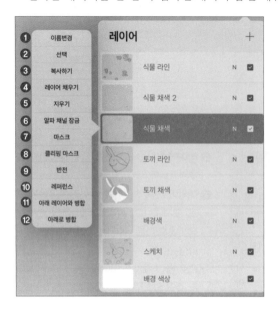

❶ **이름변경** : 레이어 이름을 변경할 수 있습니다.

❷ **선택** : 해당 레이어에 있는 내용을 모두 선택합니다. 레이어를 두 손가락으로 길게 탭해 빠르게 선택할 수도 있어요.

❸ **복사하기** : 해당 레이어에 있는 내용이 클립보드에 복사됩니다. 캔버스에 붙여 넣거나 프로크리에이트가 아닌 다른 앱에도 붙여 넣을 수 있어요.

❹ **레이어 채우기** : 레이어를 현재 색상으로 채웁니다.

❺ **지우기** : 해당 레이어의 내용을 모두 삭제합니다. 세 손가락으로 캔버스를 닦듯이 좌우로 문질러 빠르게 삭제할 수도 있어요.

❻ **알파 채널 잠금** : 해당 레이어에서 그림을 그린 부분에만 덧칠이 가능하도록 투명한 부분을 잠그는 기능입니다. 알파 채널 잠금을 적용하면 그림이 없는 부분에는 브러시를 사용해도 칠해지지 않아요. 텍스처나 음영을 추가할 때 편리한 기능이에요. 알파 채널 잠금을 적용하면 레이어의 썸네일 배경이 체크무늬로 변경됩니다. 두 손가락으로 레이어를 오른쪽으로 쓸어 빠르게 알파 채널 잠금을 적용할 수도 있어요.

❼ **마스크** : (마스크)를 탭하면 해당 레이어 위에 '레이어 마스크'가 추가됩니다. '레이어 마스크'에서 브러시로 검은색, 흰색, 회색을 칠해 아래 레이어의 그림을 수정할 수 있습니다. 검은색을 칠하면 그림이 지워지고, 흰색을 칠하면 지운 그림이 다시 표시됩니다. 회색을 칠하면 그림이 조금씩 투명해집니다. '마스크' 기능을 사용하면 원본 그림을 훼손하지 않고도 수정한 모습을 확인할 수 있어요.

❽ **클리핑 마스크** : 새 레이어를 연결해 알파 채널 잠금과 같은 기능을 사용합니다. 덧칠하고 싶은 그림이 있는 레이어 위에 새 레이어를 추가한 다음 레이어 옵션에서 (클리핑 마스크)를 탭합니다. 새 레이어 썸네일 왼쪽 편에 아래쪽을 향한 화살표가 표시되며 클리핑 마스크로 연결됩니다. 클리핑 마스크가 적용되면 아래 레이어에서 그림이 그려진 부분에만 브러시 사용이 가능합니다. 클리핑 마스크는 알파 채널 잠금과 동일한 기능이지만 레이어가 분리되어 있어서 수정할 때 용이합니다.

❾ **반전** : 레이어에 있는 그림의 색상을 반대되는 보색으로 반전합니다.

❿ **레퍼런스** : 해당 레이어에 있는 그림 라인들이 레퍼런스로 지정됩니다. 다른 레이어에서 (색상 원)을 끌어와 채색할 때 레퍼런스로 지정된 라인을 따라 색이 채워집니다. 라인과 채색을 분리해 작업할 때 사용하기 좋은 기능입니다.

⓫ **아래 레이어와 병합** : 해당 레이어를 바로 아래 레이어와 하나의 레이어로 병합합니다.

⓬ **아래로 병합** : 해당 레이어와 바로 아래 레이어를 하나의 그룹으로 지정합니다.

컬러 선택과 채색의 모든 것! 색상

색상 메뉴에서 선택할 수 있는 5가지 모드에 대해서 더 자세히 알아보고 상황에 맞는 모드를 선택해
편리하게 색상을 지정합니다.

디스크

바깥쪽 디스크에서 기본 색상을 지정하고 안쪽
디스크에서 채도와 명도를 조절할 수 있습니다.

안쪽 디스크는 두 손가락을 벌려 확대해 조금 더
세밀하게 채도와 명도를 조절할 수 있습니다.

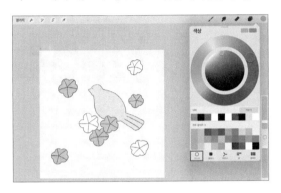

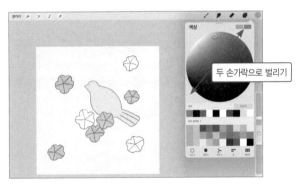

안쪽 디스크 내부를 두 번 탭하면 표시되는 9개
의 포인트 중 가장 가까운 값을 선택해 줍니다. 정
확한 수치를 입력할 필요 없이 정확한 톤을 빠르
고 쉽게 지정할 수 있어요.

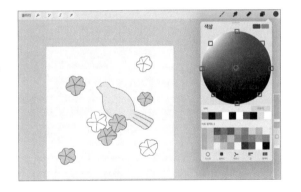

클래식

디지털 드로잉 사용자에게 친숙한 모드인 클래
식 모드에서는 사각형 색상 피커를 사용해 색을 지
정할 수 있습니다. 피커 아래에 있는 3개의 슬라이
더 바에서 색상, 채도, 명도를 조절할 수 있습니다.

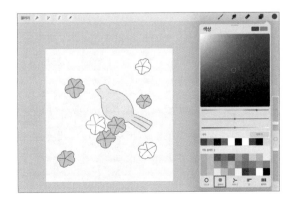

하모니

하모니 모드에서는 색조와 채도를 하나의 디스크에서 선택할 수 있고, 디스크 아래 슬라이더 바에서 명도를 조절할 수 있습니다. 왼쪽 상단에 작은 글씨를 탭해 옵션을 선택하면 내가 고른 색상에 따른 5가지 색상 구성을 도와줍니다.

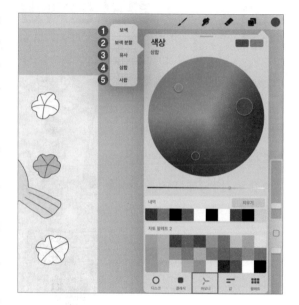

❶ **보색** : 선택한 색의 보색(반대되는 색상)을 쉽게 선택할 수 있습니다.

❷ **보색 분할** : 선택한 색의 보색을 두 가지로 나눠 선택할 수 있습니다.

❸ **유사** : 선택한 색과 같은 채도의 유사한 두 가지 색을 선택할 수 있습니다.

❹ **삼합** : 선택한 색과 같은 채도의 균형 잡힌 두 가지 색을 선택할 수 있습니다.

❺ **사합** : 선택한 색과 같은 채도의 균형 잡힌 세 가지 색을 선택할 수 있습니다.

값

값 모드에서 정확한 색상 값을 입력해서 색상을 찾을 수 있습니다. 컬러 칩을 만들 때나 색상을 공유할 때 사용하면 정확한 색을 구현할 수 있습니다. 상단 3개의 슬라이더 바는 H(Hue, 색상), S(Saturation, 채도), B(Brightness, 명도)를 나타냅니다. 슬라이더 바에서 조절할 수 있고 수치를 탭해 직접 입력할 수도 있습니다. 그 아래는 캔버스를 처음 만들 때 설정한 색상 프로필(RGB, CMYK)에 따라 슬라이더 바 구성이 달라집니다.

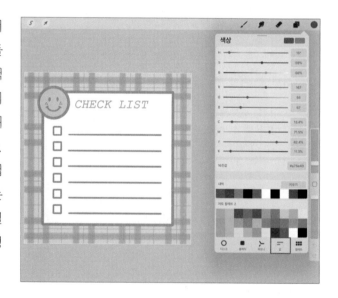

RGB

빛의 삼원색인 Red, Green, Blue의 앞 글자를 따서 'RGB'라고 부릅니다. 컴퓨터 모니터나 핸드폰 액정과 같은 디지털 디스플레이에서 쓰이는 색상 모드입니다. 세 가지 색을 슬라이더 바에서 조절할 수도 있고 직접 값을 입력할 수도 있어요.

CMYK

색의 삼원색인 Cyan, Magenta, Yellow, Black의 앞 글자를 따서 'CMYK'라고 부릅니다. 도서, 간판, 스티커와 같은 출력물을 작업할 때 사용하는 색상 모드예요. 프린트에 넣는 잉크가 이 네 가지 색으로 구성되어 있어요. CMYK는 RGB에 비해 표현할 수 있는 색이 한정되어 있습니다. RGB로 작업한 그림을 인쇄하면 화면에서 보는 것과 색감이 크게 차이나요. 따라서 인쇄물은 처음부터 CMYK로 작업하는 것이 좋습니다. 네 가지 색을 슬라이더 바에서 조절하거나 직접 값을 입력할 수도 있습니다.

팔레트

팔레트에 좋아하는 색이나 자주 쓰는 색을 저장해서 사용할 수 있어요.

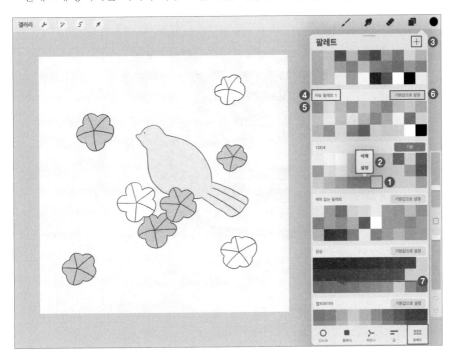

❶ 색상 저장 : 팔레트의 빈 공간을 탭하면 현재 색상이 저장됩니다. 저장한 색상을 길게 탭한 다음 상하좌우로 드래그해 순서를 변경할 수도 있어요.

❷ 색상 변경 및 삭제 : 팔레트에 있는 색상을 현재 색상으로 변경하고 싶을 때 팔레트에 있는 색상을 길게 탭했다가 떼면 표시되는 (설정) 버튼을 탭합니다. 색상을 삭제하고 싶으면 (삭제) 버튼을 탭합니다.

❸ 팔레트 추가 : 오른쪽 상단의 (+) 버튼을 탭해 새 팔레트를 추가합니다.

❹ 팔레트 이름 변경 : 팔레트의 이름을 탭해 변경할 수 있습니다.

❺ 팔레트 순서 변경 : 팔레트의 이름을 길게 탭해 상하로 드래그하면 팔레트 순서를 변경할 수 있습니다.

❻ 기본값으로 설정 : 팔레트 이름 옆에 (기본값으로 설정) 버튼을 탭하면 해당 팔레트를 모든 색상 메뉴 하단에 두고 사용할 수 있습니다.

❼ 팔레트 공유 및 삭제 : 팔레트를 왼쪽으로 쓸어 팔레트를 공유하거나 삭제할 수 있습니다.

❽ 팔레트 다운받기 : 아이패드에 다운받은 팔레트 파일을 실행하면, 자동으로 프로크리에이트 앱이 실행되고 팔레트 메뉴에 저장됩니다.

특수 효과와 컬러를 마음대로! 조정

05
step

조정 메뉴는 크게 두 가지 유형으로 나눕니다. 메뉴 상단에는 빠르고 간단하게 특수 효과를 줄 수 있는 7개의 필터와 복제 기능이 있고, 하단에는 색상 조정 기능들이 있습니다. 그럼 각각의 메뉴들로 어떤 효과를 낼 수 있는지 하나씩 알아볼까요?

불투명도

그림의 불투명도를 조절합니다. 화면 상단에 파란색 슬라이더 바가 표시되면 화면을 왼쪽이나 오른쪽으로 쓸어 조절합니다.

예 사람을 그린 레이어의 불투명도 값을 낮췄을 때

가우시안 흐림 효과

이미지의 초점을 흐리게 만듭니다. 화면 상단에 파란색 슬라이더 바가 표시되면 화면을 왼쪽이나 오른쪽으로 쓸어 효과를 조절합니다.

예 사람을 그린 레이어에 가우시안 흐림 효과를 적용했을 때

움직임 흐림 효과

빠르게 움직이는 것처럼 이미지가 흐려집니다. 화면을 쓸어 내는 방향에 맞추어 속도와 동작이 만들어져요.

예 강아지를 그린 레이어에 움직임 흐림 효과를 적용했을 때

투시도 흐림 효과

집중되는 혹은 폭발적인 느낌을 표현할 수 있는
방사형 흐림 효과를 줍니다. 캔버스에 표시되는
디스크로 중앙을 정하고 화면을 왼쪽이나 오른쪽
으로 쓸어 효과를 조절합니다. 효과를 조절한 다
음에 디스크를 옮겨도 디스크 위치에 따라 자동으
로 효과의 방향이 변경됩니다.

예 배경을 그린 레이어에 투시도 흐림 효과를 적용
　했을 때

선명 효과

디데일을 강조해 이미지를 선명하게 만듭니다.
화면을 왼쪽이나 오른쪽으로 쓸어 효과를 조절합
니다.

예 모든 레이어에 선명 효과를 적용했을 때

노이즈 효과

오래된 필름 같은 느낌이 표현되도록 이미지에
노이즈 질감을 추가합니다. 화면을 왼쪽이나 오른
쪽으로 쓸어 효과를 조절합니다.

예 배경을 그린 레이어에 노이즈 효과를 적용했을 때

픽셀 유동화

레이어의 픽셀을 변형해 이미지를 왜곡하는 효과를 줍니다. 하단 메뉴에서 다양한 효과들을 선택할 수 있어요. 하단 메뉴에서 슬라이더 바를 조절해 효과의 크기, 압력(필압), 왜곡, 탄력의 강도도 조절할 수 있습니다.

예 강아지 얼굴에 확장 효과를 적용했을 때

❶ **밀기** : 획이 움직이는 방향으로 픽셀을 이동합니다.
❷ **비틀기** : 획 주위의 픽셀을 시계 방향 혹은 반시계 방향으로 비틉니다.
❸ **꼬집기** : 터치한 곳의 주변 픽셀을 모읍니다.
❹ **확장** : 터치한 곳의 주변 픽셀을 밀어서 풍선 효과를 줍니다.
❺ **결정** : 픽셀을 고르지 않게 밀어내 유리 조각 같은 모양으로 효과를 줍니다.
❻ **모서리** : 주변 픽셀을 점이 아닌 획 모양으로 모읍니다.
❼ **재구성** : 효과준 곳을 문질러 원본 그림으로 복원합니다.
❽ **조정** : 효과를 주고 난 후에 효과의 강도를 조절할 수 있습니다.
❾ **초기화** : 원본 그림으로 완전히 복원합니다.

복제

이미지의 한 부분을 다른 부분에 표시합니다. 캔버스에 표시되는 디스크를 복제하고 싶은 부분에 놓은 다음 다른 곳을 문지르면 해당 부분이 복제되어 표시됩니다. 하단 메뉴에서 슬라이더 바를 조절해 그림을 복제할 브러시의 크기와 강도(불투명도)도 조절할 수 있습니다.

예 디스크를 강아지 그림에 놓고 사람의 뒤쪽을 문질렀을 때

색조, 채도, 밝기

하단 메뉴에서 색조, 채도, 밝기의 슬라이더 바를 조절합니다. '색조'로 이미지에 사용된 색을 자유롭게 변경하고, '채도'로 색의 강도를, '밝기'로 색의 명암을 조절합니다.

색상 균형

그림을 구성하는 색을 특정 색에 더 가까워지도록 조절합니다. 하단 메뉴에서 오른쪽에 있는 해 모양의 버튼을 탭해 효과를 줄 영역을 선택하면 조금 더 세밀한 조절이 가능해요.

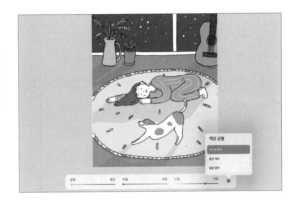

곡선

하단 메뉴에서 색상 값이 선으로 표시됩니다. 선을 구부려 색을 간편하게 수정합니다. 구부린 부분은 파란색 점으로 표시되며 최대 11개의 점을 추가할 수 있어요. 선을 위아래로 구부리면 명도가 조절되고, 좌우로 구부리면 대비가 조절됩니다. 하단 오른쪽 메뉴에서 '감마'를 선택하면 그림 전체 색을 조절할 수 있고 빨강, 초록, 파랑을 선택해 개별 색상을 조절할 수 있습니다.

재채색

캔버스에 표시된 십자가 모양을 재채색하고 싶은 부분으로 옮기고 색상을 선택하면 색이 변경됩니다. 단순한 그림에서 특정 영역의 색상을 빠르게 변경하고 싶을 때 사용하면 좋은 기능이에요. 하단 메뉴에서 '채우기'의 슬라이더 바를 조절해 재채색이 적용되는 영역도 조절할 수 있습니다.

툴 사용의 시작! 선택

선택을 사용해 그림의 일부 영역을 지정한 다음 여러 가지 툴을 적용할 수 있습니다. 지정한 영역 이외에는 영향을 주지 않기 때문에 그림을 편집할 때 편리하게 사용하는 기능이에요. 그럼 선택 메뉴에서 사용할 수 있는 네 가지 도구를 알아볼까요?

자동

해당 레이어에서 선택하고 싶은 부분을 탭 하면 파란색으로 영역이 자동 지정됩니다. 지정된 부분에서 펜을 좌우로 드래그하면 상단에 '선택 한계값' 슬라이더 바가 표시되어 영역의 범위를 좁히거나 넓힐 수 있어요. 지정했으면 '브러시'나 '변형'과 같은 다른 툴을 선택합니다. 지정한 영역을 제외한 부분은 빗금으로 표시되며 비활성화되고 지정한 영역에만 툴이 적용됩니다.

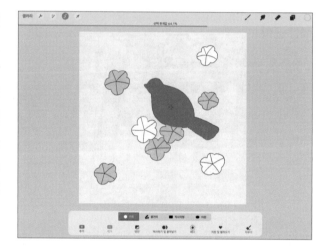

올가미

직접 테두리를 그려 영역을 지정합니다. 시작 점에 회색 점이 표시됩니다. 자유롭게 테두리 선을 그리고 마지막에 회색 점으로 돌아오면 영역이 지정됩니다. 펜을 중간에 떼도 계속 이어 그릴 수 있어요. 테두리를 직선으로 그리고 싶은 경우 끝과 끝을 점으로 콕콕 찍으면 자동으로 직선이 만들어집니다.

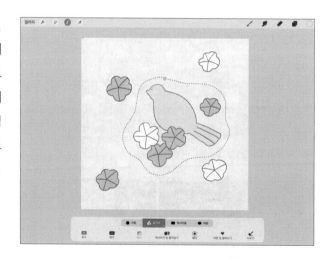

직사각형/타원

직사각형과 타원 모양으로 영역을 지정합니다. 캔버스에 드래그해 도형 크기를 조절하고 펜을 떼면 영역이 지정됩니다.

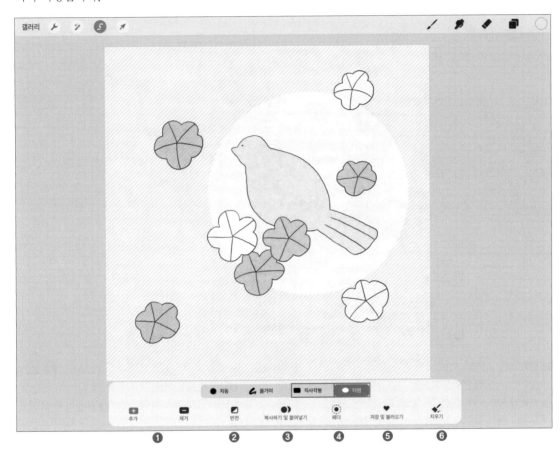

❶ **추가/제거** : 추가나 제거를 선택해 지정한 영역을 추가하거나 제거할 수 있습니다.
❷ **반전** : 지정한 영역을 뺀 나머지 영역이 지정됩니다.
❸ **복사하기 및 붙여넣기** : 지정한 영역을 바로 복사해 붙여 넣습니다.
❹ **페더** : 슬라이더 바에서 지정한 영역의 범위를 조절할 수 있습니다.
❺ **저장 및 불러오기** : 지정한 영역을 저장할 수 있습니다.
❻ **지우기** : 지정 영역을 해제합니다.

네 가지 도구는 교차 사용이 가능합니다. 예를 들어 타원으로 큰 영역을 지정한 다음 올가미로 세밀한 영역을 추가로 지정할 수 있어요. 하단 메뉴는 네 가지 도구에서 동일하게 사용됩니다.

원하는 형태로 수정! 변형

그림의 크기, 모양, 위치를 변경합니다. '선택' 메뉴와 함께 사용해서 그림의 일부 영역만 변형할 수도 있어요.

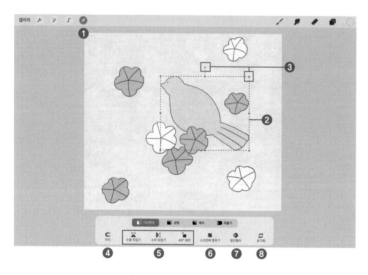

❶ **변형( )** : (변형( ))을 탭하면 현재 레이어의 이미지가 자동으로 선택되고 하단에 여러 가지 메뉴가 표시됩니다. (선택( ))에서 일정 영역을 지정한 다음 (변형( ))을 탭해 지정한 영역만 변형할 수도 있어요.

❷ **사각형 박스** : 이미지는 점선으로 된 사각형 모양으로 선택됩니다. 캔버스에서 드래그해 해당 이미지를 이동할 수 있어요. 두 손가락을 모으거나 벌려서 이미지를 축소하거나 확대할 수 있습니다.

❸ **파란색 점/초록색 점** : 파란색 점을 드래그해 이미지를 확대하거나 축소합니다. 초록색 점을 둥글게 드래그해 이미지를 회전할 수 있습니다.

❹ **자석** : 자석을 선택하면 이미지를 변형할 때 파란색 보조선이 표시되어 특정 위치, 크기, 각도를 쉽게 조절할 수 있도록 도와줍니다.

❺ **수평 뒤집기/수직 뒤집기/45도 회전** : 이미지를 손쉽게 뒤집거나 45도씩 회전합니다.

❻ **스크린에 맞추기** : 이미지가 캔버스에 꽉 차도록 크기를 맞춥니다.

❼ **보간법** : 이미지를 변형할 때 픽셀이 조정되는 방법을 선택합니다. 보간법 옵션 변경을 통해 이미지를 변형했을 때 선이 깨지거나 뭉개지는 현상을 줄일 수 있습니다.

❽ **초기화** : 변형을 취소합니다.

자유형태, 균등, 왜곡, 뒤틀기 네 가지 도구에 대한 기본적인 설명은 앞서 p.25에서 알아보았습니다. 복잡한 효과를 줄 수 있는 '왜곡'과 '뒤틀기'는 예시를 통해 조금 더 알아볼까요?

왜곡

파란색 점을 드래그해 이미지의 기울기를 조절하고 원근감 효과를 쉽게 적용할 수 있어요. 자유형태에서도 파란색 점을 길게 탭하면 상단에 '왜곡'이 표시되며 왜곡 효과를 사용할 수 있습니다. 펜을 대고 있는 동안에만 '왜곡'이 활성화되고 펜을 떼면 다시 자유형태로 활성화됩니다.

뒤틀기

뒤틀기에서는 점선이 아닌 실선으로 이미지가 선택됩니다. 어느 방향으로든 이미지를 자유롭게 변형할 수 있어요. 파란색 점을 탭하면 다음과 같은 옵션이 표시되어, 이미지가 다른 부분과 겹쳤을 때 어디에 위치할 것인지 선택할 수 있습니다.

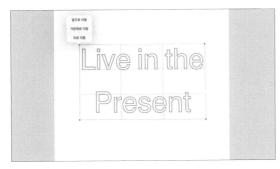

보간법

❶ 최근방 이웃
가장 가까운 픽셀과 유사한 색으로 표현되어 선명하고 뚜렷하게 변형됩니다.
❷ 쌍선형식
조금 더 넓은 주변 영역(2X2)의 색으로 표현되어 '최근방 이웃'보다 부드러운 느낌으로 변형됩니다.
❸ 쌍사차식
가장 넓은 주변 영역(4X4)의 색으로 표현되어 가장 부드러운 느낌으로 변형됩니다.

다음과 같이 사진을 보면 최근방 이웃으로 확대했을 때 조금 더 선명하고 뚜렷하게 이미지가 변형되는 걸 확인할 수 있습니다.

▲ 원본　　　　　　　　▲ 최근방 이웃으로 확대　　　　　　　　▲ 쌍사차식으로 확대

원근법부터 비디오 녹화까지! 동작

동작에도 조금 더 자세히 알아 두면 좋은 메뉴들이 있습니다. 함께 살펴볼까요?

캔버스

잘라내기 및 크기변경

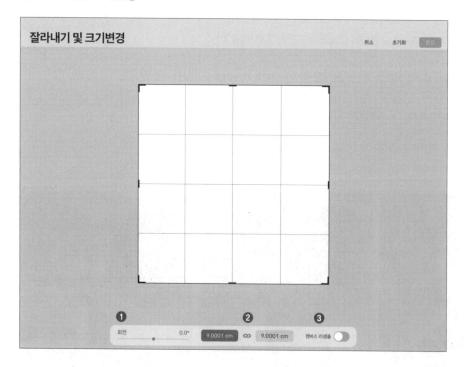

①회전 : 슬라이더 바에서 조절해 캔버스를 회전할 수 있습니다.

②크기 설정 : 정확한 수치를 입력해 캔버스의 크기를 줄이거나 키울 수 있습니다. 가로, 세로 수치 값 중간에 있는 '연결' 아이콘을 탭해 활성화하면 원래 캔버스 비율에 맞게 크기가 설정됩니다.

③캔버스 리샘플 : 캔버스 크기만이 아닌 전체 그림 크기를 조절하고 싶으면 캔버스 리샘플을 활성화합니다. 그림을 확대하거나 축소할 때 편리하게 사용합니다.

그리기 가이드

그리기 가이드의 2D격자, 등거리, 대칭은 앞서 실전 파트에서 모두 사용해 보았어요. 하단 메뉴에서 나머지 '원근'에 대해 알아보겠습니다.

원근법에 따른 그림은 소실점(직선을 멀리 연장했을 때 선과 선이 만나는 점) 개수에 따라 1점 투시, 2점 투시, 3점 투시로 구분할 수 있어요. 그리기 가이드 하단 메뉴에서 〔원근〕을 선택해 캔버스에서 아무 곳이나 탭하면 소실점(파란색 점)을 최대 3개까지 만들 수 있어요. 점을 찍었을 때 표시되는 진한 파란색 수평선은 그림을 보는 사람의 눈높이입니다. 수평선과 나머지 보조선을 이용해 투시법에 따른 원근감을 표현할 수 있어요. 소실점은 드래그해 자유롭게 움직일 수 있고, 한 번 더 탭하면 삭제할 수도 있습니다. 함께 그림을 보며 이해해 보세요.

1점 투시

물체의 한 면을 정면에서 바라보았을 때 생기며 1개의 소실점으로 화면이 집중되어 공간감을 줍니다.

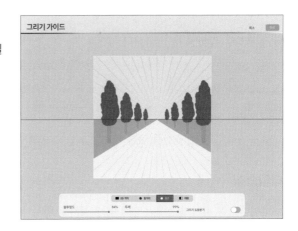

2점 투시

물체를 측면에서 바라볼 때 생기며 2개의 소실점으로 선들이 모이게 됩니다.

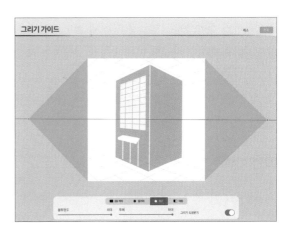

3점 투시

물체를 위에서 내려다보거나 아래에서 올려다볼 때 생기며
3개의 소실점으로 입체감이 가장 극대화됩니다.

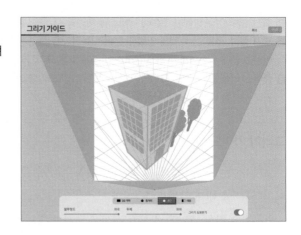

캔버스 정보

　〔이 아트워크에 관한 정보〕 메뉴에서
창작자의 이름, 사진, 서명, 생성일/수
정일을 설정해 그림을 저장할 수 있습
니다. 〔크기〕, 〔레이어〕, 〔색상 프로필〕,
〔비디오 설정〕, 〔통계〕 메뉴에서는 해
당 정보들을 확인할 수 있습니다.

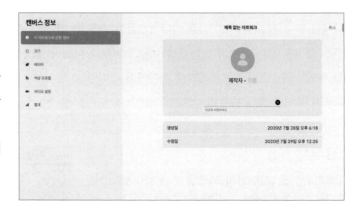

비디오

　드로잉 과정을 영상으로 만들어 기록하고 공유하는 방법을 알아봅니다.

타임랩스

　타임랩스란 시간의 흐름을 압축해 표현하는 영상 기법으로 재생 시 정상 속
도보다 빠른 움직임으로 표현됩니다. 〔동작(🔧) → 비디오 → 타임랩스 녹화〕를
활성화하면 캔버스에 그림을 그리는 과정이 모두 타임랩스로 녹화됩니다. 오직
캔버스만 녹화되기 때문에 메뉴나 툴을 선택하는 과정은 보이지 않습니다.

　〔타임랩스 다시 보기〕를 선택해 영상을 확인할 수 있으며, 〔타임랩스 비디
오 내보내기〕를 선택해 영상을 저장할 수 있어요. 타임랩스의 용량과 품질은
캔버스를 만들 때 설정합니다.

화면 기록

　캔버스만이 아니라 아이패드 전체 화면을 녹화하고 싶을 때는 '화면 기록' 기능을 사용합니다. '화면 기
록'은 아이패드 자체 기능입니다. 손쉬운 사용 방법을 알아볼까요?

01 아이패드 앱 (설정 → 제어 센터)를 선택합니다. '화면 기록'의 [+] 버튼을 탭해 포함된 항목으로 이동합니다.

02 아이패드 화면 오른쪽 상단을 위에서 아래로 쓸면 화면이 흐려지고 오른쪽과 같은 패널이 표시됩니다. 이곳에 우리가 제어 센터에서 이동한 '화면 기록' 아이콘이 추가되어 있는 것을 확인할 수 있습니다. '화면 기록' 아이콘을 탭하면 3초 후에 녹화가 시작됩니다. 프로크리에이트 앱을 실행하고 녹화를 시작할 때도 동일합니다.

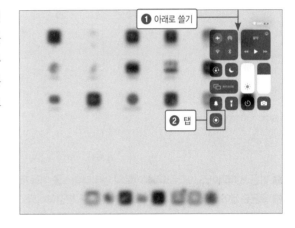

❶ 아래로 쓸기
❷ 탭

03 녹화를 중단할 때는 다시 패널을 표시해 아이콘을 한 번 더 탭해요. 녹화된 비디오는 아이패드 사진 앱에 저장됩니다. 드로잉 영상은 아이패드 기본 앱인 'iMovie'로 간단하게 편집해 사용할 수 있어요.

iMovie

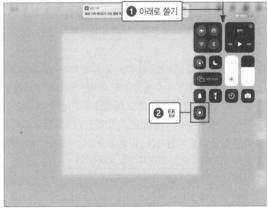

❶ 아래로 쓸기
❷ 탭

프로크리에이트 기능 더 알아보기 | **PART 07**

설정/도움말

마지막으로 프로크리에이트를 사용자가 가장 편리하게 사용할 수 있도록 설정할 수 있는 항목들을 알아보겠습니다.

〔동작(🔧) → 설정〕

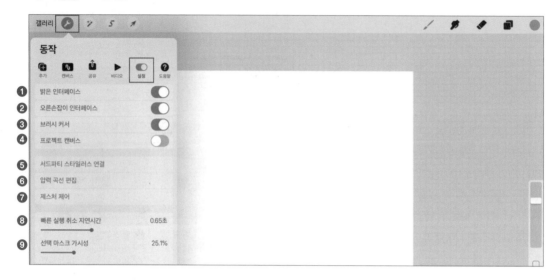

❶ 밝은 인터페이스 : 프로크리에이트의 인터페이스를 어둡게 혹은 밝게 변경할 수 있습니다.

❷ 오른손잡이 인터페이스 : 사이드 바의 위치를 변경합니다.

❸ 브러시 커서 : 캔버스를 탭할 때 브러시 모양의 윤곽선으로 표시되어 미리 확인할 수 있습니다.

❹ 프로젝트 캔버스 : 다른 모니터로 아이패드 화면을 미러링할 때 사용합니다. 프로젝트 캔버스를 활성화하면 다른 모니터에는 메뉴들을 제외하고 오직 캔버스만 보입니다.

❺ 서드파티 스타일러스 연결 : 타사의 블루투스 펜을 연결할 때 사용합니다. 애플펜슬을 사용하는 경우에는 연결하지 않습니다.

❻ 압력 곡선 편집 : 그래프의 선을 이동해 펜슬 필압에 따른 감도를 조절합니다. 그래프의 가로축은 펜의 '압력'을 의미합니다. 선을 왼쪽으로 이동할수록 가벼운 필압에도 크게 반응합니다. 세로축은 '출력'을 의미합니다. 선을 하단으로 이동할수록 같은 필압으로 그려도 더 얇고 투명한 선이 그려집니다.

❼ 제스처 제어 : 프로크리에이트의 다양한 제스처들을 수정할 수 있습니다.

❽ 빠른 실행 취소 지연시간 : 두 손가락으로 화면을 계속 탭하고 있으면 빠른 실행 취소가 됩니다. 슬라이더 바에서 실행 취소가 시작되기 전의 지연시간을 조절할 수 있습니다.

❾ 선택 마스크 가시성 : 〔선택〕 메뉴에서 영역을 지정하고 다른 툴을 선택하면 지정하지 않은 영역에는 빗금이 표시됩니다. '선택 마스크 가시성'의 슬라이더 바에서 빗금의 진하기를 조절할 수 있어요.

〔동작(🔧) → 도움말 → 고급 설정〕

　고급 설정을 선택하면 아이패드 자체 설정 앱으로 이동하며 프로크리에이트와 연결된 설정들을 변경할
수 있습니다.

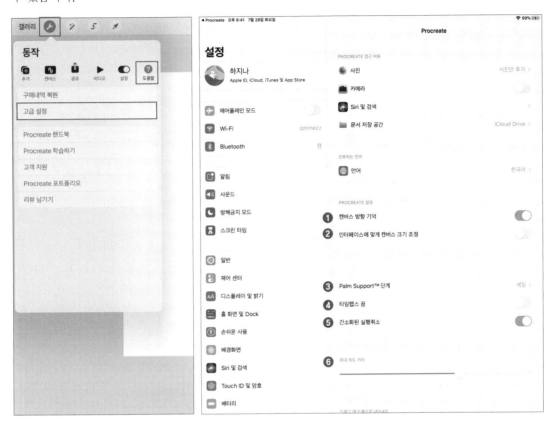

❶ **캔버스 방향 기억** : 이전 작업의 캔버스 방향을 기억해 유지합니다.
❷ **인터페이스에 맞게 캔버스 크기 조정** : 두 손가락으로 화면을 벌려 캔버스를 확대할 때 인터페이스에 가려지지 않는 상태
　까지 맞춰 확대됩니다.
❸ **Palm Support 단계** : 아이패드 화면에 손바닥이 인식되는 정도를 설정합니다. 손바닥이 화면에 닿을 때마다 제스처로
　인식하거나 그림이 그려지면 Palm Support 단계를 '세밀' 모드로 변경해 주세요.
❹ **타임랩스 끔** : 타임랩스 기능을 비활성화합니다.
❺ **간소화된 실행취소** : 간소화된 실행취소는 기본적으로 활성화되어 있습니다. 실행취소 단계를 더 디테일하게 나누고 싶으
　면 간소화된 실행취소를 비활성화합니다.
❻ **최대 속도 거리** : 속도 기반 설정이 되어 있는 브러시의 움직임이 너무 빠르거나 느릴 때 슬라이더 바에서 조절해 속도를
　맞출 수 있습니다.

Index

ㄱ

가벼운 광택	470
가우시안 흐림 효과	480
가이드 파일	332, 394
가져오기	18
간격	466
간소화된 실행취소	493
강렬한 광택	470
강렬한 혼합	470
갤러리	460
결정	482
경계 오버랩	469
고급 설정	493
공유	23, 463
굿즈	347
규격	368
균등	25
균등 혼합	470
균일한 광택	470
그레인	468
그레인 비율	469
그레인 특성	280, 469
그레인 편집기	468
그레인 필터링	469
그룹 폴더	462
그리기 가이드	97, 489
그리기 패드	465
그을린 모서리	470
기울기	472
깊이	469
깊이 지터	469
꼬집기	482
끝단처리	280, 466

ㄴ

낱장 스티커	370
네 손가락으로 탭	26
노이즈 효과	481
농도	472
눈보라	322

ㄷ

다듬기	472
다시 실행 화살표	22
다중 선택	40, 114
대비	469
대칭	60
더웬트	167
도장 색상 지터	471
도장 형식으로 미리보기	473
도형그리기	26, 71

동선	469
동작	12, 388
두 손가락으로 탭	26
뒤집기	468
뒤틀기	25, 487
듀얼 브러시	474
등급	471
디더링	325
디스크	477

ㄹ

라이브러리 검색	467
라이트 펜	273, 276
레이어	21
레이어 그룹	475
레이어 내용 선택하기	27
레이어 다중 선택하기	27
레이어 선택	475
레이어 순서 변경	475
레이어 채우기	476
레이어 추가	475
레이어 합치기	27, 475
레트로 감성	413
레퍼런스	476
렌더링	470
루프	330

ㅁ

마스크	476
마스크 강도	469
마커	95
머금기	471
머틀	55
멀티태스킹	172
모노라인	61, 278
모서리	482
모양 편집	70
모양 편집기	467
모양 필터링	468
무거운 광택	470
무작위	468
묽음 감소	466
미러링	492
미리보기	461

ㅂ

반전	476, 485
반칼 자유형 스티커	370
밝기	469, 471
밝은 인터페이스	492

방사상	60
방위각	468
배경 색상	475
번짐	472
변동성	472
변형	486
보간법	486, 487
보색	478
보색 분할	478
보조 색상	471
보조 프레임 채색	330
복사하기	476
복제	463, 482
분산	468
불투명도	467, 472, 480
불투명도 조절하기	27
붙여넣기	467
브러시	20
브러시 라이브러리	170
브러시 스튜디오	464
브러시 초기화	473
브러시 커서	492
블리드	472
비율	469
비틀기	482
빛 혼합	470
빠른 실행 취소 지연시간	492

ㅅ

사각 재단 스티커	370
사각형 박스	486
사분면	60
사이드 바	22
사진 가져오기	467
사합	478
삼합	478
상단 슬라이더	22
새로운 초기화 포인트 생성	473
색상	21, 477
색상 균형	483
색상 기울기	471
색상 변경 및 삭제	479
색상 입력	471
색상 저장	479
색상 프로필	19
색연필	95
색조	471
서드파티 스타일러스 연결	492
선명 효과	481
선택	484
선택 마스크 가시성	492
설정	24

세 손가락으로 문질러 닦기　26
세 손가락으로 탭　26
속성 설정　465
손바닥 인식　493
수직 뒤집기　486
수직 보조선　60
수채화　95
수평 뒤집기　486
스머지　20, 89
스크린에 맞추기　486
스크립트　47
스택　462
스펙트라　216
스티커　370
스포이드　182
습식 지터　471
습식 혼합　281, 470
실행 취소 화살표　22
쌍사차식　487
썸네일　475

ㅇ

아래 레이어와 병합　476
아래로 병합　476
아이클라우드　15
아이패드　14
아이패드 필름　15
아크릴　187
안전 영역　394
알파 채널 잠금　27, 51, 170, 476
암흑　471
압력　472
압력 곡선 편집　492
압력 끝단처리　467
압력 원형율　468
애니메이션 어시스트　330
애플펜슬　14
애플펜슬 케이스　16
애플펜슬 팁 커버　16
양파 껍질 불투명도　330
어니언 스킨 프레임　330
에어드롭　93
오른손잡이 인터페이스　492
오버랩 미러링　469
오일파스텔　95
오프셋 지터　280, 469
올가미　25, 484
완칼 자유형 스티커　370
왜곡　25, 486
움직이는 캐릭터　331
움직임 흐림 효과　480
원샷　330
원형 그래프　468
유지 지속시간　330
인쇄도수　368

인쇄수량　368
인터페이스　20
인터페이스에 맞게 캔버스 크기 조정　493

ㅈ

자동 반복　469
자석　486
작업 영역　394
재구성　482
재단 영역　394
재채색　483
젖은 모서리　470
제목 없는 캔버스　19
제스처　25
제스처 변경하기　27
제스처 제어　492
제어 센터　491
제작자　473
조각 스티커　370
조절바　193
조정　480
종이선택　368
주문서 설명　368
주 프레임 혼합　330
지우개　20
지우기　476, 485
지터　466
질감　465

ㅊ

채도　471
채색　159
체크 박스　475
초기강도　471
초기화　482, 486
초당 프레임　330
초록색 점　486
최근방 이웃　487
최대 레이어 수　19
최대 속도 거리　493
최소 깊이　469
추가　485

ㅋ

카운트 지터　468
칼선 고정형 스티커　370
캔버스　18, 23, 59
캔버스 리샘플　489
캔버스 방향 기억　493
캔버스 속성　19
캔버스 정보　490
쿠올　132
크기 설정　489

크로키　165
클래식 끝단처리　467
클리핑 마스크　476

ㅌ

타임랩스　490
타임랩스 끔　493
타임랩스 녹화　24
타임랩스 다시 보기　24
타임랩스 비디오 내보내기　24
타임랩스 설정　19
터치 끝단처리　467
텍스처화　469
투시도 흐림 효과　481
트레이싱　168

ㅍ

파일 가져오기　467
파일업로드　368
판 스티커　370
팔레트　21, 479
페더　485
편집 그리기 가이드　59
프레임 옵션　330
프레임 추가　330
프로젝트 캔버스　492
프로크리에이트　16
피라미드 혼합　469
픽셀 아트　277
픽셀 유동화　482
핑퐁　330

ㅎ

하모니　478
혼합 모드　469, 470, 475
화면 기록　490
확장　482
회전　460, 468, 469
획　466
획 경로　280, 466
획 색상 지터　471
횟수　468
흐름　470, 472
흡인력　471
희석　471

기타

CMYK　19, 489
GIF　325
Palm Support　493
RGB　19, 478

Foreign Copyright:
Joonwon Lee
Address: 3F, 127, Yanghwa-ro, Mapo-gu, Seoul, Republic of Korea
        3rd Floor
Telephone: 82-2-3142-4151
E-mail: jwlee@cyber.co.kr

프로크리에이트로 배우는

자토의 아이패드 드로잉 클래스

2020. 9. 18. 1판 1쇄 발행
2021. 1. 19. 1판 2쇄 발행
2022. 1. 10. 1판 3쇄 발행

지은이 | 자토(하지나)
펴낸이 | 이종춘
펴낸곳 | BM (주)도서출판 성안당
주소 | 04032 서울시 마포구 양화로 127 첨단빌딩 3층(출판기획 R&D 센터)
      10881 경기도 파주시 문발로 112 파주 출판 문화도시(제작 및 물류)
전화 | 02) 3142-0036
      031) 950-6300
팩스 | 031) 955-0510
등록 | 1973. 2. 1. 제406-2005-000046호
출판사 홈페이지 | **www.cyber.co.kr**
ISBN | 978-89-315-5683-4 (13000)
정가 | **25,000원**

이 책을 만든 사람들
책임 | 최옥현
진행 | 오영미
기획 · 진행 | 앤미디어
교정 · 교열 | 앤미디어
본문 · 표지 디자인 | 앤미디어
홍보 | 김계향, 이보람, 유미나, 서세원
국제부 | 이선민, 조혜란, 권수경
마케팅 | 구본철, 차정욱, 나진호, 이동후, 강호묵
마케팅 지원 | 장상범, 박지연
제작 | 김유석

∎ 도서 A/S 안내

성안당에서 발행하는 모든 도서는 저자와 출판사, 그리고 독자가 함께 만들어 나갑니다.
좋은 책을 펴내기 위해 많은 노력을 기울이고 있습니다. 혹시라도 내용상의 오류나 오탈자 등이
발견되면 **"좋은 책은 나라의 보배"**로서 우리 모두가 함께 만들어 간다는 마음으로 연락주시기
바랍니다. 수정 보완하여 더 나은 책이 되도록 최선을 다하겠습니다.
성안당은 늘 독자 여러분들의 소중한 의견을 기다리고 있습니다. 좋은 의견을 보내주시는 분께는
성안당 쇼핑몰의 포인트(3,000포인트)를 적립해 드립니다.
잘못 만들어진 책이나 부록 등이 파손된 경우에는 교환해 드립니다.